Rudolf Bossle

Berufseignung nach Tierkreiszeichen

Rudolf Bossle

Berufseignung nach Tierkreiszeichen

Was der Astrospiegel Ihnen rät

Ariston Verlag · Genf

CIP-Kurztitelaufnahme der Deutschen Bibliothek

BOSSLE, RUDOLF:
Berufseignung nach Tierkreiszeichen : was d.
Astrospiegel Ihnen rät / Rudolf Bossle. –
Erstaufl. – Genf : Ariston Verlag, 1986
ISBN 3-7205-1387-4

Schutzumschlaggestaltung:
H. +C. Waldvogel, Grafik Design, Zürich
Satz: FotoSatz Pfeifer, Germering bei München
Druck und Bindung: Wiener Verlag, Himberg bei Wien
Erstauflage August 1986
Printed in Austria 1986

ISBN 3-7205-1387-4

Inhalt

Einführung 7

1. Widder:
Macher und Führer 15

2. Stiere:
Unterhalter und Verwalter 34

3. Zwillinge:
Denker und Lenker 53

4. Krebse:
Mehrer und Verdiener 67

5. Löwen:
Bewahrer und Vermittler 83

6. Jungfrauen:
Former und Verknüpfer 100

7. Waagen:
Harmonisierer und Darsteller 119

8. Skorpione:
Strategen und Neuerer 139

9. Schützen:
Philosophierer und Gestalter 156

10. Steinböcke:
Schaffer und Bewirker 175

11. Wassermänner:
Beweger und Erfinder 193

12. Fische:
Heiler und Helfer 209

Bemerkungen zur Methode der Befragung 225

Einführung

Unser Leben besteht zu einem großen Teil aus Arbeit; auch wenn Freizeit und Vergnügen für uns alle heute einen höheren Stellenwert haben, ist dennoch unsere Arbeit von zentraler Bedeutung geblieben. Mit ihr schaffen wir die Grundlage unserer Lebensweise: Essen, Trinken, Genießen, Kleidung, Wohnen und Reisen. Unser körperliches, unser geistiges und unser seelisches Befinden stehen direkt im Zusammenhang mit dem Beruf, den wir ausüben. Die christliche Weltanschauung hat das Leben auf einen einfachen Nenner gebracht, indem sie den Sinngehalt des menschlichen Daseins mit drei Worten umriß: *Ora et labora* – bete und arbeite!

Unser aufgeklärtes Zeitalter hat das Beten ersetzt und postuliert sinngemäß: *Viva et labora* – lebe und arbeite!

Neben den sozialen Beziehungen, die sich in der engen Bindung zweier Menschen in Liebes- und Lebensgemeinschaft, im Verhältnis der Eltern zu ihren Kindern oder in anderer verwandtschaftlicher Zugehörigkeit ebenso wie in Freundschaften und Bekanntschaften ausdrücken, ist die Wahl des Berufes von ausschlaggebender Bedeutung für Glück und Zufriedenheit jedes einzelnen Menschen. Trotz dieser Wichtigkeit des Berufes für unser Lebensschicksal, zeigt die Berufswahl selbst oftmals einen hohen Grad an Zwangsläufigkeit: Eltern, Bekannte, Verwandte, Lehrer und Freunde nehmen »wohlmeinend« Einfluß auf diesen bedeutenden Vorgang. Sie empfehlen oft Berufe, die *ihrer* Veranlagung entsprechen, die *ihnen* Auskommen und ein gutes Leben gebracht haben, oder raten zu solchen Berufen, die *sie* selbst gut kennen. Die Tradition bestimmter Berufe innerhalb einer Familie, bereits vorhandene Unternehmen, Geschäfte und Praxen aller Art haben oft Erbfolgecharakter und drängen junge Menschen in entsprechende Betätigungsfelder.

Besonders bedrückend sind dabei ideologische und standesmäßige Zwänge. Allgemeinplätze wie: »Das Kind muß es doch einmal besser haben als wir!« oder: »Das können wir als Akademiker nicht zulassen, daß unser Sohn oder unsere Tochter einen derartigen Beruf ausüben will!« sind weitverbreitet und oftmals sogar Ursachen für eine bestimmte Berufswahl. Natürlich gibt es auch Menschen, die ihrer Neigung und Veranlagung entsprechend ihre Berufswahl treffen. Dennoch werden bei der Berufswahl Interessen und Talente nicht selten dem Streben nach Geltung geopfert. Es geht um Weiß- und Blaukittel, um geistig oder körperlich ausgerichtete Arbeit. Wissen wird als Macht ausgelegt, der Studierte als im Vorteil gesehen. Der Mensch als ganzheitliches Wesen bleibt auf der Strecke; niemand fragt, ob diese Berufe zufrieden und glücklich machen.

Unsere Untersuchung, die diesem Buch zugrunde liegt, hat gezeigt, daß nur rund 40 Prozent der Männer und Frauen mit dem Beruf, den sie ausüben, ganz zufrieden sind. Demnach haben sich also rund 60 Prozent ihren Beruf zur Pflicht gemacht, um leben und existieren zu können. Die Folgen sind nicht nur persönliche Unzufriedenheit, sondern Mühe, Streß, Nöte, Ängste, Frustrationen, kurzum seelisches und körperliches Unbehagen, das sie wenig froh, oft krank und unglücklich macht. Psychologen, Soziologen, Personalberater und Arbeitswissenschaftler bemühen sich, mit unterschiedlichen Testmethoden die Berufsberatung zu gestalten, um diesem Zustand abzuhelfen und den Beruf von der Berufung her zu finden. Hier ist bereits gute Arbeit geleistet worden; dennoch zeigen unsere Umfrageergebnisse, daß mehr getan werden muß, um mehr Menschen den Berufen zuzuführen, die ihrer Begabung und ihren Wünschen entsprechen.

Folgen wir den Fähigkeiten der Menschen, so lassen sich folgende Schwerpunkte feststellen:

o hegen und pflegen
o helfen und heilen
o sorgen und umsorgen
o planen und entwickeln
o gestalten und formen
o bauen und bilden

o harmonisieren und verschönern
o unterhalten und erheitern
o informieren und berichten
o schaffen und verwalten
o führen und leiten
o forschen und lehren

o dichten und denken
o leben und lieben
o dienen und beten
o organisieren und transportieren
o richten und strafen
o ordnen und lenken

o malen und singen
o reklamieren und deklamieren
o züchten und ziehen
o reden und schreiben
o kochen und backen
o reinigen und reparieren

o spielen und lernen
o philosophieren und meditieren
o phantasieren und erfinden
o bearbeiten und verarbeiten
o anweisen und befolgen
o generieren und politisieren

Menschen, die tun können, wozu sie begabt sind, werden eher Erfolge haben und das Leben mehr lieben.

Das vorliegende Buch beschreibt die beruflichen Eignungen der in den einzelnen Sternzeichen Geborenen. Die Erkenntnisse für die Zuordnung der Berufe zu den Sternbildern beruhen auf zwei von mir mit der Unterstützung einiger Mitarbeiter durchgeführten repräsentativen Umfragen. Die erste belegt, daß die Menschen dieser Sternbilder unterschiedlich gewichtete Talente haben, die zweite, daß bei freier Berufswahl die Menchen dieser Sternbilder bestimmte Berufe überdurchschnittlich häufig wählen. Sofern Sie an den demoskopischen Untersuchungsmethoden interessiert sind, gebe ich Ihnen im Anhang dieses Buches Aufschlüsse darüber.

Die Untersuchungen haben allgemein die Realität bestätigt. Es gibt Traumberufe, Eignungsberufe und Pflichtberufe. Unter letzteren verstehen wir solche, für die Menschen wenig Eignung mitbringen, die sie auch nicht mögen, die sie aber dennoch ausüben können. Im Prinzip ist jeder Beruf von jedem Menschen erlernbar und ausübbar. Die Kernfrage ist, wie gut jemand in einem bestimmten Beruf arbeitet, wie erfolgreich er ist, mit welcher Effizienz er sich betätigt, vor allem, wie er sich dabei fühlt. Es geht also um den Grad der heute vielzitierten und geforderten Selbstverwirklichung.

Mit dieser Untersuchung ist tendenziell bewiesen, was die Astrologie seit Jahrtausenden an Ergebnissen gefunden und veröffentlicht hat. Diese Ergebnisse sind wenig bekannt und werden noch weniger genutzt. Die Konstellation der Planeten, insbesondere die der Sonne, zum Zeitpunkt der Zeugung oder der Geburt eines Menschen beeinflußt offenbar dessen Anlage, Talente und Fähigkeiten und macht somit jeden einzelnen für bestimmte Berufe besser geeignet als für andere. So ist es möglich, sich bei der Berufswahl nach Sternbildern zu orientieren.

Trotz dieser Tatsache geht es uns, und dies sei nachdrücklich herausgestellt, um Hilfestellung und nicht um eine neue oder andere Art menschlicher Beeinflussung, die, weil kosmisch abgeleitet, die absolute Erkenntnis und reine Wahrheit darstellen könnte. Das verbietet sich schon deshalb, weil Ergebnisse aus Umfragen vorliegen, die auch auf subjektiven Einschätzungen basieren und durch Interpretationen des Autors ergänzt werden. Die Beschreibungen in diesem Buch beziehen sich auf einzelne Sternbilder, unter denen eine ganze Gruppe von Menschen zusammengefaßt ist. Dadurch sind ausgefallene, individuelle Begabungen nicht immer berücksichtigt. Intelligenz – auch das hat die Untersuchung ergeben – korreliert nicht mit Sternbildern. Es gibt in allen Sternbildern Begabte und weniger Begabte im Sinne des reinen Intellekts.

Wer als einzelner mehr über sich selbst, seine speziellen Fähigkeiten, mehr über sein Eignungspotential für einen bestimmten Beruf über das hinaus, was wir generell für ein Sternbild ermittelt haben, wissen möchte, der möge sich ein Kosmogramm erstellen lassen. Es handelt sich hierbei um eine Momentaufnahme der Planetenkonstellation zum exakten Zeitpunkt der Geburt. Hieraus kann er erkennen, wo die Schwerpunkte seiner – vom Sternbild bereits angedeuteten – Fähigkeiten liegen; außerdem lassen sich gewisse Hinweise auf den beruflichen Lebensweg erkennen. Selbst mit diesen zusätzlichen Informationen wird der Betreffende immer noch eine ganze Reihe von Berufen erfahren, für die er sich eignet. Es bleibt letztlich seine Entscheidung, welchen dieser Berufe er wählt. Damit ist auch allen denen begegnet, seien es die Verfechter der Astrologie oder ihre Feinde, die von »kosmischer Determination« sprechen.

In der Bundesrepublik Deutschland sind heute rund 23 000 Berufe registriert. Sie sind in Berufsgruppen aufgeteilt, die gleiche oder ähnliche Fähigkeiten von Menschen erfordern. Die von uns befragten Personen hatten die Wahl, aus diesen sogenannten »Schlüsselberufen« auszuwählen oder auch Berufe ihrer Wahl frei hinzuzufügen. Da Männer und Frauen zum Teil aufgrund ihres Geschlechts unterschiedliche Berufe ausüben, haben wir diese getrennt erfaßt und auch in unserer Darstellung getrennt beschrieben.

Ein überraschendes Ergebnis war für uns die Tatsache, daß bei Traumberufen neben Rennfahrer, Pilot, Universitätsprofessor, Mannequin, Opernstar oder Filmschauspielerin auch ganz andere Nennungen kamen, wie Krankenschwester, Altenpfleger, Bademeister, Hausfrau, Gärtner. Dies überrascht deshalb, weil diese Berufe allgemein gesehen nicht als Traumberufe gelten, da sie relativ leicht erreichbar, aber nicht leicht auszuüben sind. Eigentlich bestätigen solche Nennungen, daß für die Menschen ganz wesentlich ist, einen Beruf zu haben, den sie voll ausfüllen, in dem sie glücklich sind. Es bestätigt sich einmal mehr, daß Beruf Berufung ist.

Die Gefahr, daß bei einer größeren Übereinstimmung von Eignungspotential und Beruf dennoch Unzufriedenheit und Frustration bleiben, weil letztlich der Traumberuf nicht nach eigenem subjektiven Empfinden ausgesucht wurde, kann nicht ausgeschlossen werden, scheint indessen jedoch begrenzt, da sich Eignungs- und Traumberufe weithin decken. Die meisten Menschen orientieren sich an durchaus erfüllbaren Träumen, nach gesundem Empfinden und Verstand.

Diese Tatsache ist soziologisch höchst bedeutsam, da die Berufsverwirklichung der Menschen nach völlig freier Wahl – wie unsere Untersuchung gezeigt hat – automatisch so streut, daß alle Berufe, die eine Gemeinschaft braucht, vertreten sind. Die Menschheit ist offenbar so konstruiert, daß ihre Individuen, ihrer Berufung folgend, freiwillig die lebensfähige Gesellschaft garantieren.

Das Problem, daß eine Berufs-, Leistungs- und Arbeitsstruktur entstehen könnte, bei der bestimmte Berufe nicht erlernt werden oder unterrepräsentiert sind, ist nach unserer Befragung nicht erkennbar. Dies läßt den Schluß zu, daß die Individuen gemeinschaftsfähig sind, auch ohne ökonomischen Zwang, und daß die Menschheit über gut verteilte Veranlagungen einzelner in der Masse lebensfähig ist.

Damit ist auch die Atomisierung der menschlichen Tätigkeit machbar und theoretisch unbegrenzt. Selbst wenn noch mehr körperliche und geistige Kraft von Menschen auf Maschinen verlagert wird, besteht offenbar keine Gefahr einer Verselbständigung, da alle Aktivitäten »kosmisch« zusammengehalten und gesteuert werden; sie werden letztlich durch das Urprinzip gebunden. Diese Erkenntnis sollte uns Überheblichkeit und Angst gleichermaßen nehmen.

Es ist, als sähen wir in ein Kaleidoskop, in dem sich einzelne Partikel zu immer neuen Bildern formen, schön oder weniger schön, aber immer als Ganzheit, wobei das eine oder andere »Partikelchen« Mensch mehr oder weniger zufrieden sein mag. Die Vollkommenheit des Ganzen strahlt ab, indem es das Glückhafte des Einzelnen reflektiert. Da wir aber als Einzelwesen existieren, dürfen wir auch als Einzelwesen empfinden und haben in der Daseinswelt unseres Lebens das Recht auf eine glückhafte Tätigkeit. So gesehen müssen wir uns auch mit dem Umfeld unseres Problems auseinandersetzen.

Die Zuordnung der Berufseignung zu bestimmten Sternbildern kann Hilfe sein für junge Menschen, die in den Beruf eintreten, aber auch für solche, die ihren Beruf freiwillig oder gezwungen aufgeben und sich neu orientieren; die Ausführungen geben ferner Hinweise auf Fähigkeiten, die für einen bestimmten Beruf gefordert sind. In diesem Buch werden Sie Persönlichkeiten und deren Arbeitsweise kennenlernen, Strategien entdecken, Gründe für Erfolge und Mißerfolge sehen und erfahren, daß es laute und leise, offene und verschlossene, aufbauende, gestaltende und verwaltende, in Konfrontation stehende und auf Harmonie bedachte Menschen gibt. Sie haben so die Chance, sich selbst und andere im Berufsleben besser zu verstehen und dazu beizutragen, daß effizienter, erfolgreicher und befriedigender gearbeitet werden kann.

Wir sind uns bewußt, daß die mehr als hundert Berufe, die

in diesem Buch im Zusammenhang mit den Sternbildern beschrieben wurden, auch nicht annähernd in ihrer umfassenden Bedeutung dargestellt werden konnten. Wir haben jedoch versucht, wesentliche Fähigkeiten, Veranlagungen und Talente für diese Berufe zu erörtern. Wenn es mir aber trotzdem gelingt, Ihnen eine Orientierungshilfe für berufliche Entscheidungen in die Hand zu geben und Ihr Interesse zu wecken, weiter über die Zusammenhänge von Sternbildern und Berufen nachzudenken, hat mein Buch seine Aufgabe erfüllt.

1
Widder: Macher und Führer
21. März – 20. April

Widder gehen immer voran, verlangen nie etwas von anderen, was sie selbst nicht auch tun würden. Sie nehmen sich selbst als erste in die Pflicht und stehen gerne mitten im Geschehen in vorderster Linie. Sie zeichnen sich durch Mut, Entschlossenheit, Tatkraft, Kampfgeist aus und sind hart im Nehmen. Zu ihrer Standhaftigkeit und Ausdauer kommt ein grenzenloser Optimismus: Handeln ist ihre Stärke, Loyalität ihre Tugend, Erfolg ihr Vorbild, Geduld ihre größte Prüfung. Menschlich offen, gehen sie ohne jeden Umweg klar zur Sache, die sie konsequent erledigen. Auf sie ist Verlaß in allen Lebenslagen und Situationen. Sie organisieren vortrefflich Menschen und Dinge. Die Uhr ist für sie wie geschaffen, sie mißt die Zeit, die für sie so wichtig ist – und die sie nie haben. Pünktlichkeit ist für sie mehr als Höflichkeit; sie warten selbst nicht gerne und muten dies auch anderen nicht zu. Bei Widdern muß alles produktiv sein; sie packen zu, wo sie auch hingestellt werden oder hinkommen. Als motorische Menschen sind sie immer aktiv und fragen nicht zuerst nach Geld oder Altersversorgung, nach Titeln oder Status, sondern nach der Aufgabe, die zu erledigen ist. Sie sind hilfsbereit und uneigennützig bis zur Aufgabe ihres Selbst. Ihre Ziele, die immer mit persönlichem Engagement verbunden sind, verfolgen sie hart, ehrgeizig und konsequent. Ihr Temperament treibt sie nach vorne, von der Defensive halten sie wenig; sie mögen Lob und akzeptieren auch Tadel, beides muß nur echt sein und für sie selbst nachvollziehbar.

Vom Planeten Mars beherrscht, der in der Astrologie das

physisch Starke, die Lebenskraft, darstellt und deshalb in der Mythologie als Gott des Kampfes verehrt wurde, verkörpert der Widder die Kraft zur Daseinsbewältigung, er ist gleichsam das Symbol des Lebenskampfes, was uns oftmals im Alltag bedrängend bewußt wird. Aus diesem Verständnis der Stärke heraus, nicht im Sinne des Unruhe- und Unfriedenstifters wurde Mars als Kriegsgott gesehen und verehrt. Er stand für Sieg, für Überwindung des eigenen Ego ebenso wie der Feinde.

Mars beherrscht als Planet des Widders auch das erste Haus, in dem die Astrologie die Kräfte sieht, die die menschlichen Veranlagungen und Talente quantitativ steuert. So wird das körperliche Aussehen des Menschen nicht mit seinem Sternbild, sondern immer mit dem Aszendenten in Zusammenhang gebracht. Nach unseren Beobachtungen und Ermittlungen ist das Sternbild, das bekanntlich durch den Sonnenstand zum Zeitpunkt der Geburt eines Menschen bestimmt wird, ausschlaggebend für die Grundveranlagungen der Menschen. Der Aszendent akzentuiert und steuert, ist sozusagen das Öl im Getriebe. Das gilt für alle Sternbilder, so auch für den Widder. Was er in seinem Beruf schließlich erreicht, geht, wie bei allen anderen Sternbildern auch, auf die Konstellation der Planeten zum Zeitpunkt seiner Geburt zurück.

Widder eignen sich sehr gut als *Verbandsmanager*. Viele Menschen dieses Sternbildes haben selbst Verbände gegründet, deren Leitung sie ihr Leben lang innehatten. Verbandsarbeit erfordert besonderes organisatorisches Talent, Beharrlichkeit und Beständigkeit, Neutralität, Objektivität, Gemeinnutz, Überzeugungs- und Durchsetzungskraft, Unbestechlichkeit und Vertrauen. Der Sache und dabei jedem Mitgliedsinteresse zu dienen bedarf der Autorität einer unabhängigen Persönlichkeit. In einem Verband passiert ständig etwas, es muß reagiert und agiert werden, nichts darf lange liegenbleiben. Alles ist immer in Bewegung; gerade in unserer Zeit, wo die Gebilde immer größer werden, wo die Öffentlichkeit immer kritischer wird, fällt ein immenses Arbeitsvolumen an. Für solche Aufgaben sind Leute nötig, die zupacken, denen nicht bange wird, die nicht aus Angst, sie könnten es nicht schaffen, die Nerven verlieren. Widder können das – sie räumen auf, ordnen an, organisieren und halten jeden Laden mit eiserner Disziplin und Fleiß in Schuß. Gleichgültig, ob sie selbst Anweisungen geben oder angewiesen werden, sie arbeiten immer mit. Abwesenheit von zu Hause, von der Familie durch kleinere oder größere Reisen gehören dazu; das sind für sie keine Bildungs- und schon gar keine Vergnügungsreisen, es sei denn, sie sind als solche deklariert.

Eng verwandt mit diesem Beruf ist der des *Sekretärs*/der *Sekretärin*. Widder sind schnell, tatkräftig, zuverlässig, loyal, immer verfügbar, lassen nichts liegen, organisieren die Arbeit. Sie sind nicht launisch und können schweigen. Ihre tiefe Abneigung gegen Tratsch, üble Nachrede, jede Art von Hintertragen und einseitiger Kumpanei macht sie frei und unabhängig in ihrem Urteil und Verhalten. Im Gegenteil, sie werden oft ernsthaft ins Vertrauen gezogen, ihr sachliches und unbestechliches Urteil wird geschätzt, sie führen indirekt mit, was ihrem Temperament und ihrem Wesen durchaus entspricht. Ihr Sinn für Ordnung macht sie aufgeschlossen für Systeme und jede Art bürotechnischer und administrativer Hilfen; oft sind sie selbst Erfinder oder Einsatzleiter solcher Geräte und Maßnahmen. Für alles, was ihre Arbeit schneller, besser und effizienter gestaltet, sind sie zugänglich und machen interessiert mit. Bei der Begabung, dem Talent und der Einsatzbereitschaft, die Widder für diesen Beruf haben, stehen ihnen die Chefetagen offen.

Widder eignen sich gut für den Beruf des *Kapellmeisters, Bandleaders* und *Dirigenten*. Sie halten ihr Orchester zusammen, fordern von jedem einzelnen Disziplin; jeder muß sich ein- und unterordnen und seinen Part perfekt spielen. Dazu gehört üben, üben und nochmal üben. Am liebsten stehen sie mitten unter ihren Musikern, selbst ein Instrument in der Hand, das sie exzellent beherrschen. Sie studieren die Partituren in jedem Detail, dirigieren aber in der Regel nicht auswendig, auch wenn sie es könnten. Es sind nicht die großen Improvisateure, die vom Thema abweichen, im Gegenteil, sie werden versuchen, jedes Thema zu vertiefen und alles herauszuholen, was darin verborgen ist. Sie lassen BEETHOVEN als Beethoven, MOZART als Mozart und BACH als Bach spielen, wollen das Werk so interpretieren, wie es der Komponist selbst getan hätte. Widder wissen, was sie spielen oder dirigieren und sind von dieser Auffassung schwer abzubringen; sie dulden keinen Widerspruch, schon gar nicht öffentlich. Sie erwarten, daß das ganze Ensemble mitzieht und als geschlossenes Team ihre Interpretation mitträgt. Ihre Leidenschaft und ihr Temperament für die Sache übertragen sie auf das Orchester und weiter auf Töne, Weisen, Rhythmus, Klang und Stärke der Musik. Durch diese einheitliche Geschlossenheit, Präzision und Disziplin erreichen sie Interpretationen in Vollendung. Es ist eher das gut Handwerkliche, weniger etwas unbedingt Geniales, das sie zu Meistern ihres Faches werden läßt. Wer das Metier so gut beherrscht wie sie, komponiert auch selbst. Dabei entwickeln sie aus dem instrumentalen Spiel heraus im wahrsten Sinn des Wortes: »componere« heißt »zusammenfügen«, nicht »neu erfinden«. Das beherrschende Instrument ist nicht selten das, das sie selbst gut spielen. Dies gilt nicht nur für Kapellen oder Bands, sondern durchaus auch für klassische Musik. Wenn Widder einer Richtung folgen oder ihren Stil gefunden haben, sind sie davon kaum noch abzubringen, selbst wenn sie dadurch in materiellen Notstand geraten.

Viele Widder sehen den bezahlten *Sport* als mögliche Berufskarriere an. In der Tat bringen sie für Berufe, in denen es um körperliche Leistung geht, viele Voraussetzungen mit. Das beginnt mit dem Wunsch, den Körper fit zu halten, und geht bis zur Naturverbundenheit. Jede Art Sport, die im Freien ausgeübt wird, Ballspiele, Tennis, Fußball, Handball und Golf, Laufsport in der Leichtathletik oder Radsport liegt ihnen. Ihre kämpferische Natur, ihr Mut, ihre Disziplin, ihre Härte, auch gegen sich selbst, ihre Ausdauer, ihr Kampfeswille und ihre physische Kraft befähigen sie, Sport als Beruf zu wählen. Sie werden erfolgreich sein, weil sie Leistung erbringen, und nur diese zählt letztlich im Profisport.

Widder sind immer Einzelkämpfer, auch wenn sie in einer Mannschaft spielen. Sie geben alles, was sie können, ohne Rücksicht auf ihre Teamkameraden, auf besondere Umstände und Situationen. Ihre Leistung ist nicht in erster Linie durch das Entgelt beeinflußt. Das hat nichts damit zu tun, daß sie verlangen, im Rahmen einer Mannschaft oder gemessen an ihrem Können und der erbrachten Leistung bezahlt zu werden. Dennoch ist die Motivation für sie die demonstrierte Leistung und der Applaus, den sie dafür erhalten. Es sind Sportler, die sich nicht mit Ersatzrollen welcher Art auch immer zufrieden geben. Ihrer Veranlagung gemäß drängen sie immer zum Einsatz; ein untätiger, herumsitzender, zuschauender, wartender Widder ist praktisch nicht denkbar. Seine Motorik drängt ihn zum Tätigsein, sportlich gesehen, zum Kampf. Im Spiel sollten sie dort tätig werden, wo Kraft und Ausdauer gefordert ist; beim Fußball wäre das beispielsweise im Mittelfeld, wo vorne Tore geschossen und hinten Tore verhindert werden können. Im Lauf kommen die langen Strekken wie 5 000, 10 000 Meter oder Marathon in Frage. Die Erfolgschancen im bezahlten Sport sind für Widder, abgesehen von der körperlichen Konstitution, vor allem deshalb günstig, weil sie durch ein diszipliniertes Leben ihren Körper für Höchstleistungen fit halten.

Archäologe ist ein ausgefallener Beruf, den manche Widder nach unserer Umfrage gerne ausüben möchten. Bei der Entdeckung der Altertümer nehmen sie auch gern Mühen und Strapazen in Kauf. Zu entdecken gibt es immer noch etwas; heute müssen wir auf die Schätze dieser Kulturen mehr denn je achten und sorgsam mit ihnen umgehen. Dazu sind Idealisten, und dazu dürfen sich die Widder zählen, immer willkommen. Notwendige Expeditionen, wann und wohin auch immer, sind für Widder mehr als nur eine willkommene Abwechslung. Hier können viele ihrer Fähigkeiten, die wir bereits angeführt haben, genutzt werden.

Daß Widder keine Geduld haben, bezieht sich speziell auf das Warten. Untätigkeit macht sie nervös und zappelig; sie möchten den Gang der Dinge beeinflussen und mitgestalten. Diese Ungeduld haben sie nicht, wenn sie beschäftigt sind. Handwerklich begabt werden sie im Beruf eines *Uhrmachers* geduldig diffizile Arbeiten erledigen, mit größter Sorgfalt und Präzision Rädchen, Federn und Anker zueinander fügen. Sie wollen sehen, was sie mit ihren Händen und ihrem Verstand erreicht haben. Alles, was sich dabei entwickelt, was zu einem ganzheitlich funktionierenden Instrument, Werkstück oder Gebrauchsgegenstand heranreift, was durch sie geschaffen und vollendet wird, befriedigt sie zutiefst. Sie lieben das Experiment am konkreten Objekt mehr als in planender Überlegung. Für Widder geht probieren über studieren. Ihre Erfindungen sind keine Geistesblitze, sondern in der Regel Ergebnisse, Weiterentwicklungen mehrerer Versuche.

Auch der Beruf der *Hebamme* entspricht voll und ganz der Befähigung der Widder. Ihre direkte, situationsgerechte, resolute, energisch zupackende Art gibt den werdenden Müttern, was sie in dieser Situation brauchen: jemanden, der schon vom Auftreten her das Gefühl gibt, daß umfassende Hilfe geleistet wird. Widder strahlen allein schon durch ihr selbstbewußtes Auftreten, in der Art, wie sie zu Werke gehen, so viel Können aus, daß sofort ein Vertrauensverhältnis zwischen ihnen und den Frauen entsteht. Dieses Vertrauen – »die kann etwas, auf die ist Verlaß« – gibt Kraft und Mut zu einer glücklichen Geburt. So wie diese Hebammen ihre Vorbereitung in dieser sauberen Ordnung treffen, so bringen sie auch das Kind zur Welt. Da sitzt jeder Handgriff, wird nicht ängstlich-zaghaft und auch nicht hektisch-brutal, sondern geübt zupackend mit fester Hand gearbeitet. Was würde es auch schon nützen bei den Wehen mitzujammern und – zu stöhnen? Besser ist es, die Frau zu unterstützen, damit sie die richtigen Atmungs- und Preßbewegungen macht. Bei Widdern sind werdende Mütter im wahrsten Sinne des Wortes in besten Händen. Sie werden Mutter und Kind so lange versorgen und beraten, bis sie auf sie verzichten können. Eine Frau, die einmal mit einer solchen Hebamme entbunden hat, wird der Geburt ihrer nächsten Kinder mit mehr Zuversicht und Gelassenheit entgegensehen.

Ihr Sinn für Ordnung und einen geregelten Lebensablauf aller Organe eröffnen den Widdern das weite Betätigungsfeld der *Friedenssicherung*. Sie sind innerlich darauf eingestellt, die Verantwortung zu tragen, die die Gemeinschaft, in der sie leben, von ihnen verlangt. Sie müssen jedoch von der Lauterkeit und Anständigkeit der staatstragenden Organe, das heißt vom System selbst überzeugt sein. Bei ihnen muß alles offen, wahr und klar ablaufen und gesetzeskonform sein; denn Normen, die sich ein Volk in freier Willensentscheidung gibt, sind nach ihrer Auffassung nicht nur einzuhalten, sondern auch zu verteidigen. Ihre angeborene Hilfsbereitschaft läßt sie über den Verdacht erhaben erscheinen, militaristisch zu sein.

Sicher werden sie als *Soldaten* der guten Sache wegen kämpfen und sie mit Mut, Freiheit und Ehre verteidigen und schützen. Widder sind immer Handelnde; auf sie ist absoluter Verlaß, solange die Rechtsgrundlage für sie stimmt und ihr Einsatz dem allgemeinen Wohl der Menschen dient. Ihre kameradschaftliche Einstellung wird sie immer an die Seite von Gleichgesinnten führen, die in loyaler Verbundenheit zu der freigewählten Regierung eines Landes stehen. Verrat ist den Widdern eine völlig wesensfremde Verhaltensweise, die sie aufs schärfste mißbilligen.

Wenn Widder Führungspositionen im militärischen Bereich einnehmen, dann sehen wir sie bei ihrer Truppe; sie sind immer an der vordersten Front im Einsatz und machen alles mit, was sie von ihren Leuten verlangen, auch im Ernstfall, den sie nicht mögen, dem sie sich aber stellen, wenn sie gefordert werden. In solchen Situationen werden Widder nicht nur als Kameraden geschätzt, sondern als umsichtige Führungspersönlichkeiten gesucht. Als Ausbilder wie als Vorgesetzte werden sie immer viel verlangen; nur wer gut ausgebildet und in Form ist, kann Auseinandersetzungen erfolgreich bestehen. Das gilt für den militärischen wie für den privaten Bereich: Einen starken Mann, eine starke Macht greift man nicht an. Auch und gerade in einer hochtechnisierten Armee unserer Tage braucht man Menschen mit Widdereigenschaften, die Disziplin, Ordnung, Geschick im Umgang mit mechanischen Geräten und ein besonders hohes Maß an Verantwortung besitzen – von Moral erst gar nicht zu sprechen.

Für die Wahrung der Ordnung nach innen gelten im Prinzip die gleichen Voraussetzungen. Für *Polizisten* sind zur Dienstausübung ähnliche Veranlagungen erforderlich wie für Militärs, nur mit dem Unterschied, daß diese ständig im Einsatz sind, Ordnung aufrechtzuerhalten. Der Beruf ist Dienst am Menschen und an einer intakten freiheitlichen Gemeinschaft.

Widder sind eigentlich keine politischen Menschen; sie sind eher *Vertreter des Volkes*, sehen sich und verhalten sich auch so. Wir finden seit Jahrhunderten Männer wie Frauen in diesem Betätigungsfeld. Das hängt unmittelbar mit ihrer Veranlagung zusammen – sie sind Menschen der Tat, des Vertrauens und der Unbestechlichkeit. Sie machen keine Show, weil sie dafür ungeeignet sind und weil sie konkrete Ergebnisse für wichtiger halten. Ihre betont sachliche Art, ihre einfache, volksnahe Sprache, die nüchtern und realitätsbezogen Aktuelles behandelt, ist Ausdruck und Inhalt von menschlicher Arbeit, die getan ist oder noch zu tun ist. Ihre Reden gleichen Aufgabenbeschreibungen und Rechenschaftsberichten für die, die sie gewählt haben, um etwas zu bewirken und zu leisten. Selbst wenn sie als Repräsentanten des Staates sprechen, geht es ihnen in erster Linie um den Inhalt, um die Sache.

Ob in der Opposition oder der Regierung, sie werden immer ganz konkrete Probleme angehen und Ziele setzen, die sie durch gezielte Maßnahmen erreichen wollen. Dabei versuchen sie, alle ihnen verfügbar erscheinenden Kräfte zu mobilisieren und auf diese Anstrengung hin einzustimmen, gleichsam im Sinne einer Interessengemeinschaft. Am liebsten würden sie die zu erledigende Arbeit institutionalisieren und jedem seinen Beitrag, den er zur Erreichung des Zieles zu erbringen hat, konkret vorgeben; ihr starker Optimismus fordert dabei Mensch und Zeit heraus. Ihre Ziele sind immer hoch gesteckt und von beachtlicher Dimension. Sie handeln nach dem lateinischen Spruch: »*Bis dat, cito dat*« (Wer schnell gibt, gibt doppelt). Probleme entstehen in einem Staat immer langsam, da wegen vielgestaltiger Interessen oftmals Fakten zu lange verschwiegen werden. Kommen sie zu einem späten Zeitpunkt doch zur Sprache, dann sind sie um so gewaltiger, und die Öffentlichkeit, die zuvor unbeteiligt war, verlangt schnelle Entscheidungen. Diese Forderungen sind dann in der Regel so massiv, daß selbst die schnellen Widder sie in der geforderten Zeit nicht zu lösen vermögen. Wer von Widdern, die politisch tätig sind, etwas anderes als Arbeit und Pflichterfüllung erwartet, der sollte sie nicht wählen. Wenn Politik vor allem objektbezogenes Handeln zum Wohle aller Staatsbürger ist, dann sollte das Bibelwort zur Meßlatte jeder Beurteilung und Kritik genommen werden: »An ihren Früchten werdet ihr sie erkennen.« Und dabei kommen Widder gut weg.

Landwirte, Bauern, Förster, Gutsbesitzer sind Eignungsberufe für Widdergeborene. Keine anderen Berufe wurden von ihnen so häufig genannt wie diese so eng mit Natur, mit Weite und Tätigkeit im Freien verbundenen. Landwirtschaft ist ein sehr weitgespanntes Betätigungsfeld, in dem sie ihre Talente entfalten können. Schon der Umfang und die für jedermann sichtbare Größe des Besitzes, die Zahl der Gebäude, Maschinen, Äcker und Tiere macht sie stolz und gibt ihnen das Gefühl der Souveränität. Auch wenn sie nicht Eigentümer sind und ein Gut nur verwalten, fühlen sie sich wohl, weil sie frei schalten können. Sie sind autark und haben alles, was zum Leben notwendig ist: Essen, Trinken, frische Luft, viel Arbeit und immer eine Aufgabe, ohne die Widder nicht leben können. Was Widdern bei diesem Beruf sehr entgegenkommt, sind Arbeitsrhythmus und Zeitungebundenheit. Sie können die Gangart bestimmen – und die ist nicht langsam. Hier können sie ihre Geschicklichkeit, ihre Kraft und Ausdauer voll zur Geltung bringen. In diesem Metier sind sie die Treibenden, nicht die Wartenden.

Kein anderer Beruf hat so viele Facetten geistiger und körperlicher Betätigung wie dieser. Dieses Leben in und mit der Natur hat sicher nicht zufällig auch viele Philosophen und Künstler immer wieder angezogen, hat sie veranlaßt, Ackerbau und Viehzucht zu betreiben. Der bäuerliche Beruf erfordert enorme Detailkenntnisse über Beschaffenheit von Böden, Pflanzenarten, Düngung, Bearbeitung und Pflege sowie ein ausgeprägtes technisches Verständnis, um mit den modernen Maschinen effizient zu arbeiten. Wer bei soviel Sachkenntnis von »dummen« Bauern spricht, ist schlichtweg schlecht informiert. Landwirte kennen vielleicht nicht alle chemischen Formeln, haben auch kein Studium der Meteorologie, Chemie, Physik oder Medizin absolviert, wissen aber oft erstaunlich viel über das Wetter und dessen Wirkung auf Pflanzen, Tiere und Menschen. Gleiches gilt für Heilkräuter, Krankheiten und Geburtshilfe. Der Bauer muß nicht nur säen und ernten, anbauen und züchten, er muß auch einkaufen und verkaufen und seine Finanzen in Ordnung halten. Er befaßt sich mit Steuern und verhandelt mit Behörden. Und er trägt voll sein eigenes Risiko. Sein Einkommen ist schwankend; die Verdienste vieler Bauern bewegen sich oft dicht am Existenzminimum. Viele müssen in anderen Berufen dazuverdienen, um schuldenfrei zu sein. In diesem Beruf sind Tüchtigkeit und großer Idealismus gefragt. Wer seine Arbeitsstunden zählt, ist ungeeignet. Widder sind fleißig und vielseitig veranlagt, sie haben ökonomisches Verständnis; deshalb ist dieser Beruf ideal für sie. Die Traumpaare der Bauern: Widder-Mann und Schütze-Frau, Löwe-Mann und Waage-Frau, Skorpion-Mann und Skorpion-Frau.

Widder-Frauen besitzen echte Führungsqualitäten. Sie gehen voran, weisen die Wege, packen selbst mit an und halten beispielsweise auch eine Gemeinde als *Geistliche* oder als *Oberin eines Klosters* in Bewegung. Man spürt schon rein äußerlich ihre Entschlossenheit und ihren Tatendrang. In einem Beruf, wo es um Glauben geht, ist es weit schwerer, die Menschen zu überzeugen, sich für Ziele und Werte solcher Gemeinschaften einzusetzen, als wenn man erbrachte Leistungen entlohnt. Kirchen und Religionsgemeinschaften verfügen natürlich über eine starke Waffe zur Orientierung ihrer Gläubigen auf das Ewige: das Gebot der Nächstenliebe. Wer es praktisch erfüllt, erfährt im Leben eine Rückkoppelung an Dankbarkeit, die oft beglückender ist als viele andere positive Erlebnisse. Dennoch bleibt tätige Nächstenliebe Wagnis und Aufgabe zugleich. Nur wer diese durch Taten belegt, überzeugt und kann andere Menschen dazu bewegen, ebenso zu handeln.

Von allen Frauen, die *Medizin* als Betätigungsfeld für sich genannt haben, stehen die Widder, sowohl in der *Human-* als auch in der *Tiermedizin*, an erster Stelle. Der Arztberuf ist jedoch in seinen Anforderungen so unterschiedlich, daß es notwendig ist, ab- und einzugrenzen. Bleiben wir zunächst beim Tierarzt: Während Widder-Männer nicht nur Tiere, sondern das bäuerliche Leben insgesamt mögen, orientieren sich Widder-Frauen stärker auf Lebewesen hin. Kreaturen zeigen unkontrolliert ihre Regungen, ihr Verlangen; sie sind empfänglich für Hilfe und in ihrer Art dankbar. Diese Tatsachen kommen dem Wesen des Widders entgegen. Dazu kommt, daß Widder die Früchte ihrer Arbeit möglichst rasch vor Augen haben wollen. Solche psychischen Strukturen sind die motorische Kraft zur Leistung. Ob als Landwirt oder Förster bei den Männern, ob als Tierärztin bei den Frauen, in diesen Berufen fühlen sich Widder wohl und leisten überdurchschnittliche Beiträge für die Gemeinschaft, in der sie leben. In Reden und Handeln wirken Widder vertrauenswürdig; bekanntlich ist das Vertrauen des Patienten zum Arzt schon die halbe Heilung. Widder sind nicht aus geschäftlichen Erwägungen heraus Ärzte, sondern aus ihrem Selbstverständnis heraus: Es ist ihre Aufgabe, ihre Pflicht zu helfen. Überall im medizinischen Bereich, wo entschlossenes Handeln gefragt ist, in der praktischen Arbeit, im Unfallbereich, aber auch als Arzt oder Ärztin auf dem Lande, sind Widder besonders geeignet. Ihnen ist kein Weg zu weit, keine Zeit unangenehm. Der Eid des HIPPOKRATES ist ihnen wesenseigen.

Der Beruf des *Lehrers* und *Erziehers* besitzt trotz hoher Arbeitslosenquoten nach wie vor hohen Stellenwert; über zehn Prozent der Erwachsenen in der Bundesrepublik Deutschland würden diesen Beruf ausüben, wenn sie die Möglichkeit dazu hätten. Bei den Frauen liegen die Löwinnen an der Spitze; bei den Männern die Widder, gefolgt von den Jungfrauen und Wassermännern; bei den Frauen stehen Steinböcke und Wassermänner an zweiter und dritter Stelle. Die guten Erfolgschancen der Widder-Männer als Lehrer sind in ihren persönlichen Veranlagungen zu sehen. Das beginnt bereits mit ihrer Berufsauffassung: Ein improvisierender Widder ist schlechterdings unvorstellbar. Widder bereiten sich sorgfältig vor, halten sich getreu an Lehrstoff und Lehrplan und setzen alles mit ihrer angeborenen Autorität um; sie haben alles im Griff. Wo das nicht zutrifft, muß der Widder schon krank sein. Bei ihm geht es gerecht zu, er verlangt Leistung und gibt jedem, der keine krummen Touren macht, seine volle Unterstützung, schenkt ihm uneingeschränktes Vertrauen. Bei Widdern wird keiner falsch behandelt, er kann sich höchstens falsch behandelt fühlen. Ihr Ziel wird immer in Einklang sein mit dem der Schule überhaupt: dafür zu sorgen, daß die Kinder in der Zeit ihres Heranwachsens das Wissen bekommen, das sie später brauchen. Die Befähigung der Widder zur Kameradschaft ermöglicht es ihnen, besonders in den oberen Klassen, ein gutes Verhältnis zu Schülern und Schülerinnen aufzubauen, das von starkem Gemeinschaftsgeist geprägt ist; dies kann in gemeinsamer sportlicher Betätigung seinen Niederschlag finden. Widder haben eine auf Inhalt, weniger auf Wirkung gerichtete Art zu sprechen und zu lehren. Das mag den Unterricht gelegentlich vielleicht etwas trocken erscheinen lassen; werden sie aber an der Wissensvermittlung gemessen, stehen sie weit vorne.

Bankkaufleute stehen ebenfalls weit oben in der Skala der Traumberufe. Und auch hier nehmen die Widder-Männer die Spitzenposition ein. Mit Geld kann bestochen werden, das Geld selbst aber ist unbestechlich. Sein Wert ist festgeschrieben, in diesem Geschäft zählen Fakten – ideal für Widder, die sich als Sachwalter derjenigen sehen, die ihnen ihr Geld anvertrauen; deshalb werden sie dieses Geld auch nur dahin vermitteln, wo es sicher angelegt ist. Ihre Redlichkeit schafft ihnen das Vertrauen, das für solche Tätigkeiten nötig ist. Spekulationen sind ihnen wesensfremd. Sie sehen sich als Treuhänder und werden ihre Kunden so beraten, als würden sie ihre eigenen Ersparnisse anlegen. Es gehört zum Wesen des Geldgeschäftes, daß es sich bewegt; wo etwas passiert, fühlen sich Widder wohl; gleichgültig, ob sie als Angestellte arbeiten oder ob ihnen die Bank gehört, sie werden nie einseitig die Interessen der Bank vertreten, sondern immer auch die ihrer Partner im Auge behalten. Sie nehmen Anteil an deren Geschicken, dauerhafte Freundschaften entstehen. Widder handeln partnerschaftlich, stehen auch in schwierigen Situationen zu ihren Geschäftsfreunden.

Bei den *naturwissenschaftlichen Berufen* haben sich die Widder-Männer mehrheitlich für den Beruf des *Ingenieurs* entschieden. Sie folgen damit den Zwillingen an zweiter Stelle, gehen aber mit anderen Motiven diesem Beruf nach: Widder kommen vom Material her, das in nützliche Bauten und Anlagen umgesetzt werden muß. Die Dimensionen spielen dabei keineswegs eine untergeordnete Rolle; je größer und monumentaler Bauten oder Maschinen zu konstruieren sind, um so engagierter sind sie bei der Arbeit. Auf ihre Verläßlichkeit läßt sich immer bauen. Das sichtbare Wachsen, gleichsam unter ihren Händen, fasziniert und motiviert Widder ungemein. Diese Erfolgserlebnisse sind für die Berufswahl gleichermaßen wie ihr Engagement und ihre Leistungskraft von entscheidender Bedeutung. Deshalb sieht man Widder auch häufiger als notwendig an den Baustellen; sie wollen und müssen aus innerem Drang heraus Hand anlegen, sich in vorderster Front bewegen. Ihr Hang zur Perfektion kommt ihnen bei diesem Beruf besonders entgegen.

Nach den Fischen sind es die Widder-Frauen, die besonders gern mit *Computern* arbeiten. Die Gründe hierfür liegen in ihren Fähigkeiten: systematisch zu arbeiten, organisieren zu können, nüchtern und sachlich die gestellten Aufgaben zu erledigen; außerdem besitzen sie eine gute Konzentrationsfähigkeit. Sie haben vielleicht nicht das Computerverständnis wie die Fische; sie spielen nicht mit ihm, sie nutzen ihn, um die ihnen gestellten Aufgaben zu lösen.

Steinmetze, Bildhauer und verwandte Berufe zählen nach unseren Ermittlungen ebenfalls zu den Berufen, die Widder mögen. Von den zwölf astrologischen Häusern regiert der Widder das erste, das der Persönlichkeit. Daraus entspringt ihr ständiges Bemühen, das Reale mit Händen zu fassen, zu greifen, festzuhalten, zu formen und zu gestalten. Sie tun es am liebsten mit einfachen Werkzeugen; die gestaltende Kraft liegt bei ihnen selbst, nicht bei der Maschine. Sie spüren die unmittelbare Verbindung zur Natur, die sie so sehr lieben.

Mit einem primitiven Gerät, aber mit dem eigenen Atem Glas zu formen, ist sicherlich auch eine dieser Möglichkeiten. Bei solchem Bemühen, tote Materie zu formen und ihr Leben zu geben, sind Widder in ihrem Element. Kraftvoll wie die Widder nun einmal sind, setzen sie weithin sichtbare Zeichen; ihre Werke sind nach Art und Größe nicht zu übersehen.

Widder-Persönlichkeiten der Geschichte demonstrieren mit ihrem Schaffen in den verschiedensten Berufen ihre Neigungen und Fähigkeiten. Einer der bedeutendsten, LEONARDO DA VINCI (15.4.1452), war ein Universalgenie, das die abendländische Kunst durch mehr als nur Monumentalität beeindruckte und beeinflußte. Man spürt die Kraft des Meisters in seinen architektonischen und technischen Entwürfen, seinen Zeichnungen und Gemälden. FRANCISCO DE GOYA (30.3.1746) zeichnete zeituntypisch kühn und in entschlossener Umsetzung unverfälschten Realismus. VINCENT VAN GOGH (30.3.1853) hat nicht nur einen eigenen Malstil geprägt; seine Bilder dramatisieren durch ihre Farbgebung. Gleiche Fülle zeigt das musikalische Werk eines JOHANN SEBASTIAN BACHS (21.3.1685), der mit enormem Fleiß, eiserner Disziplin und zähem Willen seine Kompositionen schrieb und Musik gleichsam vom Himmel zur Erde holte. JOSEPH HAYDN (31.3.1732) nahm sich ein Leben lang in die Pflicht und schuf über hundert Sinfonien, zahlreiche Streichquartette, Klaviersonaten sowie weitere Werke. ARTURO TOSCANINI (25.3.1867) dirigierte meisterhaft und komponierte selbst. Auch HERBERT VON KARAJAN (5.4.1908) läßt uns die Energie spüren, mit der er seine Orchester zu weltberühmten Aufführungen hinführt.

Widder können so schreiben, daß es Kinder verstehen und Erwachsene Spaß haben: HANS CHRISTIAN ANDERSEN (2.4.1805) oder WILHELM BUSCH (15.4.1832), der mit seinen Lausbubengeschichen so manchem Kind und Erwachsenen aus der Seele schrieb. Nicht weniger beeindruckend und anregend sind scharf beobachtete, kritische Milieudarstellungen von ÉMILE ZOLA (2.4.1840). KAREN BLIXEN (17.4.1885) hat ihre Naturschilderungen den Lesern mit Geist und Witz vermittelt. Der Schriftsteller MARTIN WALSER (24.3.1927) weicht den Problemen der Zeit nicht aus; seine Sprache ist deutlich und direkt. RICHARD VON WEIZSÄCKER (15.4.1920) ist ein überparteilicher Politiker, der mit sachlichen Argumenten überzeugt und hohes Ansehen in der ganzen Welt genießt. HELMUT KOHL (3.4.1930) versteht es gut, Mitarbeiter auszuwählen und erfolgreich mit ihnen gemeinsam zu arbeiten.

Widder setzen Zeichen, sind, was sie sind. Sie bleiben ihrer Sache treu und setzen ihre ganze Kraft für ihre Überzeugung ein. Diese Tatsache macht ihre Persönlichkeit aus. Von KARL DEM GROSSEN (2.4.742) wird berichtet, daß er an Weisheit und Tugend nicht zu überbieten war und für Recht und Ordnung sorgte. RENÉ DESCARTES (31.3.1596) erkannte für sich, daß der Geist alles beherrscht – *»cogito ergo sum«* – und stellte sich damit gegen die herrschende Meinung seiner Zeit, die die Seele zum Mittelpunkt allen Seins erhoben hatte. FERDINAND LASSALLE (11.4.1825) sah die Ungerechtigkeiten, unter denen die Arbeiter zu leiden hatten, und kämpfte mit mutiger Entschlossenheit dagegen an; er wurde Präsident des Allgemeinen Deutschen Arbeitervereins, aus dem später die Sozialdemokratische Partei Deutschlands entstand.

Widder sind konkret Handelnde, Menschen, die etwas in Bewegung setzen; viele bedeutende Persönlichkeiten beweisen es: Ein unbekanntes Soldatenmädchen wird durch kluges Handeln die Frau PETERS DES GROSSEN, Zarin KATHARINA I. (14.4.1684). KATHARINA VON MEDICI (13.4.1519) war nicht nur Königinmutter, sie handelte aktiv, wenn auch, wie die Bartholomäusnacht beweist, historisch folgenschwer. Sie war Baumäzenin, förderte Kunst und Wissenschaft. KATHARINA VON SIENA (25.3.1347) versuchte kämpferisch, die Führungslosigkeit der Kirche zu beenden und wieder einen Papst in Rom zu haben. HELENE LANGE (9.4.1848) initiierte den allgemeinen deutschen Frauenverein. Die Klosterfrau THERESIA VON AVILA (28.3.1515) gründete mehrere Frauen- und Männerklöster. DOROTHEA DIX (4.4.1802) errichtete schon als Neunzehnjährige eine Schule und widmete sich später hingebungsvoll psychisch Kranken, für die sie viele Verbesserungen in Krankenhäusern erreichte; dank ihres Engagements entstanden spezielle Anstalten. JOSEPHINE BUTLER (13.4.1828) schuf den Verband für Hilfs- und Rettungsmaßnahmen gefährdeter Frauen, MARIANNE HAINISCH (25.3.1839) den Bund österreichischer Frauenvereine; ELSA BRANDSTRÖM (26.3.1888), der »Engel von Sibirien«, pflegte im russischen Bürgerkrieg Verwundete bis zur eigenen Erschöpfung und gründete Sanatorien, Erholungs- und Waisenhäuser.

WILLIAM BOOTH (10.4.1829) sammelte die Ausgestoßenen und Verachteten und »erfand« die Heilsarmee, die öffentlich zur Umkehr und zum Guten mahnt, vor allem aber selbst Gutes tut. FRIEDRICH WILHELM RAIFFEISEN (30.3.1818) sah die Not der Bauern und rief zu einer Genossenschaft auf. FRIEDERIKE von Griechenland (18.4.1917) sammelte Geld aus aller Welt, um ihre zahlreichen Kinderdörfer mit allem Lebensnotwendigen zu versorgen. SAMUEL HAHNEMANN (10.4.1755) begründete die Homöopathie. Einer der bedeutendsten Journalisten, JOSEPH PULITZER (10.4.1847), schuf Amerikas ersten Zeitungskonzern und gründete eine Journalistenschule. AUGUST HERMANN FRANCKE (22.3.1663) ist nicht nur wegen seiner Erziehungslehre, sondern auch wegen seiner Anregung einer christlichen Selbsthilfeorganisation bekannt.

Bei keinem anderen Sternzeichen finden wir so gehäuft Menschen, die durch Organisation und Gründung von Interessengemeinschaften berühmt geworden sind; Werke der Nächstenliebe, die zustande kamen, weil sich die Initiatoren mit ihrer ganzen Kraft beteiligten.

Unter den Widdern gibt es berühmte Schauspieler wie den Charakterdarsteller AUGUST WILHELM IFFLAND (19.4.1759),

Alec Guinness (2.4.1914) oder Charles Chaplin (16.4.1889); Schauspielerinnen wie Helene von Dönniges (21.3.1845), Mary Pickford (8.4.1863), Agnes Straub (2.4.1890), die nicht nur phantastisch spielte, sondern im hohen Alter noch Schauspielunterricht gab; unvergessen auch Bette Davis (5.4.1908) in ihren Charakterrollen oder Brigitte Horney (29.3.1911).

Gefeiert waren zu ihrer Zeit auch Sängerinnen wie Maria Felicitas Malibran (24.3.1808), die Alt und Sopran gleich gut beherrschte; Sophie Löwe (24.3.1815), Giuditta Pasta (9.4.1798), die durch die Gewalt ihrer Stimme und ihrer Darstellungskunst zu überzeugen wußte. Mariette Alboni (26.3.1826) vermochte als Altistin drei Oktaven zu singen. Nicht weniger berühmt die Tänzerinnen: allen voran Marie Anne de Camargo (14.4.1710), die hinreißend tanzte und den absatzlosen Tanzschuh einführte. Widder-Frauen haben auch gedichtet, wie Margarete von Navarra (11.4.1492), die Nonne Luise Hensel (30.3.1798), Luise Gottschmid (11.4.1713) und Ragenhild Jölsen (28.3.1875). Gabriela Mistral (6.4.1889) schrieb Gedichte und war an der Schulreform in Mexiko maßgeblich beteiligt. Von den Dichtern sind weiterhin Charles Baudelaire (9.4.1821), Nicolai Gogol (31.3.1809) und Maxim Gorki (28.3.1868) im Sternbild des Widders geboren.

Einmalig dürfte sein, daß eine Hebamme für ihre Verdienste den Ehrendoktor bekam: Die Universität Marburg verlieh ihn Marie Anne Vietria Boivin (9.4.1773). Sie tat mehr, als nur Kinder zur Welt befördern, sie entwickelte auch Operationsgeräte, die sie ebenso wie ihr Wissen und ihre Erfahrung selbstlos weitergab. Otto von Bismarck (1.4.1815), genannt der eiserne Kanzler, sagte von seiner Widder-Frau Johanna (11.4.1824): »Alles was ich geworden bin, verdanke ich ihr.« Clara Booth Luce (10.4.1903), hart wie Stahl und voller Tatendrang, war die erste weibliche Botschafterin der Vereinigten Staaten von Amerika.

Sie wurden nur wenige Tage nacheinander geboren: WILHELM CONRAD RÖNTGEN (27.3.1845), der mit seinen Forschungen über Energie und Materie eine neue Ära der Naturwissenschaften einleitete, und ILJA METSCHNIKOW (15.4.1845), der Biologe, der die Bedeutung der weißen Blutkörperchen nachwies. Der Chemiker HERMANN STAUDINGER (15.4.1881) entdeckte den molekularen Aufbau von Eiweiß und wurde zum Begründer der Kunststoffindustrie. FRIEDRICH KOENIG (17.4.1774) mechanisierte die Druckkunst; die Physiker ROBERT ANDREWS MILLIKAN (23.3.1868) und JOHANNES STARK (15.4.1874) bereiteten der Atomforschung den Weg.

Wir sind bewußt bei der Auflistung berühmter Widder in Kunst, Politik und Wissenschaft nur in Ausnahmefällen in die Gegenwart gegangen; die Geschichte wird noch zu beweisen haben, wer den Lorbeer der Unsterblichkeit bekommt. Dieses Prinzip wird auch bei den anderen Sternbildern beibehalten.

2
Stiere: Unterhalter und Verwalter
21. April – 21. Mai

Stiere sind geniale Realisten, die allen Dingen auf den Grund gehen. Oberflächlichkeiten, gleich welcher Art und Ausprägung, sind ihnen zuwider, lösen Unbehagen aus; Stiere gehen immer in die Tiefe, sie wollen alles genau wissen. Sie sind sehr gründlich und gelangen damit zu Detailkenntnissen, gemischt aus Wissen und praktischer Erfahrung. Sie sind begabt und besitzen Sachverstand und Geschicklichkeit. Sie haben in der Regel zwei »rechte Hände«, mit denen sie jede Art von stofflicher Materie formen. Sie sind äußerst talentiert in der Handhabung der verschiedensten Werkzeuge. Was andere mit roher Gewalt oder genialer Schläue erledigen, bewirken sie mit gefühlvollen Handgriffen. Ihr Realitätssinn paart sich mit Genußempfinden und schenkt ihnen ein hohes Maß an Lebensqualität. Stiere arbeiten, um zu leben. Sie verstehen es wie kein anderes Tierkreiszeichen, die Güter dieser Welt zu nutzen und zu genießen. Stiere haben einen konkreten, physisch-animalischen Geschmack. Ihre Zunge scheint schon verwöhnt geboren.

Geld hat für sie einen hohen Stellenwert, ist aber dennoch nur Mittel zum Ermöglichen von Daseinsfreude; deshalb sind Stiere bedacht, ein garantiertes, überdurchschnittlich hohes Einkommen zu haben. Sie stehen fest und breit auf dem Boden der Wirklichkeit, können sich auf sich selbst verlassen, weil sie das, was sie gelernt haben, beherrschen. Existenzangst ist fast ein Fremdwort für sie. Besorgt sind sie nur – mehr als nötig – um ihre Gesundheit, wohl wissend, daß sie die Basis ihres Schaffens ist, ohne die die Grundlage für das

Einkommen fehlen würde. In der Partnerschaft werden sie schon aus diesem Grund alles unternehmen, um den Verdiener so fit als möglich zu halten. Außerdem genießt es sich zu zweit besser als allein.

Gründlich sind sie; das läßt sie zuweilen – zu Unrecht – langsam erscheinen. Stiere sind nicht minder intelligent als andere Tierkreiszeichen. Ihre Interessen sind jedoch diesseitsgerichtet, konkret, und sie finden wenig Gefallen an abstrakter Geistesakrobatik. Daß sie Geist haben, zeigt sich an ihrem Unterhaltungs- und Redetalent.

Stiere sind beherrscht vom Planeten Venus. Er verleiht Geschmack und Genuß in der Lebensrealität, macht sie naturhaft, erdgebunden und körperhaft. Das zweite Haus im Kosmogramm steht unter dem Zeichen des Stieres. Es wurde von den Astrologen immer schon als »Geldhaus« bezeichnet. Es beschreibt, was der Mensch verdient und ausgibt, was ihm als Besitz bleibt, das Finanzielle. Stiere sind zufrieden und glücklich, wenn sie liquide sind.

Stiere sind ausgezeichnete *Köche*. Sie verfügen über ein feines Geschmacksempfinden und können die Aromen der einzelnen Rohstoffe nicht nur unterscheiden, sondern offenbar auch speichern. Diese Fähigkeit ermöglicht es ihnen, Gerichte zusammenzustellen, die neue, besondere Genußerlebnisse versprechen. Um gut zu kochen, bedarf es vieler Voraussetzungen, die Stiere veranlagungsmäßig mitbringen: Liebe und Gefühl zur Natur, zum Richtigen, Echten und Wahren; am liebsten etwas vom eigenen Garten, Hof und Acker verwenden, was noch den Geruch der Erde hat, also beispielsweise frische Rohstoffe, ferner ihre Liebe zum Detail, ihre Gründlichkeit und Genauigkeit, ihre Geduld, Ruhe und Gelassenheit, ihre Hingabe und Schaffensfreude, ihre Fähigkeit zu komponieren. Sie schaffen gerne Kreationen, die schön anzusehen sind und gut schmecken, die man zelebrieren und genießen kann. Rezepte sind für Stiere nicht nötig; sie erstellen sie, haben sie im Kopf und erfinden beim Kochen immer wieder Neues hinzu. Ihre Zunge ist fein, ihr Gaumen spürt Nuancen geringster geschmacklicher Veränderungen. Was sie auf den Tisch bringen, vom einfachsten Gericht bis zum erlesenen Menü, ist nahrhaft und von bestem Geschmack. Ihre Kochkunst ist fein abgestimmt auf die Produkte, die sie verarbeiten; sie betonen den ursprünglichen Geschmack, verfremden und überwürzen nicht; das Echte, Naturhafte wird der Raffinesse nicht geopfert, Preis und Leistung müssen sich entsprechen. Für sie beginnt Kochen beim Aussuchen und Kaufen der Zutaten. Es ist ihnen der Mühe wert, frühmorgens zu den Märkten zu gehen und frische Fische, frisches Fleisch, Gemüse und Salate zu holen. Genaue Produktkenntnis ist Voraussetzung für richtige Einkäufe. Sie wissen, daß das Bäckchen am Fischkopf die eigentliche Delikatesse ist, daß jedes Teil am Tier anders be- und verarbeitet werden muß, daß selbst ein so gewöhnliches Produkt wie eine Kartoffel, je nach Sorte verschiedene Qualitätsmerkmale aufweist, die beim Kochen zu beachten sind. Die Vielzahl der Rohstoffe und die Möglichkeiten, diese zu einem Essen zusammenzustellen, sind für Stiere nahezu unbegrenzt. Wenn die Gerichte in den Haushalten immer einfacher, eintöniger und begrenzter werden, dann liegt das an dem momentanen Trend, weniger Mühe für die Zubereitung von Essen und Trinken aufzuwenden. In hochentwickelten Gesellschaftsstrukturen hat die »Verarmung« der privaten Küche dazu geführt, daß professionelle Küchenspezialisten außerhalb des häuslichen Bereichs die Eß- und Trinkkultur weiterpflegen, indem sie ihre Kochkunst in Restaurants verkaufen. Die Chancen für gute Köche sind immer noch im Steigen.

Da Stiere gut mit Geld umgehen, gut wirtschaften können, sind sie geradezu prädestiniert, als *Gastronomen* und *Hoteliers* tätig zu werden. Ein weiterer wichtiger Grund, diesen Beruf zu wählen, ist die Selbständigkeit.Stiere können sich zwar unterordnen, doch kommen in einem Abhängigkeitsverhältnis ihre wahren Talente in der Regel deshalb nicht zur

Geltung, weil sie nicht gefordert und entwickelt werden; es fehlt häufig die Möglichkeit zum Experimentieren. Als Selbständige können Stiere so sein, wie sie nun einmal sind: direkt, offen, gelegentlich auch einmal brummig. Wer sie gut kennt weiß, daß solches Verhalten sich nicht gegen die Gäste wendet, sondern gegen sie selbst. Sie fordern sich heraus, und wenn etwas nicht so läuft, wie sie es sich vorgestellt haben, sind sie eben nicht bester Stimmung. Da sie ehrlich sind, zeigen sie das, selbst wenn es ihrem Geschäft schadet. Sie haben immer eher Stamm- als Laufkundschaft, weil sie durch reelle und gute Leistung überzeugen, nicht durch Schmeichelei und schöne Worte. Sie sind zuverlässig und gesellig; dienen aber mögen sie nicht. Stiere verstehen es, zwischen Arbeit und Genuß zu trennen; beides tun sie intensiv. Stiere sind gemütlich, aber niemals bequem. Das ist letztlich der Grund, weshalb sie in ihrem Leben genießen können und dennoch zu Besitz und Vermögen kommen.

Stiere sind gute *Unterhalter*. Sie wissen viel, reden gerne und viel. Sie fragen und hinterfragen, mitunter bohrend, um alles, was sie interessiert, voll und ganz zu erfassen. Sie verschaffen sich Klarheit und geben sich nicht mit oberflächlichen Phrasen zufrieden. Substanz und Inhalt der Kommunikation rangieren vor beeindruckender Rhetorik oder blendendem Stil. Dabei sind sie selbst wortgewandt und ausdrucksstark. Sie haben die Begabung zum *Conferencier, Entertainer* und auch *Reporter*. Ihre scharfe Beobachtungsgabe und realitätsbezogene Arbeitsweise machen sie zu unerbittlichen Verfechter der Lebenswirklichkeit ohne Schminke und abstrahierende Überhöhung gegebener Zustände. Ihre Unterhaltungskunst besteht darin, das zu vermitteln, was das Leben bietet; das ist nicht nur interessant, ernst und bedeutsam, sondern mitunter komisch-heiter und, in unbeholfener Naivität, ungewollt witzig. Sie greifen einfach hinein ins Leben und erzählen, was sie sehen, damit machen sie andere sehend. Sie karikieren menschliches Verhalten, mündlich und schriftlich, mit zeitzünderisch wirksamem Effekt. Sie sind nicht kompliziert, sprechen die Sprache des Volkes und werden mit dem Herzen verstanden. Schnell sind sie nicht gerade; denn ohne Recherchen und gründliche Vorbereitung haben sie nichts zu sagen und wollen es auch nicht. Ihre Orientierung am Wirklichen bringt wertfreie, objektive, wahrheitsgetreue Wiedergabe von Ereignissen und Tatbeständen.

Stiere sind nicht selten begabt für *Gesang* und *Musik*. Sie verstehen es, als *Sänger* oder *Sängerin* ebenso wie als *Instrumentalisten*, Schwingungen in hörbare Töne umzusetzen. Sie haben das Talent, reine, klare, unheimlich fein nuancierte Weisen zu spielen, sei es als Vokalisten oder Instrumentalisten. Stiere sind die geborenen Künstler. Gefragt sind Geschicklichkeit, Repetitionsfähigkeit, Tiefgang, ausdauernde Geduld, Sensibilität, gutes Gehör und Kraft. Die physische Konstitution ist sowohl fürs Üben wie für das Aufführen gleichermaßen wichtig. Es sind enorme Anstrengungen zu verkraften; Stiere können es. Sie zählen in jedem Ensemble zu den Leistungsträgern. Stiere nehmen ihren Beruf ernst, sehen sich als Teil eines Ganzen. Starallüren sind selten, ebenso wie Vordrängeln. Sie reißen sich nicht um Solopartien noch um Führungspositionen. Nur wenn sie sich absolut sicher fühlen und wissen, daß sie eine bestimmte Aufgabe übernehmen können, stellen sie sich ihr. Wir finden sie kaum unter den Senkrechtstartern in diesem Beruf; dennoch sind sie plötzlich »da«; wenn sie kraft ihrer Leistung den Durchbruch erreicht haben, sind sie nicht mehr aufzuhalten. Ihre Musik, geschrieben, gesungen oder interpretiert, ist voller Vitalität und Lebensbejahung, barock und erdnah, voller Freude und Genuß. Als Komponisten greifen sie mitten hinein ins menschliche Geschehen und lassen Noten und Instrumente die Wirklichkeit musikalisch erleben. Für Stiere kommt es auf den Unterhaltungswert der Musik an. Das hat zwei sehr rationale Gründe: Das, was sie tun, muß echten Sinn und Zweck haben, und nur wenn sich Publikumserfolg einstellt, können Stiere in dieser Branche auch gut verdienen.

Stiere arbeiten sehr erfolgreich als *Innenarchitekten*. Bei dieser Profession können sie ihre Liebe zum Detail, ihren Geschmack, ihr Gefühl für Formen und Farben und ihre gesunde reale Vorstellungskraft einbringen. Ihr praktischer Sinn wird das Funktionale in der Gestaltung nicht zu kurz kommen lassen, neben dem Ästhetischen das notwendig Zweckmäßige und Wirtschaftliche gebührend berücksichtigen. Alles, was sie machen, ist grundsolid und von bester Qualität, weil sie auf Dauer einrichten. Sie mögen Improvisationen nicht, nichts, was wenig Substanz und kurze Lebensdauer hat. Stiere richten immer so ein, als würden sie ewig leben; auch wenn sie es für andere tun. Ganz wesentlich ist für sie der Wohnwert; er muß menschlich sein, warm, fest, sicher, geborgen und praktisch zugleich. Sie lieben erdige Farben und runde Elemente, bevorzugen Holz und Textilien als Materialien. Ihre Kompositionsfähigkeit, gepaart mit ihrer handwerklichen Fertigkeit, befähigt sie, individuell und auftragsorientiert zu arbeiten und kreative Varianten zu finden. Dennoch wird selten etwas geschaffen, was avantgardistisch und ausgefallen ist. Stiere bleiben im Stil der Zeit und schaffen dennoch das Besondere.

Stiere sind, gemessen an der Wahl der von ihnen bevorzugten Berufe, sehr stark praxisorientiert. Es sind Macher, die Geist und Körper gleichermaßen einsetzen möchten – als Ausführende und Gestalter. Das ist keine Frage der Intelligenz, sondern der Veranlagung. Selbst wenn sie studiert haben, gelten sie als Praktiker. Wir finden sie in allen Berufssparten, aber nach ihren eigenen Angaben sehr stark in Wirtschaft und Verwaltung.

Der von Stier-Frauen am häufigsten genannte und aus ihrer eigenen Sicht am besten für sie geeignete Beruf ist der der *Hausfrau*. Jede zweite befragte Stier-Frau, ebenso wie Krebs-Frau und Löwin, hat diesen Beruf an erster Stelle plaziert.

Selbst junge, unverheiratete Mädchen haben dafür votiert. Bei näherer Betrachtung der Aufgaben und des Tätigkeitsbereiches der Hausfrau ist sowohl die absolute Höhe der Nennungen wie auch die Reihenfolge innerhalb der Sternzeichen nachvollziehbar. Krebs-Frauen sind, wie wir später sehen werden, ihrem Wesen nach familiär und häuslich, Löwe-Frauen mögen einen unumstrittenen Geltungsbereich; Stier-Frauen brauchen ein Betätigungsfeld, wo sie Verstand und Hände gleichermaßen gut einsetzen können. Sieht man vom bäuerlichen Beruf ab, wo der Haushalt zumindest für Frauen, die diesem Beruf nachgehen, voll integriert ist, gibt es keinen anderen Beruf, der so vielseitig und so interessant ist. Stiere machen alles gut und gründlich und sind am erfolgreichsten, wenn sie nicht gedrängt werden, wenn sie ihre Vorstellungen realisieren und ihre Gangart selbst bestimmen können. Sie richten sich einerseits wohnlich, andererseits funktionell ein, im Hinblick auf die zu verrichtenden Arbeitsabläufe. Stier-Frauen halten Ordnung und haben alles fest im Griff, die Familie gleichermaßen wie die Tätigkeiten. Selbst Genießerinnen, bieten sie Familie und Gästen abwechslungsreiche und kulinarische Speisen und Getränke. Obwohl sie alles gut zusammenhalten, sind sie in diesem Punkt nicht sparsam. Ihr Familiensinn ist ausgeprägt, und sie tun alles, damit jedes Familienmitglied zufrieden ist und seiner Aufgabe nachkommt. Vom Mann erwarten sie Tüchtigkeit im Geschäft und Erfolge, die sich auch einkommensmäßig zeigen, von den Kindern Leistungen in Schule, Lehre oder Studium. Sie leisten selbst und fordern auch Leistung von denen, die mit ihnen in der Gemeinschaft leben. Als Hausfrau kann die Stier-Frau viele handwerkliche Tätigkeiten ausführen, kochen, backen, putzen, nähen, stricken und, wenn ihr danach ist, auch hämmern und tünchen; sie unterstützt ihren Mann mit Einladungen und Konversation und berät ihn, sie kann die Kinder in schulischen Belangen unterweisen, sie richtig erziehen und sie pflegen, wenn sie krank sind, und kann, wenn es nötig ist, auch

Eltern und Anverwandte versorgen. Sie ist ihr eigener Finanzchef, der dafür sorgt, daß die Kasse stimmt. Sieht man von den Sachzwängen ab, kann die Hausfrau selbständig und frei agieren.

Neben dem Beruf der Hausfrau haben sich Stier-Frauen häufiger als jedes andere Sternzeichen für die Tätigkeit als *Sekretärin* und *Kontoristin* entschieden, gefolgt von Zwillingen und Schützen. Dieser Beruf ist eine Kombination aus Kopf- und Handarbeit, damit für Stiere besonders geeignet. Hier können sie aber auch ihre anderen Veranlagungen einsetzen. Sie sind Mitwisser und Mitgestalter, sie tragen Verantwortung, haben ein klar umrissenes Arbeitsfeld, meistens eine oder wenige direkte Bezugspersonen, mit denen sie zusammenarbeiten, die deshalb für sie berechenbar sind. Sie bestimmen ihre Arbeit nach Art und Zeit im Rahmen gegebener Bedingungen selbst. Sie haben viele Möglichkeiten zur Konversation und Kommunikation, die sie sehr mögen und brauchen. Stier sind in diesen Berufen erfolgreich, weil sie offen, ehrlich, loyal, ordentlich, fleißig, kooperativ und fachlich tüchtig sind. Was sie tun, tun sie ganz, überlegt und gründlich. Sie motivieren sich und andere und, wenn es sein muß, sogar den Chef, vor allem dann, wenn sie mit ihm aufsteigen und etwas mehr verdienen können.

Stier-Männer und -Frauen, lieben den Beruf des *Reisenden, Verkäufers, Vertreters*. Dieser Beruf wurde insgesamt zwar nur von drei Prozent der Befragten als Eignungsberuf genannt; acht Prozent der Stiere votierten für ihn. Auch Steinböcke, Löwen sowie Zwillinge liegen über dem Durchschnitt; bei Zwillingen liegt der Schwerpunkt der Interessen auf Reisen und Argumentieren, bei Löwen auf Vertreten und Vertrauenbilden, bei Steinböcken auf Verkaufen und Umsatzmachen. Für die Stiere gehören diese Aspekte alle zusammen. Ihre sachliche, unaufdringliche aber eindeutig nutzenorientierte Art, ihr kommunikatives Wesen, ihre Anständigkeit und Zuverlässigkeit machen sie zu echten Partnern im

Geschäftsleben. Dies gilt auch für Stier-Frauen, die nach den Zwillings-Frauen am häufigsten diesen Beruf wählten.

Viele Stier-Frauen würden gern als *Sängerin* arbeiten. Stier-Männer hingegen würden sich lieber als *Musiker* betätigen. Die Votierungen für diese Berufszweige waren insgesamt gesehen recht gering; schließlich muß unabhängig von Sternzeichen ein Maß an Talent vorhanden sein. Dazu kommt die Liebe zu Gesang und Musik. Und hier liegt der Grund dafür, daß Stiere zu Gesang und Instrument neigen: Sie lieben alle Arten von Daseinsfreude. Hinzu kommt ihr Fleiß: In diesen Berufen muß viel geübt werden. Das tun Stiere wie kaum ein anderes Sternzeichen, wenn es aus eigenem Antrieb geschieht und nicht gezwungenermaßen erfolgen muß.

Ein ausgefallener Beruf, der den Stier-Frauen gefällt, ist der der *Graveurin.* Diese Tätigkeit entspricht voll ihrem Wunsch zu gestalten; ruhig, gelassen, geschickt und präzise werden die Formen aus dem Material herausgehoben. Kraft und Kunstsinn bestimmen den Erfolg.

Stier-Männer sehen gute Berufschancen für sich als *Handelskaufleute*, das gilt nahezu gleichermaßen für die Krebse, gefolgt von Löwen und Skorpionen. Die Anforderungen, die an diesen Beruf gestellt werden, die Art und Weise, wie er ausgeführt wird, und seine Vielseitigkeit entsprechen in vielen Verrichtungen den Vorstellungen von Arbeitswelt und Arbeitsweise der Stiere. Zum Handeln gehörte schon immer, reden und überzeugen zu können – was für Stiere keine Schwierigkeit ist. Als Detaillisten sind sie über ihren Handelsbereich bestens informiert und wissen, was sie ein- und verkaufen können. Bei aller Offenheit und Gutgläubigkeit lassen sie sich schwer reinlegen, da sie prüfen und nur langsam entscheiden. Sie bevorzugen dauerhafte Geschäftsverbindungen, die auf gegenseitigem Vertrauen basieren, und sind »heißen Geschäften« gegenüber wesensmäßig skeptisch. Ihre Erfolge beruhen auch auf ihren ausgezeichneten Warenkenntnissen. Damit kennen sie den Nutzen, vermögen den Wert abzuschätzen und können gut ein- und verkaufen. Am besten gelingt ihnen dies, wenn sie verbal, nicht schriftlich bestellen und veräußern können. Sie haben immer etwas zu sagen; je länger die geschäftlichen Beziehungen dauern, um so mehr gehen sie aus sich heraus, um so erfolgreicher arbeiten sie.

Für die Mehrheit der Männer in der Bundesrepublik Deutschland ist *Förster* der Traumberuf. Jeder vierte männliche Befragte hat angegeben, diesen Beruf zu wählen, wenn es ihm freigestellt wäre. Nach Sternzeichen gesehen, liegen die Stiere mit Abstand an der Spitze, gefolgt von Waagen und Widdern. Die anderen Sternzeichen weichen bis zu hundert Prozent vom Stier ab. Solche Ergebnisse sind bei einer repräsentativen Stichprobe, wie sie uns vorliegt, schlüssig. An einem solchen Ergebnis läßt sich demonstrieren, daß die Repräsentanz auch für andere Berufe gilt, wo die Abweichungen innerhalb der Sternzeichen nicht von dieser Deutlichkeit sind. In diesem Falle des Försters kommt noch hinzu, daß bei einem artverwandten Beruf, dem des *Gärtners*, ebenfalls Stiere und Waagen an der Spitze stehen. Nach astrologischer Lehre beherrscht der Planet Venus sowohl das Sternbild des Stieres wie das der Waage. Das Besondere am Beruf des Gärtners ist, daß er auch als Hobby ausgeübt werden kann.

Stiere, wie auch Waagemenschen, sind Ästheten. Nirgendwo sonst wird Schönheit so gekonnt und perfekt und in einer solchen Fülle gezeigt wie in der Natur, in Wäldern und Gärten. Alles ist real und lebt; selbst wenn es vergeht, kommt es wieder. Bei der Waage ist es sicherlich das Erleben einer grenzenlosen Harmonie, an der in Einklang mit der Natur mitzuwirken für sie einer sakralen Handlung gleichkommt. Bei Stieren ist es eher die Schönheit an sich, die von jeder einzelnen Pflanze ausgeht, die Komposition der Schöpfung und letztlich das Genußversprechen, das heranwächst, was ihnen an diesem Beruf so gefällt. Förster und Gärtner sind keine modernen Berufe; auch wenn sie sich durch die moderne Technik verändert haben, bleiben sie doch naturbestimmt. Auf Natur ist Verlaß, mit ihr kann man arbeiten; man weiß, woran man ist, auch dann wenn die Blumen nicht so blühen, die Früchte nicht so reifen, wie man es gerne hätte. Es sind Arbeiten, die geistig und körperlich herausfordern, die einzeln und im Team gemacht werden können, die Arbeit, die müde macht, aber durch ihre Naturnähe dennoch fröhlich stimmt, weil sie sich im Umfeld des Naturhaften und Schönen vollzieht. Förster hegen und pflegen, verwalten aber letztlich ein anvertrautes Gut. Mit ökonomischen Aufgaben kommen Stiere ja besonders gut zurecht. Sie können rechnen und gut mit Menschen, Material und Geld umgehen. Für sie ist der Beruf des Försters ebenso wie der des Gärtners kein Märchen, sondern eine Realität, die mitzugestalten lohnend ist.

Buchhaltung, Finanz- und *Rechnungswesen* sind gute Betätigungsfelder für Stier-Menschen. Ihre angeborene Sorgfalt, Genauigkeit, vor allem ihre ruhige Art zu arbeiten sowie ihre Zurückhaltung und ihr wenig ausgeprägtes Prestigebedürfnis sind gute Voraussetzungen für erfolgreiche Tätigkeit in Unternehmen, Verwaltungen und Ämtern. Ihre Sorgfalt und Unbestechlichkeit macht sie zu Vertrauenspersonen, die als *Buchhalter* oder *Kalkulationsfachleute*, als *Kassierer* oder *Finanzchefs* gefragt und als kritische Kontrolleure oder Revisoren gefürchtet sind. Mit Stieren hat ein Unternehmen, gleich welcher Art, immer korrekte, zuverlässige und treue Mitarbeiter. Man sollte jedoch von der ruhigen und gelassenen Art ihres Verhaltens nicht darauf schließen, daß sie anspruchslos wären. Geld motiviert Stiere außerordentlich, und kluge Arbeitgeber tun gut daran, ihnen rechtzeitig das zu zahlen, was sie verdienen; sonst könnte es mit ihrem Engagement und ihrer Arbeitsfreude abwärtsgehen, und obwohl sie nicht gerne ihren Arbeitsplatz wechseln, ließen sie sich dann nicht mehr halten. Stiere lieben geordnete Bahnen und gleiche Abläufe. Soll und Haben ist das Leben, und hinter jedem Vorgang steht eine Bewegung von Werten. Darum muß alles in ähnlicher Form verläßlich wiederkehren, eindeutig festgelegt, überprüfbar und periodisch vergleichbar sein. Geordnete Verhältnisse sind die Voraussetzung, Geld zu verdienen. Vielleicht ist das der Grund, weshalb Stiere auch privat in der Regel keine Geldprobleme haben.

Viele einst handwerkliche Tätigkeiten werden heutzutage von Maschinen übernommen, doch manches kommt zurück und erlebt eine neue Blüte; das gilt auch für das *Kunsthandwerk*. Stiere bringen viel Eignung für den Beruf des *Töpfers* mit. Sie verstehen es, mit großer Geschicklichkeit aus Ton herrliche Formen zu bilden und nützliche wie dekorative Gegenstände zu schaffen. Beim Töpfern erscheint alles spielend; die Scheibe dreht sich, und aus einem Klumpen »Dreck« entsteht, so als könnte es nicht anders sein, ein feines Kunstwerk. Das scheint nun von außen so einfach – in Wirklichkeit beginnt die Arbeit bei dem Entwurf, der erst einmal modellhaft geschaffen werden muß. Es dauert Jahre, bis man alle Eigenschaften des Rohmaterials kennt, bis man Bescheid weiß über Formbarkeit, Festigkeit und Brenneigenschaften, und es bedarf letztlich einer ruhigen Hand, zu formen, zu dekorieren und zu ziselieren. Zum Kunstverstand müssen Ausdauer und Konzentration hinzukommen, um in diesem Beruf erfolgreich zu arbeiten. Die Grundeigenschaften der Stiere kommen hier voll zum Tragen: Sinn und Gespür fürs Detail, ästhetisches Empfinden, Zuverlässigkeit und Gründlichkeit, Sorgfalt und Sachkenntnis, vor allem aber ihre Fingerfertigkeit. Damit zaubern sie erlesene und beeindruckende Produkte, die sie am liebsten selbst behalten möchten, würden sie nicht von ihrem Verkauf leben.

Die Naturnähe und -verbundenheit der Stiere gibt ihnen Neigung und große Erfolgschancen für naturwissenschaftliche Berufe, insbesondere als *Physiker*. Obwohl sie abstrakte Zahlen und komplizierte Formeln kennen und beherrschen, mögen sie mehr deren Umsetzung in konkrete, nützliche

Kräfte, in Energien, die Arbeit erleichtern und produktiver machen. Stiere bleiben auch in einem solch wissenschaftlichen Beruf Tüftler, die mit Geschick und Geduld Prozesse auslösen und verfolgen. Sie haben klare Vorstellungen der praktischen Nutzanwendung ihrer Untersuchungen und Versuche. Sie forschen nach Möglichkeiten größerer Effizienz und Wirtschaftlichkeit. Es ist nicht abwegig zu behaupten, daß viele ihrer Erkenntnisse und Erfindungen ihrem Wunsch nach mehr Bequemlichkeit entspringen, eine Eigenschaft, die Stieren oft fälschlicherweise nachgesagt wird. Stiere sind keineswegs faul, sondern allenfalls bequem im Sinne, sich die Arbeit zu erleichtern, indem die natürlichen Ressourcen genutzt und dienstbar gemacht werden. Entscheidend und antriebswirksam für ihr Schaffen und ihre Leistungen ist immer das Ergebnis, das sie visionär vor Augen haben und in Bewegung, Licht, Antrieb, in Aggregaten, Werken, Produkten und Erzeugnissen sehen – zum Wohl der Menschheit, versteht sich. So finden wir Stiere als Physiker an Technischen Hochschulen und Universitäten ebenso wie in der Wirtschaft. Wenn es ihnen möglich ist, versuchen sie, Forschung und Praxis miteinander zu verbinden. Auf diese Weise werden Stiere zu Erfindern oder Entdeckern neuer Theorien. Es ist weniger ihre Neugierde als ihre Veranlagung, praktisch zu denken und Details zu beachten, die ihnen zum Erfolg verhilft.

Stiere werden von ihren Mitmenschen wegen ihrer Offenheit, Ehrlichkeit, Zuverlässigkeit, ihrem Sinn für Gerechtigkeit, besonders auch in sozialer Hinsicht, ihrer Hilfsbereitschaft und Verschwiegenheit geschätzt. Viele Eigenschaften, die Mitarbeiter von *Personalchefs* oder Verantwortlichen in der Personalverwaltung erwarten, bringen Stiere mit. Sie selbst empfinden wohl ähnlich, sonst hätten nicht viele der Befragten dieses Aufgabengebiet als einen der Berufe genannt, den sie gerne ausüben würden. Hier eröffnet sich ein breites Betätigungsfeld auf Arbeitgeber-, wie Arbeitnehmerseite. Der bereits beschriebene Grundcharakter, in Verbindung mit ihrer nüchternen Sachorientierung und Ausrichtung an naturgegebene Ordnung, wirkt in hohem Maße vertrauensbildend. Als Vertreter der Gewerkschaft werden sie als Gesprächspartner ebenso wie als Vertrauensleute geschätzt, weil sie sich an das Machbare, Reale, das wirtschaftlich wie menschlich Notwendige halten. Ihre Verläßlichkeit, ihre Sachkompetenz erwecken Vertrauen und bringen Erfolg. Stiere sind auch in dieser Hinsicht Pragmatiker.

Ein weiterer Eignungsberuf für Stier-Männer und -Frauen ist der des *Lehrers* oder der *Lehrerin.* Wer selbst viel weiß, kann anderen etwas beibringen. Stiere haben ein solch profundes Wissen in ihrem Fach, daß sie nicht nur daraus schöpfen können; sie verstehen es auch, klar und einfach Wissen zu vermitteln. Der Ausspruch, die Wiederholung sei die Mutter der Wissenschaften, könnte von einem Stier stammen. Gedächtnistraining ist zweifelsfrei eine wichtige pädagogische Pflicht. Dabei kann über Methoden gestritten werden, nicht aber über die Notwendigkeit, durch Übung zu höherer Merkfähigkeit zu kommen. Stiere wissen dies aus eigener Erfahrung, werden sich deshalb immer bemühen, möglichst intensiv in dieser Richtung zu arbeiten, selbst auf die Gefahr hin, als »Pauker« angesehen zu werden. Lehrer brauchen viel Geduld, was Stiere nahezu unbegrenzt haben. Dennoch sollte sie niemand herausfordern; denn wenn sie einmal explodieren, dann richtig. Am meisten Spaß und den größten Erfolg haben Stiere als Gewerbelehrer oder in Fachbereichen mit praktischer Unterweisung. Sie schulen fürs Leben, geben Hilfestellung und haben Verständnis für solche Schüler, die nicht so schnell den Stoff aufnehmen und nicht so begabt sind.

Stiere sind vertrauenserweckend, weil sie offen und direkt mit ihren Schülern umgehen und gerecht sind. Daraus entwickeln sich nicht selten Beziehungen und Freundschaften für ein ganzes Leben. Ihre Realitätsbezogenheit macht den Unterricht anschaulich, anregend, lebendig, interessant und lehrreich. Die Beteiligung der Schüler ist stärker, wenn es

Spaß macht, wenn der Stoff verständlich und lebensnah dargeboten wird. Stier-Pädagogen wollen, daß die vermittelte Materie begriffen ist, daß alles sitzt; das gibt Sicherheit und motiviert zu weiteren Leistungen. Erfolge demonstrieren sich nun einmal am besten und wirksamsten in der Praxis, am Objekt, bei der Anwendung des Wissens; Lehr- oder Meisterstücke dokumentieren Gelerntes am eindrucksvollsten. Wo immer es möglich ist, werden Stier-Pädagogen ihre Auszubildenden dorthin führen. Wer bei ihnen Klavier-, Geigen-, Gitarren- oder Trompetenunterricht nimmt, kann sicher sein, daß er das nötige Rüstzeug mitbekommt, das für hervorragende Ergebnisse erforderlich ist. Stiere leisten immer Basisarbeit, auf der sinnvoll aufgebaut werden kann. Das mag besonders Begabten mitunter auf die Nerven gehen, vor allem dann, wenn gleiche Tonabfolgen immer und immer wieder geübt werden müssen; doch jedermann weiß, daß nur eine solche Methode wirklich Sicherheit bringt und Voraussetzung für Erfolg ist.

In ihrer ruhigen, stetigen Art, Dinge zu verfolgen, erreichen Stiere weit mehr als die, die öffentlich viel Lärm machen. Ihre Forderungen sind konkret und logisch nachvollziehbar, in der Regel *Reformen* oder Verbesserungen sozialer Art, die, objektiv betrachtet, fällig, vernünftig und auch finanzierbar sind. Auch wenn sie die ganze Situation der Verhältnisse offenlegen und dies, ihrer Art entsprechend, schonungslos ehrlich tun, versuchen sie, ihr Ziel in kleinen Schritten zu erreichen. Stiere sind für ihre Langmut bekannt; doch wenn sich absolut nichts erreichen läßt und sie sich ständig gereizt sehen, dann kommt der Punkt, wo sie wie ein Vulkan ausbrechen und das Fanal zum Kampf setzen, sei es durch Reden und Schriften, wie KARL MARX (5.5.1818) oder durch Agitation, wie WLADIMIR ILJITSCH LENIN (22.4.1870). Es ist anzunehmen, daß beide NICCOLÒ MACHIAVELLIS Schriften (3. 5.1469) gelesen hatten, der durch sein Werk »Vom Fürsten« Macht zum Maßstab der Politik erhob. Weibliche stehen männlichen Stieren nicht nach, wie EVA PERON (7.5.1919) demonstriert hat, indem sie, aus der Arbeiterbewegung kommend, zunächst mit Hilfe ihres späteren Mannes, dann aus eigener Kraft soziale Reformen in Argentinien erzwang. Sie stehen zu ihrer Überzeugung, wie HANNS MARTIN SCHLEYER (1.5.1915) es bewies.

Stiere sind nicht nur evolutionäre oder gar revolutionäre Veränderer. Es gibt in diesem Tierkreiszeichen ungezählte Berühmtheiten, die, wollten wir sie aufzählen, den Rahmen dieses Buches sprengen würden; deshalb hier nur einige Namen. Bleiben wir bei der Politik, so fällt auf, daß eine Reihe Stier-Frauen sich als Regentin einen Namen gemacht hat: ISABELLA VON KASTILIEN (22.4.1451) – wie ein männlicher Heerführer kämpfte sie hoch zu Roß im Einsatz für ihr Reich. MARIA VON MEDICI (26.4.1573) sicherte ihrem Sohn LUDWIG XIII. die Krone und herrschte selbst. Von MARIA THERESIA (13.5.1717) weiß man, daß sie mit fester Hand klug und weise regierte. Zarin KATHARINA II. (2.5.1729) ist wegen ihres politischen Verstands berühmt. MARIA CHRISTINA von Spanien (27.4.1806) setzte sich zeitlebens mit wechselndem Erfolg für ihre Tochter ISABELLA II. ein. Zu nennen sind schließlich noch Königin JULIANA der Niederlande (30.4.1909) und die amtierende Königin von England, ELISABETH II. (21.4.1926), die beide wegen ihrer Pflichtauffassung geschätzt und verehrt sind.

Unter den männlichen Stieren finden sich auch Herrscher: JUSTINIAN I. (11.5.483), berühmt durch das »Corpus iuris«; HEINRICH II. (6.5.973) schlug seine Feinde und festigte das Reich der Ottonen. Kaiser KARL IV. (14.5.1316) war ein hochgebildeter Mann, den Künsten zugetan und berühmt durch den Erlaß eines Reichsgrundgesetzes (Goldene Bulle). Unter den Stieren finden sich auch Staatsmänner wie der US-Präsident JAMES MONROE (28.4.1758), berühmt durch seine Doktrin: »Amerika den Amerikanern«, oder GUSTAV STRESEMANN (18.5.1878), Reichskanzler in der Weimarer Republik.

Aus der Vielzahl der Künstler, Dichter und Denker können wir nur einige der Weltberühmtheiten herausgreifen: ANGELICA CATALANI (10.5.1780), eine Sängerin, der man zu Füßen lag, gleichermaßen begeisternd auch AMALIE JOACHIM (10.5.1839) und PAULINE LUCCA (25.4.1841); alle drei waren auch zugleich hervorragende Musikpädagoginnen. CLAUDIO MONTEVERDI (25.5.1567) mit seinen unvergessenen Madrigalen oder FRIEDRICH VON FLOTOW (27.4.1812), der Paris mit seiner Musik belebte; dazu zählt JOHANNES BRAHMS (7.5.1833), der mit seiner Kammermusik menschliche Seelen auszuloten wußte. Immer noch auf den Spielplänen der Opernbühnen und der Konzertsäle sind die Werke von PETER ILJITSCH TSCHAIKOWSKIJ (7.5.1840). Wer anders als ein Stier hätte so deftig und kraftvoll komponieren können wie KARL MILLÖCKER (29.4.1842), der den »Bettelstudent« schuf. Die Weisen von FRANZ LÉHAR (30.4.1870) bestechen durch ihre Einfachheit und Volksnähe.

WILLIAM SHAKESPEARE (23.4.1564) ist wohl einer der bedeutendsten Repräsentanten dieses Sternzeichens. Sein immenses Werk besticht durch Lebensnähe und zeigt alle Schattierungen menschlichen Gefühlslebens. Auch der Künstler ALBRECHT DÜRER (21.5.1471) gehört zu den genialen, schöpferischen Stier-Menschen. Bei JOHANN PETER HEBEL (10.5.1760) fallen seine scharfe Beobachtungsgabe und seine realistische Wiedergabe kleinster Details auf. Auch der Romancier HONORÉ de BALZAC (20.5.1799) nimmt bei seinen satirischen Schilderungen menschlicher Schwächen keine Rücksicht auf Moral und Sitte seiner Zeit. Daß Stiere neben ihrer gleichermaßen realistischen wie geistreichen Darstellung auch virtuos sein können, zeigen uns das Opus des Lyrikers NOVALIS (2.5.1772) ebenso wie die Dichtungen FRIEDRICH RÜCKERTS (16.5.1788). LUDWIG UHLAND (26.4.1787) und KARL IMMERMANN (24.4.1796) begeistern durch liebenswürdige, menschliche Ausdrucksnähe. MADAME DE STAEL (22.4.1766) hat mutig ihre Meinung kundgetan, wie auch

Ludwig Börne (6.5.1786) als Journalist ein sprachbegabter, mutiger Idealist war.

Der große Philosoph und Denker Immanuel Kant (22.4.1724) wendete sich gegen die Dogmatik des Rationalismus und gab der Erfahrungsphilosophie Raum zur Entfaltung mit seinen Schriften »Kritik der reinen Vernunft«, »Kritik der praktischen Vernunft« und »Kritik der Urteilskraft«. Der freidenkerische Johann Gottlieb Fichte (19.5.1762) wirkte als unerschrockener Aufklärer. Sören Kierkegaard (5.5.1813) gilt als Vater der Existenzphilosophie, der keine Existenz ohne Glauben an Gott sah. José Ortega y Gasset (8.5.1883) stützte sich auf diese Erkenntnis, meint aber dazu, daß der Mensch mit seinem ihm angeborenen Geist und Charakter sein Dasein zu gestalten habe.

Stiere sind sozial engagiert, wie Florence Nightingale (15.5.1820), Agnes Sorma (17.5.1865), die als Schauspielerin dann Krankenschwester wurde, und Marie-Anne Calame (5.5.1775) beweisen. Letztere gründete das Waisenhaus »Asile des Billodes«. Die Schriftstellerin Luise Rinser (30.4.1911) rettete mit Einsatz ihres Lebens vielen Juden das Leben. Wie mutig Stiergeborene sein können, hat auch Sophie Scholl (9.5.1921) in ihrem Kampf gegen das Nazi-Regime eindrucksvoll bewiesen; sie starb für ihre Überzeugung.

Stiere sind nicht nur im Philosophieren, Denken und Reden praxisorientiert, sondern auch im Forschen. Ein dichtender Pfarrer, Edmund Cartwright (24.4.1743), erfand den mechanischen Webstuhl; der Maler Samuel Finley Morse (27.4.1791) baute den Telegraph, Franz Karl Achard (28.4.1753) entwickelte ein Verfahren zur Gewinnung von Zucker aus der Zuckerrübe und brach das Monopol des Rohrzuckers. Justus von Liebig (12.5.1803) leitete durch die organische Chemie ein neues Zeitalter der Agrikultur und Ernährungsphysiologie ein. Jahre zuvor hatte der künstlerisch veranlagte Handwerker Karl Anton Henschel (23.4.1780) das väterliche Handwerksgeschäft übernommen und später Lokomotiven gebaut. ADAM OPEL (9.5.1837) fertigte in mühevoller Kleinarbeit Fahrräder und Nähmaschinen und legte damit den Grundstein für die spätere Autoproduktion; nicht zu vergessen auch ALFRED KRUPP (26.4.1812), der die väterliche Firma aus wirtschaftlichen Schwierigkeiten zum Großkonzern führte. ERNST WILHELM ARNOLDI (21.5.1778) war maßgebend an der Einführung der Aktiengesellschaften beteiligt, hat zur Privatisierung der bis dahin vom Staat betriebenen Versicherungen beigetragen und schuf die erste Handelskammer in Deutschland – das alles neben der Leitung seiner eigenen Fabrik. Der Uhrmacher OTTMAR MERGENTHALER (11.5.1854) entwickelte die Linotype-Setzmaschine, GUGLIELMO MARCONI (25.4.1874) erfand die drahtlose Nachrichtenübermittlung und Funktechnik.

SEBASTIAN KNEIPP (17.5.1821) sorgte sich als Pfarrer auch um das leibliche Wohlergehen seiner Mitmenschen und heilte sie durch Wasserkuren. THEODOR BILLROTH (26.4.1829) begründete die moderne Operationstechnik für Magen-Darm-Erkrankungen; der naturverbundene, kunstsinnige VIKTOR VON WEIZSÄCKER (21.4.1886) begründete die psychosomatische Medizin.

Die Reihe weltberühmter Stier-Persönlichkeiten sollte nicht enden, ohne Namen zu nennen wie KARL FRIEDRICH GAUSS (30.4.1777), den großen Mathematiker, MAX PLANCK (23.4.1858), der mit seiner Quantentheorie die Grundlage zur Atomforschung schuf, und den Wirtschaftswissenschaftler MAX WEBER (21.4.1864).

Die Lebensgeschichten aller Stier-Persönlichkeiten zeigen Menschen, die sehr praktisch gedacht und gehandelt haben, die, oft aus ursprünglich andersgearteten Berufen heraus, Nützliches für die Menschheit geleistet haben. Bei vielen dieser Stier-Mmenschen fällt die Liebe zur Kunst als ausgeprägtes Wesensmerkmal auf.

3
Zwillinge: Denker und Lenker
22. Mai – 21. Juni

Zwillinge sind hellwach, immer aufnahmebereit und reaktionsgewandt. Sie erfassen schneller als jedes andere Tierkreiszeichen und sind ebenso rasch im Verarbeiten des Aufgenommenen; sie reden »heiße« Worte und verbrennen sich nicht selten ihren Mund. Dennoch bleiben sie »Wiederholungstäter«: Sie sind nun einmal offen, direkt, wahrheitsbezogen schonungslos, eigenwillig und verstandesbestimmt. Zwillinge sind Stegreifakteure, können sich auf veränderte Situationen blitzschnell einstellen. Im Wechsel sind sie nicht zu überbieten. Sie vollziehen ihn ebenso schnell körperlich wie geistig. Dennoch bringen sie erstaunlicherweise alles zu Ende, was sie ernsthaft wollen; das Wort ernsthaft ist dabei wesentlich. Anders als die Wassermänner, die sich abstrakt-geistig betätigen, für die Umsetzung ein zwangsläufiger Prozeß ist, sind Zwillinge für konkretes, vor allem sofortiges Umsetzen von Ideen. Sie denken schon so praktisch, daß der Weg von der Planung zur Realisation kurz ist. Neues zu schaffen entspricht ihrem Wesen: Da sie handeln, fragen sie wenig oder überhaupt nicht nach. Um so größer sind die Überraschungen für die Betroffenen oder Beteiligten, wenn urplötzlich etwas Unerwartetes, etwas Neues vorhanden ist. Diese Schnelldenker durchleuchten und bearbeiten weite und große Felder auf geistigem Gebiet und finden zwangsläufig dabei ständig Neues. Ihr Mut läßt sie Ungewöhnliches wagen. Alles hat dabei eine starke Realitätsbezogenheit und konkreten Nutzen. Zwillinge sind weder Träumer noch Phantasten, die in der Vergangenheit oder Zukunft leben. Sie formen und basteln das Jetzt, die Gegenwart. Diese Augenblicksbezogenheit steht nicht im Widerspruch zum ständigen Wechsel, den sie verursachen; das von Zwillingen Geschaffene ist augenblicklich nutzbar. Als rational bestimmte Typen sind sie kaum gefühlsabhängig, das macht es schwierig, sie zu etwas zu überreden. Bei ihnen läuft dieser Prozeß verstandesmäßig ab und ist betont kritisch. Zwillinge lassen sich nicht leicht überfahren. Wer es dennoch versucht, wird nicht mehr den verbindlichen, leichten, fröhlich-lockeren und flexiblen Zwilling vor sich haben, sondern einen harten, um nicht zu sagen sturen, nicht zu bewegenden Typ. Sie können auch gerissen und listenreich sein, wenn sie in bedrängte Lage kommen und sich wehren müssen.

Die Zwillinge sind vom Planeten Merkur beherrscht. Er steht für geistige Kraft und Ausdrucksstärke. In der Mythologie ist Merkur (bei den Römern) oder Hermes (bei den Griechen) der Bote der Götter, der vor allem dem Göttervater Zeus nützlich war. Er hatte Flügel an den Füßen, trug einen Hut auf dem Kopf, den er nie abnahm, weil er dazu keine Zeit hatte, da er immer in Eile und unterwegs war. Dieser Aspekt ist auch für die Zwillinge wichtig; ständig unterwegs zu sein, bestimmt ihr Leben.

Die Eignungsberufe der Zwillinge liegen dort, wo es auf Schnelligkeit, Reaktionsvermögen, Erfassung und Durchdringung abstrakter komplexer Zusammenhänge in realer Umwelt und nicht zuletzt auf Artikulation ankommt. Zwillinge packen gerne Neues an, weil sie den Wandel lieben. Von allen, die bei der Befragung den Beruf des *Kriminologen* wählten, stehen die Zwillinge-Männer an erster Stelle. Auch bei den Zwillinge-Frauen ergab sich ein ähnliches Bild; sie werden nur noch von den scharfsinnigen Skorpion-Frauen übertroffen. Viele Verbrecher haben bekanntermaßen eine scharfe Logik; ihre Taten sind oft mit einer unglaublichen Intelligenz und Raffinesse geplant und durchgeführt. Wer nicht im Affekt verbrecherisch handelt, wird schon deshalb seine ganze Verstandeskraft und Mühe aufbringen, ein möglichst perfektes Verbrechen zu begehen, um das Risiko des Erwischtwerdens – damit die zu erwartende Strafe – nach Möglichkeit gering zu halten. Aufdecken und entschlüsseln können die Menschen am ehesten, die eine Spule gleichsam von hinten aufrollen und auch kompliziertesten Verwicklungen folgen können. Die Besonderheit kriminalistischer Fälle liegt im konkreten Geschehensvollzug; es geht nicht etwa nur um einen abstrakten Tatablauf. Es handelt sich um Spuren und alternative Tatvorgänge, die zu einem logischen Ablauf zusammengefügt werden und als Indiz zwingend zur Aufdekkung führen. Der wohl wichtigste Faktor in der Verbrechensbekämpfung und Aufdeckung ist die Zeit, es muß alles möglichst schnell gehen. Jede Minute, jede Stunde, jeder Tag, der dahingeht, hilft dem Verbrecher. Die Vergangenheit ist ein Komplize der Außergesetzlichen, in ihr versinken die Vergehen wie im Dunkel einer Nacht. Jede aufklärende Lösung eines Unrechts nimmt in dem Maße ab, wie die Zeitspanne zum Verbrechen zunimmt. Kriminologen müssen deshalb nicht nur clevere, bewegliche, glasklare Denker und alternativ operierende Analytiker sein, sondern vor allem auch schnell Handelnde. Zwillinge bringen all diese Voraussetzungen mit und haben deshalb Chancen, mehr Fälle aufzuklären als andere Sternbilder; ähnliche Erfolgsquoten gibt es nur noch bei den Skorpionen.

Zwillinge sind äußerst beweglich, stehen unter Dampf, auch selbst etwas zu bewegen. Sie setzen permanent Dinge in Gang, die sichtbar sind. In der Skala der naturwissenschaftlichen Berufe haben sie am häufigsten für den Beruf des *Ingenieurs* votiert. Ob Anlagen, Bauten, Aggregate oder Maschinen geplant, konstruiert, gebaut oder überwacht, überholt oder gewartet werden, es passiert ständig etwas. Ingenieure sind ständig in Aktion. Wo Kapital eingesetzt ist, geht es immer um Zeit. Stillstand kostet Geld, deshalb müssen Fehler schnell behoben werden; dazu gehört ein rasches Erkennen und Erfassen der Ursachen. Selbst wenn alles planmäßig läuft, ist Fortentwicklung gefragt. In der *Technik* gibt es keine Grenzen, das Bessere ist der Feind des Guten. Technischer Fortschritt bedeutet Vorsprung, ist Macht im Wettbewerb. Ihr unruhiger Geist läßt Zwillinge auch ohne Auftrag ständig nachdenken und experimentieren, wie und was anders und wirtschaftlicher gemacht werden könnte. Sie setzen sich freiwillig unter Streß, und niemand mag sich wundern, wenn sie mehr entdecken als andere, das eine oder andere Patent zur Anmeldung bringen. Als *Bauingenieure* tragen sie eher den Schutzhelm und bestimmen vor Ort das Geschehen, als in einem Ingenieurbüro am Schreibtisch zu konstruieren. Ihnen können die Phasen von der Planung zur Umsetzung nicht schnell genug gehen. Der Ingenieurberuf kommt in weiten Teilen diesem Streben entgegen. Er erfordert neben Wissen und technischen Fähigkeiten, die in Studium und Praxis zu erwerben sind, besondere Flexibilität, aber auch einen Schuß Verbissenheit und Wagemut.

Es kann daher nicht überraschen, daß die Zwillinge-Männer auch bei der Berufsnennung des *Piloten* bei unserer Befragung die Spitze halten. Neben ihrer Neigung zur Technik qualifizieren sie dazu sicherlich ihre rasche Auffassungsgabe und schnelle Reaktionsfähigkeit, ebenso wie ihr Drang zu reisen und Neues zu erleben. Es ist für sie nicht nur der Wechsel an sich, sondern die Geschwindigkeit, daß es möglich ist, mit einem Flugzeug Raum und Zeit zu überwinden und gleichsam im Zeitraffer andere Gebiete, Vegetationen, Zivilisationen und Kulturen kennenzulernen, vor allem aber mit anderen Menschen zu kommunizieren. Für sie ist Fliegen nicht nur die Beherrschung der Maschine, der Navigation, sondern die Verwirklichung ihrer Sehnsüchte. Fliegen ist hier nicht gleichzusetzen mit im Flugzeug reisen und einfach nur mitfliegen; das tun Zwillinge beileibe nicht so gerne, auch wenn sie damit schneller zu ihrem Ziel kommen. Stundenlang herumzusitzen, ohne aktiv zu sein, ist für sie eher langweilig und nervenzehrend. Sie wollen dann schon den Steuerknüppel selbst in der Hand haben und gefordert sein. Ein Beruf wie *Steward/Stewardeß* ist ihnen offenbar nicht erstrebenswert.

Hand anzulegen, mitzudenken und unmittelbar mitzugestalten ist für Zwillinge wichtig. Obwohl sie stark individualistische Züge haben, können sie sich einem Team unterordnen und erfolgreich in der Gruppe arbeiten, besser jedenfalls als die verwandten Luftzeichen Waage und Wassermann.

Auch Zwillinge-Frauen sind technisch interessiert und begabt. Sie stellen beispielsweise die meisten Befragten, die den Beruf der *Uhrmacherin* angaben, gefolgt von den anderen Luftzeichen Waage und Wassermann. Ob sie von dem Phänomen Zeit fasziniert sind, ob sie die Mechanik mit ihrem ineinandergreifenden Räderwerk oder ihrem modernen Digitalsystem interessiert, ist dabei weniger bedeutsam als das Tüfteln, Basteln und Inganghalten. Sicherlich kommt auch die Liebe zum Design, somit das künstlerische Element hinzu. Denn alle drei Sternbilder stehen auch dem Beruf *Goldschmied* nahe, den viele der befragten Luftzeichen an die erste Stelle ihrer Eignungsberufe gesetzt haben. Neben dem rein Handwerklichen ist mit solchen Berufen immer auch die Handelstätigkeit verbunden, damit Kundenberatung und -gespräch, was vor allem den Zwillinge-Geborenen sehr entgegenkommt.

So zählt auch der Beruf des *Verkäufers*, der *Verkäuferin* zu den Lieblingstätigkeiten der Zwillinge. Schwellenangst oder Kontaktsperre sind ihnen unbekannt. Sie mögen es, auf Menschen zuzugehen, sie offen und direkt anzusprechen und mit ihnen in Gedankenaustausch zu treten. Ihre schnelle Auffassungsgabe läßt sie rasch erfassen, worauf es ankommt, worauf der Partner hinauswill, worauf er Wert legt. Ihre geistige Beweglichkeit ermöglicht ihnen, mit den richtigen Argumenten zu überzeugen, mit ihren Partnern zu Abschlüssen zu kommen. Es ist neben dieser Anpassungsfähigkeit insbesondere ihre Fähigkeit, die Sprache geschickt zu benutzen, phantasievoll zu vermitteln und potentiellen Käufern dadurch die Entscheidung zu erleichtern. Reden ist für Zwillinge wie atmen; man tut es einfach und denkt nicht lange darüber nach. Über die bildliche oder reale Demonstration hinaus reizt sie immer wieder die Begegnung mit vielen Menschen unterschiedlichster Prägung, oft in neuer Umgebung, in wechselnden Situationen, die sie herausfordern. Unterwegs zu sein, motiviert sie bereits. Ihre Leistungen entstehen durch ihre Kontakte, die sie sich schaffen und pflegen. Trotz ihrer Liebe für neue Situationen versuchen sie nie, mit unlauteren Methoden ins Geschäft zu kommen. Wenn sie es nicht schaffen, Interesse für ihre Produkte zu wecken, ziehen sie lieber weiter und verzichten auf Geschäfte. Es ist nicht ihre Art, mit Druck oder gar Mitleid zu verkaufen. Mit »Lug und Trug« haben Zwillinge nichts im Sinn. Wo sie waren, können sie immer wieder hinkommen; wo sie sind, immer bleiben. Sie beraten zwar geschickt, aber ehrlich und erzielen auf diese Weise auch ihre Erfolge. Zwillinge verbergen nichts, sagen alles direkt, daß jeder weiß, woran er ist.

Beim Beruf der *Kosmetikerin* stehen Zwillinge-Frauen auf Rang eins. Um beraten und betreuen zu können, muß erst einmal eine persönliche Vertrauensbasis geschaffen werden. Zwillinge verstehen es, auf andere zuzugehen; ihre ungezwungene, leichte Art der Kommunikation und der Eindruck, daß sie »eigentlich« nichts verkaufen wollen, ihr unkompliziertes Auftreten, ihre Ausdruckskraft und ihr Darstellungs- und Demonstrationsvermögen verblüffen immer wieder die Kunden und erschließen ihnen bei vielen Menschen den raschen Zugang. Dinge, die ihnen Spaß machen, erfassen und lernen sie leicht, sie können daher viel aufnehmen und auch viel in der Beratung abgeben. Dieses Wissen gibt ihnen Sicherheit und Freiheit, was ihrem Wesen sehr entgegenkommt. Die Kenntnisse, über die sie verfügen, machen eine Beratung interessant, es können Variationen und Alternativen angeboten werden. Das nimmt den Verkaufsdruck und ermöglicht Wahlchancen; die Kunden haben das Gefühl, selbst entscheiden zu können. In der Kosmetik geht es immer um praktische Anwendung an einer Person; die Behandlung zeigt meist unmittelbar sichtbare Erfolge. Gerade bei diesem Beruf darf die Faszination nicht fehlen, die, basierend auf Vertrauen und echter Kommunikation, wichtig ist.

Auch beim Beruf der *Apothekerin* stehen die Zwillinge-Frauen ganz vorne. Auch hier geht es um den Körper, steht allerdings die Gesundheit im Vordergrund. Ihre wichtigste Aufgabe ist es, die physische und geistige Leistungskraft der Menschen wieder herzustellen und zu erhalten; eine sehr persönliche Sache, die Vertraulichkeit und Vertrauen beansprucht, die medizinischen Charakter hat, aber dennoch in der Begegnung und Beratung eher den gesunden als den kranken Menschen zum Gesprächspartner hat. In jedem Fall erwarten sie fachmännischen Rat, zumindest gute Bedienung. Dazu ist es einmal mehr notwendig, ein gutes Gedächtnis mit viel Wissen zu besitzen. Zwillingen fällt es nicht schwer, viele verschiedene Präparate, Medikamente, diätische Produkte im Kopf zu haben und über ihre Anwendung und Heilmöglichkeiten Auskunft zu geben. Vielleicht sind Zwillinge-Apotheker deshalb etwas erfolgreicher als andere; vielleicht auch, weil sie direkt auf die Krankheitsursache losgehen und das richtige Mittel einsetzen, weil sie experimentierfreudiger sind. Mit einem breiten Wissen sind gute Voraussetzungen für Diagnosen und Therapievorschläge gegeben, die auch in ausgefallenen Situationen Heilung bringen. Auch die Laufkundschaft wird von Zwillingen bestens bedient. Sie sehen sie als willkommene Abwechslung.

Der Beruf des *Optikers* steht für Zwillinge-Frauen an erster, für Zwillinge-Männer an zweiter Stelle. Unverkennbar ist auch hier die Möglichkeit, ihre besonderen Fähigkeiten einzusetzen und ihren Neigungen zu folgen. Der Umgang mit Material und Instrumenten, die spezifisch und individuell eingesetzt werden können, reizt sie. Dazu kommen auch hier

Beratung, Dialog und Kundenkontakt. Augen prägen ein Gesicht und sind – egal ob in Optik oder Kosmetik – eng mit der Persönlichkeit eines Menschen verknüpft. Der modische Aspekt, die Notwendigkeit, unmittelbar Neues zu gestalten, ist eine Herausforderung, wie sie dieses Sternzeichen liebt: weder blanke Theorie noch geisttötende Fließbandarbeit, sondern eine Tätigkeit, die gleichermaßen Geist und Körper fordert.

Wo Technik in direktem Bezug zum Nutzen des Menschen steht, wo sie unmittelbar eingesetzt und angewendet wird, scheinen Zwillinge besonders erfolgreich zu sein. So finden wir nach unserer Befragung die Zwillinge häufig unter den *Bauhandwerkern*, einer ganzen Berufsgruppe, wo denken und umsetzen nahe beieinander liegen. Die Tätigkeiten erfordern Geschicklichkeit, Durch- und Überblick. Es wird in der Gruppe gearbeitet, dennoch schafft jeder für sich allein. Für Abwechslung ist gesorgt, und überraschend auftretende Probleme sind Zwillingen eher willkommen, als daß sie sie erschrecken könnten. Sie finden immer in kürzester Zeit eine Lösung. Nur Schützen sind, ausgerüstet mit dem für sie typischen unerschütterlichen Selbstvertrauen, in diesem Beruf möglicherweise noch tüchtiger.

Niemand dürfte so häufig unterwegs sein wie die *Lkw-Fahrer*; die Zwillinge sind dabei. Kein anderes Tierkreiszeichen hat diesen Beruf so oft als Eignungsberuf genannt wie die Zwillinge-Männer. Die Gründe liegen auf der Hand, allem voran ihre Grundneigung, unterwegs und frei zu sein. Da dieser Beruf, wie die Arbeitsmediziner feststellten, zu den anstrengendsten, stressigsten und nicht ungefährlichsten zählt, bedarf es hierfür nicht nur einer robusten Gesundheit, sondern einer Reihe Voraussetzungen, die Zwillinge in höherem Maße besitzen als andere Sternzeichen: immer geistig wach zu sein, schnelles Reaktionsvermögen, technisches Verständnis und Ausdauer. Wer das Bedürfnis nach Geborgenheit, zum Leben in und mit der Familie, eine ausgeprägte Hinwendung zu seinem Heim hat, sollte diesen Beruf lieber nicht wählen. Es gehören schon eine innere Ungebundenheit und das Gefühl des Freiseinwollens dazu – wie es die Zwillinge besitzen –, diese Strapazen der Landstraßen zu ertragen und gar Freude daran zu empfinden. Die Zwillinge jedenfalls kann nichts daran abschrecken, weder schlechte Quartiere, noch Mahlzeiten im Schnellimbiß oder Fahrten durch Eis und Nebel. Ob im Sitz eines Flugzeugs als *Pilot*, ob am Steuer eines Mehrtonners auf der Straße, sie lieben offenbar die Technik und ihre Herausforderungen. Zwillinge stellen sich der Verantwortung und meistern mit starker Wirklichkeitsbezogenheit auch und gerade schwierige Aufgaben.

Zwillinge sind jedoch keineswegs nur auf Technik und Kommunikation festgelegt; sie haben ein besonderes Verhältnis zu Tieren, die sie hegen und pflegen, sei es als *Tierarzt* oder *Tierpfleger*. Dabei sind es weniger Liebe zu den Tieren oder Mitleid mit ihnen, die Zwillinge motivieren, sondern vielmehr deren Verhalten, Dynamik und Beweglichkeit, ihre Kraft und Schlauheit, die sie beeindrucken. Es ist ihr Bestreben, die Tiere fit zu halten. Sie fördern ihre Vitalität und freuen sich daran. Tiere sprechen nicht, aber drücken dennoch ihr Wollen und Empfinden unmißverständlich aus. Sie sind dabei so offen und direkt wie die Zwillinge selbst. Zwillinge sind hervorragende Diagnostiker, die mit ihrem breiten Wissen Krankheitssymptome auch ausgefallener Art erkennen. Ihr Wissensdrang und ihre Merkfähigkeit kommen ihnen auch hier zugute.

Zwillinge sind schon wegen der geistigen Ausrichtung ihrer Neugier, wegen ihrer physischen Mobilität häufig unter den *Journalisten* und *Literaten* anzutreffen. Sie schreiben und berichten aufregend und ungemein spannend, immer hart an der Realität, und doch wirken ihre Texte und Beiträge etwas pointierter, scharfsinniger als die anderer Tierkreiszeichen. Subtiles wird herausgearbeitet; der Leser hat das Recht, voll am Geschehen teilzunehmen, die ganze Wahrheit zu erfahren. Zwillinge halten nichts von Spekulationen; sie lieben Offenbarungen ebenso wie elegante Formulierungen und brillante Gedankengänge. Die Macht des Wortes ist ihnen vertraut, seine Wirkung für sie höchste Befriedigung.

Ihr sprühend-lebendiger Geist drängt sie, gleichgültig welchen Beruf sie ausüben, zu reden und zu schreiben. Beste Beispiele sind bekannte Komponisten. ROBERT SCHUMANN (8.6.1810) ist als musikalischer Dichter in die Geschichte eingegangen. RICHARD WAGNER (22.5.1813) schrieb seine Texte selbst, verwob sie zur Einheit mit seiner Musik: Stoffwahl, inhaltliche Aussage und Bearbeitung harmonieren eng mit seinen Kompositionen, die vom Realen abheben und das Geistig-Seelische im Menschen in einem besonderen Umfeld erleben lassen. Es ist nicht die Länge seiner Stücke, die Wagnerverehrer und -gegner spaltet, sondern diese sphärische, Geist und Seele entrückende Musik, die nur unmittelbar erlebt, aber nicht verstandesmäßig begriffen werden kann. Auch dem Komponisten JACQUES OFFENBACH (20.6.1819), der sich der Operette verschrieben hatte, war es um die Einheit von Geist und Seele zu tun. Zu ihnen gesellt sich der in München geborene Komponist RICHARD STRAUSS (11.6.1864), der dieses Bestreben in seinem Werk – vom »Rosenkavalier« bis zur »Salome« – nachdrücklich belegt. Ein Meister in diesem Strauß der Komponisten ist auch IGOR STRAWINSKI (18.6.1882), der mit seinem Einfallsreichtum, seiner Rhythmik und Klangfarbigkeit, seinen Märchen- und Fabelthemen den echten Zwilling offenbart. Trotz ihrer Unterschiedlichkeit, ihrer Zeitgebundenheit, verbindet diese großen Komponisten eine tiefe Seelenverwandtschaft; es ist die geistige Haltung, die in ihrer Eigenwilligkeit, Klarheit und Besonderheit bei allen besticht.

Eine Tänzerin wie ISADORA DUNCAN (27.5.1878), eine Sängerin wie MARIE JUSTINE BENEDICTE FAVART (15.6.1727), MINNA KAUTSKY (11.6.1837), die schrieb und spielte, die Schriftstellerin ELSA SOPHIA VON KAMHOEVENER (14.6.1878), die uns durch ihre Märchen beeindruckt, sind typische Zwillinge-Frauen. Zwillinge verstehen es nicht nur, mit der Sprache umzugehen, sondern klar zu denken und zu dichten. Das gilt auch für LISELOTTE VON DER PFALZ (24.5.1652), die zwar nicht als Dichterin zu bezeichnen ist, dennoch aber mit ihren Briefen eindrucksvolle und unterhaltende Kulturgeschichte geschrieben hat. Eine echte Schriftstellerin hingegen war MAXIMILIANE LA ROCHE (31.5.1756). Weltberühmt wurde die Lehrerin und Autorin HARRIET BEECHER-STOWE (14.6.1812) mit »Onkel Toms Hütte«; sehr bekannt war und ist auch die Schweizer Autorin JOHANNA SPYRI (12.6.1827), die u. a. den Roman »Heidi« schrieb; LUISE BÜCHNER (12.6.1821) setzte sich für die berufstätige Frau ein. Die Schriftstellerin BERTHA VON SUTTNER (9.6.1843) widmete dem Frieden ihr Leben; sie veranlaßte Nobel, den Friedensnobelpreis zu stiften. Schließlich sei auch noch auf AGNES VON ZAHN-HARNACK (19.6.1884) verwiesen, die mit ihrem kritischen Verstand die Frauenbewegung in Deutschland dokumentierte, und auf die scharfsinnige DOROTHY L. SAYERS (13.6.1893), die mit ihren Kriminalgeschichten brillierte.

Für die Menschenrechte haben sich in gleicher begeisternder, kompromißloser und geistreicher Art auch die männlichen Literaten der Zwillinge-Geborenen eingesetzt. Ging es PIERRE CORNEILLE (6.6.1606) noch um Ehre, Ruhm und Pflicht, so kämpfte FERDINAND FREILIGRATH (17.6.1810) um das hohe Gut der Freiheit. Ihr hat CARL VON CLAUSEWITZ (1.6.1780) als Schriftsteller wie als Offizier gleichermaßen seinen Genius gewidmet. Dem rebellierenden ALEXANDER PUSCHKIN (6.6.1799) ging es in seinen Schriften immer letztlich um die Würde und Freiheit aller Menschen. Zwillinge sind Idealisten, voller Selbstvertrauen und sprachbegabt, wie der rastlose Schwärmer voll Ironie und Witz, LUDWIG TIECK (31.5.1773); GUSTAV SCHWAB (19.6.1792), der die klassischen Sagen niederschrieb, zeigte ebenfalls typische Zwillinge-Qualitäten. Der große Idealist WALT WHITMAN (31.5.1819) –

»Grashalme« – hat weltweit die Jugend begeistert. Typisch, daß er als Lehrer und Zimmermann arbeitete, obwohl er eigentlich gelernter Buchdrucker war; später leistete er freiwillig Krankenpflege – ein revolutionärer Demokrat.

Wer seine Romane liest, muß sich fragen, was er an THOMAS MANN (6.6.1875) mehr bewundern soll: die Recherche, voll psychologischer Einfühlung und scharfsinniger Beobachtungsgabe, oder die Umsetzung des Stoffes in ausdrucksstarke Sprache. Aus ihrer Wesensart, körperlich wie geistig unabhängig zu sein, stellen Zwillinge nahezu alles in Frage, nicht, um zu negieren, sondern, um zu wissen und zu finden, wie dies BLAISE PASCAL (19.6.1623) als Philosoph und Mathematiker und der Arzt und Philosoph MAX PICARD (5.6.1888) mit seinen revolutionierenden kulturkritischen Arbeiten getan haben. Zwilling war auch OSWALD SPENGLER (29.5.1880), dessen bekanntestes Werk »Der Untergang des Abendlandes« häufig mißverstanden und fehlgedeutet wurde. Zu den Zwillinge-Geborenen gehört auch der Philosoph JEAN-PAUL SARTRE (21.6.1905), einer der wichtigsten Vertreter des Existenzialismus, der die absolute Freiheit des Menschen postulierte.

Die Zwillinge sind auch als Monarchen oder Politiker außergewöhnlich: Queen VICTORIA I. von England (24.5.1819) ist nicht nur wegen ihrer langen Regierungszeit bekannt, sondern hat wegen ihrer beständigen, klugen Art zu regieren, eine ganze Epoche geprägt. Nicht weniger beliebt, ihr ebenbürtig an Geist und Charme, war MARY als Königin von England (26.5.1867). Die Herzogin HENRIETTE-ANNE D' ANGLETERRE (16.6.1644) rettete England, indem sie ihrem Bruder, Karl II., empfahl, das französische Regierungssystem zu übernehmen und die Franzosen als Kriegspartner zu gewinnen. Zar PETER DER GROSSE (9.6.1672) hat mit Fleiß, Intelligenz und Durchsetzungsvermögen Rußland aus dem Provinzialismus herausgeführt. Ohne den Mut und ohne die Strategie des Polenfürsten und Königs JOHANN III. (2.6.1629) wären die Türken bei Wien nicht besiegt worden. Auch Napoleon hat seine Macht letztlich durch die Befreiungskriege verloren, deren materielle Grundlagen Staatskanzler KARL AUGUST VON HARDENBERG (31.5.1750) legte. Zwillinge waren auch AUGUST DER STARKE (12.6.1670) wie der Revolutionär JEAN-PAUL MARAT (24.5.1744), die jeder in ihrer Art Geschichte gemacht haben. Originalität fehlte keinem, auch nicht JOHN F. KENNEDY (29.5.1917), der als Präsident »des Aufbruchs«, als Hoffnungsträger der Jugend, seinen Platz in der amerikanischen Geschichte hat.

Zwillinge sind zahlreich unter den Nationalökonomen vertreten, so der Arzt FRANÇOIS QUESNAY (4.6.1694), der die Theorie erhob, nur die Landwirtschaft sei produktiv und das berühmte »Laissez faire, laissez passer« postulierte. Bis heute wirksam sind die Gedanken des Wirtschaftstheoretikers und »Vaters der Angebotstheorie« ADAM SMITH (5.6.1723). Tüchtig und erfolgreich operierte CORNELIUS VANDERBILT (27.5.1794) mit seinen Flußbooten, Eisenbahnen und Verkehrsbetrieben, die ihn zu einem der Reichsten seines Landes machten. Man ist geneigt zu sagen, daß hier ein Zwilling sein Hobby zum Beruf gemacht hatte. In dieser Aufzählung darf LILLIAN MILLER-GILBRETH (24.5.1878) nicht fehlen. Sie hat sich einen Namen gemacht mit der Theorie vom »wissenschaftlich gelenkten Management«; sie leitete nach dem Tod ihres Mannes selbst die Gilbreth-Werke und erhielt für ihre Leistungen als Wirtschaftlerin die höchste amerikanische wissenschaftliche Auszeichnung, den »Washington Award«.

Zwillinge sind vielseitig und mutig. Als Piloten kennen wir LIESEL BACH (14.6.1905) und ELLY BEINHORN-ROSEMEYER (30.5.1907). Auch OTTO LILIENTHAL (23.5.1848) ist bekannt durch seine Pionierleistungen auf diesem Gebiet. Abenteurer sind alle Zwillinge, einige hat es als Forscher hinausgetrieben, wie ROBERT FALCON SCOTT (6.6.1868). REGIOMONTANUS (6.6.1436) hat sich als Mathematiker und Astronom in den »Kosmos begeben« und exakte Planetenberechnungen erst ermöglicht. KARL HAGENBECK (10.6.1844) schuf die Tierparks und war als Dompteur berühmt. ADOLF PORTMANN (27.5.1897) entwickelte eine vergleichende Morphologie der Tierwelt. FRANZ ANTON MESMER (23.5.1734) erregte Aufsehen wegen seiner Heilungserfolge durch bloßes Handauflegen. JOHANN AUGUST ROEBLING (12.6.1806) baute die erste Hängebrücke; CARL VON LINDE (11.6.1842) begründete auf seiner Erfindung der Kältemaschine ein Wirtschaftsunternehmen. GEORGE STEPHENSON (8.6.1781) erfand die Dampflokomotive, NIKOLAUS AUGUST OTTO (17.6.1832) den nach ihm benannten Motor.

Viele der berühmten Zwillinge sind Denker, Komponisten und Schriftsteller, auch JACOB BURCKHARDT (25.5.1818), der rationale, klare, sachliche und unbestechliche Historiker. Ein im Sternzeichen Zwillinge gerborener Künstler, der unsterblich geworden ist, war PAUL GAUGUIN (7.6.1848), der die Südsee zu seinem Hauptthema machte.

4
Krebse: Mehrer und Verdiener
22. Juni – 22. Juli

Krebse sind zurückhaltend, leise, unauffällig und abwartend. Sie machen sich klein und geben sich bescheiden, selbst dann noch, wenn jeder weiß, daß sie Überdurchschnittliches erreicht haben. Krebse handeln grundsätzlich aus sicherer Position heraus. Schon der große Feldherr CÄSAR ließ als erstes ein Lager aufschlagen, gleichgültig, wie lange seine Legionen marschiert waren. Krebse sind äußerst geschickt, manchmal sogar raffiniert. Psychologisch gekonnt und rational angelegt, agieren sie pausenlos und betreiben immer irgendeine Sache, die auf die eine oder andere Art und Weise Geld einbringt. Sie verkörpern quasi das ökonomische Gesetz, wonach mit geringen Mitteln das Äußerste herauszuholen ist. Sie sind sehr kritisch, prüfend und trauen sich selbst am ehesten. Sie verstehen es glänzend, Beziehungen aufzubauen und sie ohne Druck und Drang zu nutzen, indem sie Vorteilsmanagement betreiben und Partner davon überzeugen, daß es gemeinsame Wege und für beide Parteien günstige Ergebnisse gibt. Am Ende ist für sie ein kaum zu entdeckender Gewinn da, der sich allmählich zu ansehnlichem Reichtum summiert. Sie verstehen es wie kein anderes Sternbild, mit Mitteln umzugehen und gegebene Ressourcen zu nutzen. Frei nach dem Motto: »In der Beschränkung zeigt sich der Meister« halten sie Risiken klein, arbeiten sie mit primitivsten Mitteln in engen Verhältnissen.

Krebse sind äußerst pragmatisch. Ganz anders als die Fische, die Mitgefühl, Verständnis, kurzum echt humanitäre Interessen verfolgen, sind sie zwar ebenfalls stark gefühlsbetont, sensibel und voll Gespür, aber nur mittelbar human, weil ihr Denken und Tun weniger auf die Seele, sondern mehr auf den Körper und dessen Wohlergehen ausgerichtet ist. Sie handeln nach dem Grundsatz: »Geht es dem Körper gut, sind auch Geist und Seele in Ordnung«, und sie nennen dies dann Zwänge. Sie kennen Bedürfnisse und Bedarf, verstehen sich auf die Motivation der Menschen und deren Befriedigung. Wer sich sein Leben lang um die materielle Versorgung seiner Mitmenschen Gedanken macht, ist automatisch im Geschäft. Was nützen Träume, wenn sie nicht zu haben und zu nützen sind!

Auseinandersetzungen tragen Krebse in sich und mit sich selbst aus. Sie fordern sich selbst heraus, das schafft auch Zweifel, mit denen sie fertig werden müssen, ebenso wie mit ihrem Mißtrauen. Wenn sie gelegentlich gebeutelt werden und sie der Magen drückt, so haben sie sich das selbst zuzuschreiben. Einerseits haben sie mit der Skepsis sich selbst und anderen gegenüber zu kämpfen und leiden darunter, andererseits ist gerade dieser Zweifel das Geheimnis ihrer Erfolge; mitunter erwächst ihnen daraus auch Überraschendes, das sie verkraften müssen.

Das Schlüsselwort für Krebse heißt »mehren«, das heißt materielle Güter ansammeln. Krebse sind, auch im übertragenen Sinn, fruchtbar. Sie sind dem Planeten Mond zugeordnet, der nach astrologischer Deutung für Fruchtbarkeit und Wachstum steht. Das Sternbild Krebs regiert das vierte Haus, damit Wohnsitz, Heim, Hof, Garten, Liegenschaften, Besitz und Eigentum. Deshalb ist ihr »home« auch ihr »castle«. In der antiken Götterwelt symbolisiert die Göttin Demeter den Krebs. Sie ist Inbegriff der Mütterlichkeit, der Nährboden, aus dem alles Leben aufsteigt und sich, wachsend und gedeihend, vermehrt.

Zu diesem Bild paßt die Entscheidung für den Beruf der *Mutter* und *Hausfrau*, für den sich tatsächlich viele der Befragten Krebs-Frauen entschieden haben. Bevor wir interpretieren, warum gerade hier die Krebse an der Spitze liegen, sei bei diesem Beruf noch einmal auf die Art unserer Untersuchung und Darstellung verwiesen. Wir haben allen Sternzeichen die gleiche Chance gegeben, Berufe frei auszuwählen, ohne sich an den tatsächlichen Gegebenheiten zu orientieren. Dabei erreichten die Krebs-Frauen die höchste Zahl der Nennungen, gefolgt von Stier-Frauen und Löwinnen. Wer diesen Beruf richtig ausfüllt, muß und kann kreativ sein in der Gestaltung des Heims, beim Kochen und Backen oder im Arrangieren von Festen. Hausfrauen müssen etwas vom Wirtschaften verstehen, Gesprächs- und Ansprechpartnerin sein, Beraterin und Lehrerin ihrer Kinder: sie sind echte Unternehmerinnen. Sie kümmern sich um das körperliche Wohl ihrer Familie, richten die Wohnung so ein, daß sie zum gemütlichen Heim wird, einem Ort, an dem man sich wohl fühlt, weil er Geborgenheit ausstrahlt, weil er eine Stätte der Zuflucht ist. Krebse führen selbstverständlich einen ordentlichen Haushalt, sie halten alles in Schuß, ohne dabei pedantisch zu sein. Sie kochen und backen gut, bewirten gerne Gäste und Freunde in begrenzter Zahl, damit die Möglichkeit des vertrauten Gesprächs nicht verlorengeht. Sie mögen keine großen Parties, lieben keinen Protz; sie leben im Rahmen ihrer Verhältnisse, auch wenn sie Besuch haben. Alles, was Krebs-Hausfrauen oder -Mütter tun, ist von einem starken Pragmatismus geprägt. Sie sind immer am Schaffen, ohne es demonstrativ zu zeigen. Es vollzieht sich alles eher leise und ruhig, das gilt nicht nur für Hausarbeiten. Die Atmosphäre muß warm und kuschelig sein und Wohlbehagen vermitteln. Sie schaffen Wohlstand, der auf den ersten Blick nicht sichtbar zu sein braucht. Sie halten zusammen, was gemeinsam erwirtschaftet wird. Sie bringen Leistung und erwarten dies auch von ihrem Mann, ihren Kindern oder den anderen Mitgliedern ihres Haushalts. Ihr Ziel ist materielle Sicherheit, ohne die ein »Nest« nicht gebaut und erhalten werden kann.

Obwohl Krebs-Männer gerne zu Hause sind, interessieren

sie sich weniger für Haushaltsarbeit. Erstaunlicherweise sind nicht sie, sondern die männlichen Schützen die geborenen Hausmänner, die auch gerne in der Küche sind. Eigentlich müßten wir für jedes Sternzeichen den Beruf der Hausfrau beziehungsweise des Hausmannes abhandeln, um aufzuzeigen, in welcher Art und Weise er von jeder Sternzeichengruppe ausgeübt wird; wir kämen dabei zu gänzlich unterschiedlicher Haushaltsführung. Wie reizvoll das wäre, zeigt sich beim Vergleich von Krebs- zur Stier-Frau: letztere kocht zum Beispiel viel aufwendiger, liebt dagegen eine zweckorientierte, weniger gefühlvoll bestimmte Einrichtung.

Krebse sind ausgezeichnete *Kaufleute. Touristikkaufmann* steht bei den Krebs-Männern, *Handelskauffrau* bei den weiblichen Krebsen ganz oben. Ihr psychologisches Einfühlungsvermögen läßt Krebse die Wünsche der Konsumenten rasch erkennen, und sie können darauf eingehen. Ihre Argumentation trifft die Stimmungslage und Ansicht des einzelnen oder der Gruppe, die sie gerade vor sich haben. Dieses Eingehen auf andere hat nicht nur den Vorteil der gleichen Wellenlänge; die potentiellen Käufer sehen sich nicht unter Druck oder gar Zwang gesetzt, sondern bekommen im Gegenteil das Gefühl, selbst zu handeln und gut bedient zu werden. So gesehen schwimmen die Krebse immer mit dem Strom, vermeiden Reibung durch Verluste und können ihre ganze Kraft darauf konzentrieren, den Geschäftsgang selbst im Auge zu behalten und zu einem befriedigenden Abschluß zu führen. Ihr Verhalten ist weder Methode, noch ausgeklügeltes System, sondern ihr ureigenstes Talent. Die Bedürfnisse ihrer Kunden und deren Verhalten beim Kaufakt werden von ihnen unmittelbar aufgenommen und gespeichert; sie werden wohlsortiert in ihrem guten Gedächtnis untergebracht, um beim nächsten Besuch dieser Kunden parat zu sein, oft zur größten Überraschung der Betroffenen. Gekonnt empfehlen sie das Richtige, gewinnen so mehr und mehr Vertrauen. Dieses mittelbare Dienen bei güterorientierten Entscheidungen hat viele angenehme Aspekte für Geschäftspartner. Da kümmert sich jemand um sein Wohl, er denkt mit, weiß, was man selbst will, hilft. Solche Beratung wird gesucht. Es entstehen Geschäftsbeziehungen, die zwangsläufig zu Abschlüssen führen, die sich in Stückzahlen und Geld niederschlagen. Dahinter stehen tüchtige Kaufleute, eben Krebse.

Krebs-Männer verstehen sich nicht nur aufs Geschäftemachen. Sie können auch gut verwalten, sei es als *Buchhalter* oder *Finanzexperte*. Bilanzen, Gewinn- und Verlustrechnungen sind für Krebse keine geisttötenden, trockenen, nüchternen Zahlenreihen, die immer wiederkehren und rein administrative Geschäftsvorgänge belegen. Für sie sind es Ablaufprozesse, Bewegungen, die ihnen zeigen, wie ein Geschäft sich entwickelt, welcher Stand erreicht ist. In gespannter Erwartung sehen Krebse auf die End- und Kennziffern. Sie suchen weniger nach Systemfehlern, sondern sind nutzenorientiert; sie suchen nach Ansatzpunkten für ein gutes oder schlechtes Geschäft und sinnieren, wie und womit sich der Erfolg noch mehren ließe. Ihr Gefühl für das Materiell-Quantitative zielt immer, für sie selbst unbewußt, auf Entdeckung und Verwertung von Chancen. Zu dem Spaß an der Tätigkeit und ihrem Interesse an der Sache selbst kommt ihre Art, nicht zu sehr im Vordergrund zu stehen, und der Hang zu einer gewissen Geheimniskrämerei sowie das Wissen um die Bonität des Unternehmens oder Geschäftes, in dem sie arbeiten. Ihre Ruhe und Bedachtsamkeit, ihre Konzentrationsfähigkeit kommen ihrer Neigung für diesen Beruf entgegen.

Ein ganz anderer Eignungsberuf für Krebs-Männer ist der des *Tierarztes*. Auch hier erklärt sich ihr Votum aus ihrer Veranlagung, alles gesund zu erhalten, um es mehren zu können. Ihre Sorge um die Kreatur ist hierbei eingeschlossen; in diesem Fall sind es Nutztiere, die im Dienst der Menschen stehen und deren Leistungskraft oder Nutzwert erhalten werden muß. Tiere sind Lebewesen, die offenbar mehr verstehen, als wir erkennen und erklären können. Mit unserer Sprache können wir mit ihnen zwar reden, aber keinen Dialog führen. Tiere verstehen offenbar unsere Signale leichter als wir die ihren. Die wichtigste Grundlage für die Diagnose und richtige Behandlung von Tieren sind die Beobachtung und gesammelte Erfahrungen. Das Erkennen der Symptome setzt auch ein sicheres Gespür für das Umfeld, in dem Tiere leben, voraus, bezieht auch die sie betreuenden Menschen ein, die Rede und Antwort stehen können. Durch richtiges, geschicktes Fragen ist an zusätzliche wichtige Informationen heranzukommen. Krebse sind feinsinnige Analytiker und haben eine natürliche Begabung für Psychologie. Es ist erstaunlich, wie Tiere auf ihren Zuspruch und ihre Hilfe reagieren, wie deutlich sie ihre Dankbarkeit ausdrücken können.

Der Beruf des *Apothekers* ist für Krebs-Männer nahezu ein Traumberuf: hier können sie Gefühl und Kommerz ideal miteinander verbinden, Menschen beraten, ihnen helfen, wieder gesund zu werden, vorbeugend ihre Gesundheit zu erhalten – und dabei gut verdienen. Eine idealere Kombination ist für einen Krebs kaum denkbar; und daran ist überhaupt nichts verkehrt. Denn wer sich Gedanken macht um das Wohl seiner Mitmenschen, diese richtig berät und mit geeigneten Mitteln versorgt, hat auch Anspruch auf gute Bezahlung. Krebse verstehen es, auf Menschen einzugehen, sich Zeit zu nehmen, nachzufragen und Schlüsse zu ziehen, die in Empfehlungen umgesetzt werden. Sie kommen an, weil kranke Menschen ein besonderes Bedürfnis haben, über ihre Krankheit zu sprechen. Sie konsultieren zwar ihren Arzt, möchten aber dennoch wissen, ob die Mittel, die dieser verschrieben hat, wirken und was letztlich davon zu erwarten ist. Dabei ist es nahezu paradox, daß Rat um so mehr erwünscht ist, je leichter die Krankheit ist. Ein Apotheker ist für seine Kunden ein medizinischer Kaufmann, der ein hohes Vertrauenspotential besitzt. Ähnliches gilt auch für den Beruf des *Optikers*, zu dem männliche Krebse ebenfalls stärker als andere Sternzeichen tendieren. Auch hier ist das Ziel, Menschen zu helfen, ihre

Sehkraft optimal zu nutzen, und dabei ihren Typ zu unterstreichen. Optiker ist nicht nur ein Beruf, bei dem beste Fachkenntnisse erwartet werden, bei dem es auf Genauigkeit ankommt; es geht auch darum, dem Bedürfnis nach Schönheit und Harmonie gerecht zu werden. Krebse können somit Menschen direkt helfen – und für diese Dienstleistung direkt kassieren.

Wie gut sich die meisten Krebse bei unserer Befragung hinsichtlich ihres Berufes selbst eingeschätzt haben, geht auch daraus hervor, daß sie sich eher als *Politologen* denn als Politiker sehen. Dabei schließt das eine das andere nicht aus. Als Berufspolitiker werden Krebse immer auch Politologen, manchmal sogar Ideologen ihrer Partei sein, im geheimen, unauffällig, still und leise die Fäden ziehen, um die Partei zu lenken und leiten. Sie verstehen es wie kaum ein anderes Sternzeichen, Kontakte zu schaffen, Verbindungen herzustellen und Verknüpfungen zu erreichen, die über parteiliche Grenzen hinweggehen und, wenn es sein muß, auch ideologische Barrieren beiseite lassen. Bei Krebsen ist es durchaus vorstellbar, daß sie den »Zweck die Mittel heiligen« lassen. Solch vertrauensbildende Maßnahmen und konkrete Kompromisse bringen sie indessen keineswegs von ihrem Ziel ab. Für sie ist entscheidend, daß sie mitgestalten; dazu sind Mehrheiten nötig. Sie geben sich mit kleinen Schritten zufrieden, wenn die Situation große nicht erlaubt; ein bißchen Macht ist besser als keine. Sie mögen auch das Prinzip des »divide et impera«, des Teilens und Herrschens, und agieren nach dem Grundsatz, jeder sollte etwas wissen, sie selbst jedoch alles. Männer wie GROMYKO und WEHNER haben diese Fähigkeiten und das konkrete Umsetzen in der Politik über Jahrzehnte demonstriert. Sie waren und sind zeitlebens für jeden, der an die Regierung kam oder die Opposition führte, unentbehrlich gewesen. Ohne sie, so wird vermutet und geschrieben, sei nichts gelaufen. Dem ist aus Kenntnis ihrer Grundveranlagung als Krebse nur beizupflichten. Nur die

Skorpione können hier noch mithalten, erreichen jedoch nicht die Qualität der Krebse. Skorpione sind zu intellektuell, im Umgang mit Menschen mitunter zu heftig. Krebse tun das gleiche in der Sache, fordern sogar zuweilen Einschneidenderes, aber gekonnt moderiert, gut vorbereitet und auf die besondere Situation und Gemütsverfassung der Betroffenen abgestellt. Skorpione sind von Gefühlsausbrüchen viel stärker bedroht als Krebse, die einfach cooler sind. Skorpione sind besser einsetzbar in Analyse und Strategie, Krebse überlegen in der Umsetzung. Als Team sind beide zusammen in der Politik unschlagbar; die einen sind raffiniert, die anderen schlau. All dies gehört zwar zur Diplomatie, doch diplomatisch sind sie dennoch nicht. Es geht ihnen um Machtpositionen, aus denen heraus operiert werden kann.

Männliche und weibliche Krebse sind gute *Regisseure*. Sie üben diese Tätigkeit auch dann aus, wenn es sich nicht um ihren Beruf handelt, wie soeben beim Politiker beschrieben. Sie verstehen es in besonderer Weise, Vertrauen zu gewinnen und, indem sie sich mit den Menschen näher und intensiv befassen, deren Stärken und Schwächen kennenzulernen. So sind sie in der Lage, Schauspieler und andere Mitwirkende nach ihren Vorstellungen einzusetzen. Das ist ihre Begabung, das Geheimnis ihres Erfolges.

Krebse sind zwar vorsichtig, aber keineswegs ängstlich. Sie haben Mut, möchten jedoch das Geschehen selbst bestimmen. Ähnlich wie die Fische trauen sie sich selbst am meisten. Wir finden sie weit vorn als *Piloten* und auch als *Lkw-Fahrer*, wo sie hinter den Zwillingen die zweite Position einnehmen. In Fällen, wo eine indirekte Steuerung, die sie bevorzugen, zu risikoreich ist, möchten sie schon den Steuerknüppel oder das Lenkrad selbst in die Hand nehmen. Es versteht sich von selbst, daß sie ohne gründliche Vorbereitung und beste Planung keine Reise antreten. Dabei gehen Krebse von zu Hause weg, um bald wieder daheim zu sein, während Zwillinge weggehen, um von zu Hause fortzukommen und Neues zu erleben. Für Krebse ist es wichtig, was an Verdienst möglich ist. Geld motiviert sie durchaus, und schließlich sind sie es sich schuldig, soviel wie möglich davon nach Hause zu bringen.

Krebs-Männer haben vorzugsweise Berufe gewählt, bei denen sie es unmittelbar mit Menschen zu tun haben, weniger mit der Welt der Dinge. Sie besitzen natürlich auch handwerkliche Fähigkeiten; selbst dort aber suchen sie immer den direkten Kontakt zu Menschen und erbringen für diese eine Leistung, sei es als *Metzger* oder als *Koch*; in der kombinierten Leistung von Produktion und Dienstleistung ist ertragsmäßig für sie am meisten zu holen. Wir finden Krebs-Männer im *Forst-* und *Gartenbau*, in Berufen, wo sich das Prinzip des »Mehrens« gut verwirklichen läßt. Mit Kreuzungen von Pflanzen und neuen Sorten lassen sich auch hier gute Erträge erzielen.

Neben dem Beruf der Hausfrau haben sich weibliche Krebse besonders stark für den Beruf der *Floristin* ausgesprochen. Blumen drücken allein schon durch ihr Vorhandensein Verbundenheit, Zuneigung, Liebe und Eingebundensein aus. Es ist die materialisierte Sprache des Herzens und Geste des Wohltuns, weshalb Menschen »Blumen sprechen lassen«. Als Geschenk überbringen Blumen Gefühle, die für viele Menschen nicht aussprechbar sind. Richtig zu erkennen und zu beraten, zu welchem Ereignis welche Blumen passend sind, und diese dann so zu arrangieren, daß sie gefallen und sowohl den Geschmack wie die Seelenlage der Beschenkten treffen, zählt zu den Aufgaben der Floristin. Krebse haben nicht nur den Geschmack, sondern vor allem auch das rechte Einfühlungsvermögen, das Passende zu arrangieren. Daß auch hierbei der kaufmännische Aspekt eine Rolle spielt, kommt ihnen bekanntlich sehr entgegen.

Die Tätigkeit der Krebsgeborenen am Menschen drückt sich in der Berufswahl der *Krankenschwester* aus; von keinem Sternzeichen wurde er häufiger gewählt. Obwohl sie auch Krankenpflege machen, liegt ihnen die doch mehr auf die Gesundung ausgerichtete Arbeit der Krankenschwester besser. Sie nehmen weit weniger als beispielsweise die Fische Anteil am Kranksein der Menschen. Sie leiden nicht mit, auch wenn sie Trost und Hoffnung geben und die Kranken seelisch aufrichten. Es liegt einfach in ihrem Wesen, regenerieren zu helfen und gesund zu machen. Aus dieser inneren Einstellung heraus ist der Mut, den sie zusprechen, überzeugend und für Patienten im Heilungsprozeß außerordentlich wirksam. Es gibt wenige Berufe, wo Berufung und Beruf so wichtig für Ausführende und Betroffene sind wie bei der Krankenbetreuung. Ein Glück, daß es Menschen gibt, die dank ihrer Veranlagung nicht nur des Verdienstes wegen, sondern aus Neigung engagiert und freudig diesen Beruf ergreifen. Kein Zweifel, daß sie auch mit Erfolg arbeiten.

Zu diesem Dienst am Menschen zählt natürlich auch der *Arztberuf*. Nach den Widder-Frauen folgen hier die Krebs-Frauen, die, laut Umfrage, diesen Beruf als für sich geeignet angaben. Anders als Widder und ähnlich den Fischen, legen Krebse Wert auf Ganzheitsmethoden und die Selbstheilungskräfte im Menschen selbst, Menschen und Medikamente müssen zusammenwirken. Sie können sich gleichermaßen gut als *Internistin* wie *Psychotherapeutin* bewähren. Sie sind die idealen *Hausärztinnen* mit enger Familienbindung, wo es nicht bei der Krankenbetreuung bleibt, sondern fürs Umfeld viel getan wird. Sie folgen der These, daß vorbeugen besser ist als heilen. Für sie ist die Psyche ebenso wichtig wie die Medikamente. Ihre Fähigkeit, Vertrauen zu den Patienten zu schaffen, macht sie erfolgreich.

Krebse, denen das Medizinische nicht liegt, ergreifen die Möglichkeit, sich ausschließlich mit der Seele zu befassen, und werden oft *Psychologinnen*, wie unsere Befragung gezeigt hat. Diese Entscheidung paßt in das Eignungsfeld der Krebse und zu ihrem Hauptbemühen, am Menschen selbst direkt zu arbeiten. Die menschliche Psyche ist für Krebsgeborene faszinierend und herausfordernd. Auch für »ungelernte«

Krebs-Psychologen ist es ein permanentes Anliegen, hinter die Beweggründe menschlichen Verhaltens zu kommen. Wieviel interessanter natürlich, dafür ein Instrumentarium, Methoden und Verfahren zu haben. Vertraute dieser Materie wissen, daß erfolgreiches Arbeiten mit der Formulierung der Aufgabe, der Definition dessen, was herausgefunden werden soll, beginnen muß. Erst in zweiter Linie hängt der Erfolg von der richtigen Anwendung der zur Verfügung stehenden Methoden ab. Entscheidend ist letztlich die Interpretation der Befunde. Krebse besitzen den Instinkt, all diese Voraussetzungen für gute Arbeit zu erfüllen. Auch in diesem Beruf ist ihr bedachtsames, breitangelegtes, auf das Individuum und seine Einmaligkeit abgestelltes Vorgehen Garant für Ergebnisse, mit denen gearbeitet werden kann. Als Pragmatiker versuchen Krebse, möglichst rasch zum Schlüssel für die Problemlösung zu kommen. Schon aus ökonomischen Gründen suchen sie immer den direkten Weg; das hat wenig mit dem verlangten Entgelt zu tun. Ihre Überlegenheit zeigen sie bei der Interpretation der Befunde, indem sie deutlich machen, wie und wo die Ergebnisse umzusetzen sind. Was nützt auch die beste Analyse, wenn daraus nichts gemacht wird!

Bevor der Geburtsablauf institutionalisiert wurde, kamen alle Kinder normalerweise dort zur Welt, wo die Eltern, zumindest die Mutter, lebten. Das Geburtshaus war Heimstatt, dort fand auch das Familienleben statt; dort war Geborgenheit, dort war das Kommen, Werden und Vergehen der Generationen. All das wird astrologisch dem Krebs und dem Mond zugeordnet sowie dem Imum Coeli; das entspricht dem vierten Haus. Wer Neigung zu Haus, Wohnung und Heim hat, sollte eigentlich auch ein guter Baumeister sein: Krebse führen mit weitem Vorsprung bei den Befragten, die sich für den Beruf des *Architekten* entschieden haben; dies gilt sowohl bei Krebs-Männer wie -Frauen. Nichts ist für das Wohlergehen, die Gemütsverfassung, die Stimmung, kurzum fürs Glücklichsein, wichtiger als das Zuhause. Das Haus oder die Wohnung müssen nach Bauart, Form, Farbe und Materialien, nach Raumaufteilung und Inneneinrichtung auf die abgestimmt sein, die darin wohnen. In der Regel werden nun aber Häuser und Wohnungen von Leuten entworfen und gebaut, die später nicht darin leben. Durch die Einrichtung kann die persönliche Note eingebracht werden; meistens beeinflußt der Geschmack eines Familienmitgliedes den der anderen. Architekten können hier viel bewirken und zu einer Wohnkultur beitragen, die allen Familienmitgliedern gerecht wird. Dazu gehört in erster Linie, den Geschmack dieser Menschen kennenzulernen, um ihn dann so umzusetzen, daß sie sich wiedererkennen. Für Krebse eine Selbstverständlichkeit.

Krebse sind tüchtige *Kaufleute* und verstehen es, Geld zu verdienen. Dafür stehen solche Namen wie BARTHOLOMÄUS WELSER (25.6.1488), der zur damaligen Zeit neben der Familie Fugger zu den reichsten der Welt zählte. Nicht weniger bekannt ist JOHANN JAKOB ASTOR (17.7.1763), ein Deutscher, der nach Amerika auswanderte und durch Entbehrung und harte Arbeit als Pelzhändler zu sagenhaftem Reichtum gelangte. Das wohl berühmteste Hotel der Welt trägt seinen Namen – und den seines Geburtsortes: Walldorf Astoria. AUGUST BORSIG (23.6.1804) baute Lokomotiven, war Fabrikant und Geschäftsmann. JOHN D. ROCKEFELLER (8.7.1839) wird nachgesagt, daß er nicht besonders begabt gewesen sei, zum Geldverdienen besaß er ein ausgesprochenes Talent. Von FRIEDRICH FLICK (10.7.1833), AUGUST VON FINCK (18.7.1898) und HERBERT QUANDT (22.6.1910) nahm die Öffentlichkeit erst Kenntnis, als sie zu den Reichsten Europas gehörten. ADOLF LÜDERITZ (16.7.1834) ist heute kaum noch bekannt, besaß aber einst halb Südwestafrika, das er später an das deutsche Reich abgeben mußte. JULES MAZARIN (14.7.1602) war weniger Kardinal und frommer Gottesmann als Ökonom, der Frankreich zu einer der stärksten und mächtigsten Nationen machte. Und auch ABRAHAM A SANCTA CLARA (2.7.1644) hat mit seiner für seine Zeit nicht außergewöhnlich deftigen Sprache mehr als nur einen moralischen Aufschwung gepredigt. Es ist offenkundig, daß sich die Anhänger von JOHANN CALVIN (10.7.1509) auf wirtschaftlichem Sektor so gut entwickeln konnten.

Auch wenn sie anderen Berufen nachgingen und damit Weltberühmtheit erlangt haben, ist uns von keiner dieser Persönlichkeiten bekannt, daß sie ohne Geld gelebt oder in Armut gestorben wären. Der große Mathematiker GOTTFRIED WILHELM LEIBNIZ (1.7.1646) erdachte nicht nur die Differenzialrechnung, sondern versuchte, als weitblickender Philosoph um der europäischen Kultur wegen, die Glaubenseinheit in Deutschland zu erhalten. Mit Kultur und Menschen hat sich JEAN JACQUES ROUSSEAU (28.6.1712) als Philosoph, Politiker und Schriftsteller auseinandergesetzt; er konnte sich zeitlebens nie recht darauf festlegen, ob der Mensch als Einzelwesen oder als geselliges Wesen Vorrang haben sollte. WILHELM VON HUMBOLDT (22.6.1767) war wie sein jüngerer Bruder Alexander, ein überragender Geist, geprägt von starker Subjektbezogenheit; dies machen seine politische Betätigung, die Gründung der Berliner Universität, seine Sammlerleidenschaft von Kunstwerken und seine Sprachforschungen deutlich.

Der Mensch als mit Verstand und Gefühl begabtes Wesen ist es, womit sich – zur Nutzanwendung für ebendiesen Menschen – viele Dichter und Schriftsteller, die unter dem Sternzeichen der Krebse geboren sind, beschäftigen; zu ihnen gehören JEAN DE LA FONTAINE (8.7.1621), der mit seinen Fabeln die Gesellschaft kritisierte; JOHANN JAKOB BODMER (19.7.1698), der sich gegen den aufkommenden Rationalismus stellte und für die Seele stritt; CHRISTIAN FÜRCHTEGOTT GELLERT (4.7.1715), der mit seinen Fabeln eine Sittenbelehrung seiner Generation versuchte. Er schrieb auch, war aber eher ein Kritiker: FRIEDRICH THEODOR VISCHER (30.6.1807), der sich mit dem menschlichen Wesen auseinandersetzte; trefflich die Charakterisierung der Menschen bei FRIEDRICH

GOTTLIEB KLOPSTOCK (2.7.1724), GOTTFRIED KELLER (19.7.1819), HERMANN HESSE (2.7.1877), STEFAN GEORGE (12.7.1868) und FRANZ KAFKA (3.7.1883), der für den modernen Roman Maßstäbe setzte.

Hier fehlen natürlich auch Frauen nicht. Zu nennen sind JOHANNA KINKEL (8.7.1810), die auch komponierte; LOUISE VON FRANÇOIS (27.6.1817); AGNES GÜNTHER (21.7.1863), MARGUERITE AUDOUX (7.7.1863), die über Menschenschicksale schrieb und den Erlös helfend einsetzte, und wohl eine der bedeutendsten Dichterinnen Europas, RICARDA HUCH (18.7.1864). Weiterhin LILY BRAUN (2.7.1865), die ihre ganze Kraft der Frauenbewegung widmete; CLARA VIEBIG (17.7.1860), die mit starker Ausdruckskraft die Eifelbauern schilderte, oder die Norwegerin BARBARA RING (4.7.1870), die, mit ihrer Heimat eng verbunden, ihre Bücher schrieb, ROSAMOND LEHMANN (13.7.1903) und die große Lyrikerin INGEBORG BACHMANN (25.6.1926).

Frankreich verdankt MARGARETE MARIA ALACOQUE (22.7.1647) die berühmte Kirche von Sacré-Cœur, IDA VON HAHN-HAHN (22.6.1805) gründete mehrere Klöster; ob es ohne CLARA ZETKIN (5.7.1857), die spätere Frau Lenins, eine erfolgreiche russische Revolution gegeben hätte, ist ungewiß. ERNEST HEMINGWAY (21.7.1899) hat sich in seinem Werk mit Leben und Tod auseinandergesetzt. Sieht man einmal von CHRISTOPH WILLIBALD GLUCK (2.7.1714) und GUSTAV MAHLER (7.7.1860) als Komponisten ab, so liegen die musikalischen Fähigkeiten der Krebse offenbar mehr auf der Ebene des Gesangs, wie insbesondere eine Reihe weltberühmter Frauen beweisen: PAULINE VIARDOT GARCIA (18.7.1821), MARIE VON MARRA-VOLLMER (20.7.1822) oder die Altistin HEDWIG REICHER-KINDERMANN (15.7.1853). In diese Reihe gehört auch CLARA SIMROCK (22.6.1839), die mit außergewöhnlichem Sachverstand ihren Musikverlag leitete.

Unter den Künstlern im Sternbild Krebs ist sicher REMBRANDT HARMENSZ VAN RIJN (15.7.1606) der bedeutendste.

Er war voller Schaffenskraft und hat in weit mehr als tausend Gemälden, Radierungen und Handzeichnungen immer wieder versucht, die Menschen in ihrem Gesamtbild zu erfassen und auf der Leinwand festzuhalten. MAX LIEBERMANN (20.7.1847) konzentrierte sich mehr auf das menschliche Gesicht, er schuf zahlreiche Porträts. FRIEDRICH OVERBECK (3.7.1789), ein »Nazarener«, versuchte, die Ursprünglichkeit des Gefühls in seinen Bildern zu vermitteln. KÄTHE KOLLWITZ (8.7.1867) schließlich, hat die Realität menschlichen Lebens so treffend gezeichnet, als hätte sie jedes dieser Menschenschicksale selbst erlebt.

Viele der Krebs-Geborenen haben segensreich für Menschen gewirkt. So verhalf JOHANNES MÜLLER (14.7.1801) der naturwissenschaftlichen Richtung der Medizin zum Durchbruch; IGNAZ SEMMELWEIS (1.7.1818) gelang es, das Kindbettfieber, an dem so viele Frauen starben, erfolgreich zu bekämpfen, der Chirurg CARL LUDWIG SCHLEICH (19.7.1859) führte die Lokalanästhesie ein. MARY BAKER-EDDY (16.7.1821) versuchte Heilung durch den Geist, und die Ärztin BESS MENSENDIECK (1.7.1864) plädierte dafür, durch Gymnastik den Körper zu schulen. SELMAN A. WAKSMAN (2.7.1888) fand das Streptomyzin, das die Tuberkulosenbazillen entgültig besiegte. FERDINAND SAUERBRUCH (3.7.1875) war einer der bedeutendsten Chirurgen. Hier ist auch GREGOR MENDEL (22.7.1822) zu nennen, der die neue Vererbungslehre begründete. ADOLF BASTIAN (26.6.1826) war zwar auch Arzt, sein Interesse galt jedoch der Lebensweise der Völker, er ist einer der »Väter« der Ethnologie. Der Zoologe HANS SPEMAN (27.6.1869) wurde wegen seiner Forschungen über den Zellbauplan weltberühmt.

JOSEPH-MARIE JACQUARD (7.7.1752) erfand den Webstuhl; HENDRIK ANTON LORENTZ (18.7.1853) begründete die Elektronentheorie; der Physiker VIKTOR FRANZ HESS (24.6.1883) legte den Grundstein zur Strahlentheorie. Der Baumeister FISCHER VON ERLACH (20.7.1656) brachte die barocke Bauweise nach Deutschland. GUISEPPE GARIBALDI (4.7.1807) kämpfte für die Freiheit Italiens; die Journalistin DOROTHY THOMPSON (8.7.1894) schließlich rief eine weltweite Hilfsorganisation für Mütter ins Leben.

5
Löwen: Bewahrer und Vermittler
23. Juli – 23. August

Löwen sind majestätisch und stolz, überlegen und großzügig, selbstbewußt und stark, tun alles mit System und Kraft. Sie handeln ruhig und werden ungehalten, will man sie drängen. Ihre Überlegenheit ist bestimmt von dem Bewußtsein, daß sie alles in sich vereinigen, was Menschen haben können, um ihr Dasein erfolgreich zu bewältigen. Ihr unbändig starker Wille gibt den Löwen offenbar dieses Gefühl, alles sei machbar. Sie erledigen systematisch eines nach dem andern. Sie nehmen immer den direkten, geraden, den sich logisch abzeichnenden Weg. Ihr Vertrauen ist grenzenlos emotional aufgeladen; dennoch prüfen sie sachbezogen, nicht um jemandem Unregelmäßigkeiten nachzuweisen, sondern um sich zu überzeugen, daß es in ihrem Sinne geschehen ist. Es geht ihnen dabei um die Sache an sich, weniger um die Person. Da sie von andern keine bösen Taten erwarten, ist ihre Kontrolle zunächst immer routinemäßig. Sie sind stets überrascht, wenn sie feststellen, daß sie hinters Licht geführt und ausgenutzt werden. Aus solch tiefer Enttäuschung ist ihre Härte zu verstehen, die sie dann für alle überraschend offenbaren.

Löwen herrschen, regieren, ohne »Untertanen« läuft so gut wie nichts. Ihre Gründlichkeit ist kaum zu überbieten. Sie »können alles besser« und »machen alles besser«. Daher lassen sie entweder alles laufen, sind gnädig und verständnisvoll, zumindest solange man ihnen huldigt und sie die anerkannt Größten sind, oder sie machen alles selbst. Dann allerdings geschieht es mit Akribie und größter Sorgfalt; dazu brauchen sie Zeit, viel Zeit, der Grund, warum Löwen zuweilen nicht fertig werden. Zu ihnen zählen auch viele der »ewigen Studenten« und solche, die ihr Studium nie beenden.

Kleinliches und Subalternes mögen sie nicht, ihr Wesen ist Sonne und Licht. Im Dunkeln fühlen sich Löwen ausgesprochen unwohl. Glanz und Glorie, Fülle und Macht sind natürliche Ansprüche, die sie deshalb ganz selbstverständlich stellen. Wirkung muß sein. Alles, was diese beeinträchtigt, wird abgedrängt oder verdrängt. Löwen klagen nicht. Apollo ist ihr Gott, der lebenspendende Planet Sonne beherrscht ihr Sternbild und prägt sie. Sinnbild ist das Herz. Es schlägt aus dem Willen zum Leben heraus. Es ist nicht das einfache, nackte Existieren, sondern des Menschseins an sich als höchstes Wesen der Schöpfung. Menschen, denen diese Geltung versagt ist, sind klinisch betrachtet zwar lebendig, menschlich aber tot. Deshalb ist der Wille das Entscheidende, das Wesen menschlicher Existenz. In den Löwen ist dieses Prinzip vorherrschend. Wer das Prinzip Sonne gleichsam verkörpert und Licht ist, muß es als widernatürlich empfinden, Weisungen und Befehle entgegenzunehmen. Löwen lassen sich unterrichten, informieren, mit Problemen vertraut machen, Arbeiten aufzeigen und Aufgaben, die zu erledigen sind. Löwen nehmen jede Herausforderung an – wollen sich aber nicht gerne unterweisen lassen, wie sie zu bewältigen ist. Wer könnte auch wohl einen Weg wissen, den sie nicht auch kennen oder den sie nicht auch finden! Löwen lassen sich nicht gerne helfen. Sie sind sehr eigenwillig und als Ganzheitsfanatiker oft dort erfolgreich, wo ein Einsiedler mit seiner Arbeitskraft in zäher Verfolgung eines Ziels Außerordentliches schafft. Ihr Durchsetzungswille ist ihre große Stärke, aber auch ihre Schwäche. Haben sie den richtigen Ansatz, dann erreichen sie durch Konzentration und Beharrlichkeit Lösungen und außergewöhnliche Erfolge. Liegen sie falsch, sind Mißerfolge ebenso gewiß, was Löwen schicksalshaft treffen kann.

Löwen sind faszinierend in ihrer Erscheinung und ihrem

Auftreten, sie beeindrucken und erheben ohne Worte Anspruch auf Mittelpunkt und Führung. Kein anderes Sternbild bekommt so viel Vertrauenskredit allein durch Anwesenheit wie Löwen. Das ist ihr Wesen, ihr Charakter oder die Spiegelung ihres Seins. Löwen wollen und tragen gerne Verantwortung, sie sehen nicht gerne nach oben. Ohne Anerkennung läuft bei Löwen auf Dauer nichts. Astrologisch besetzen sie das fünfte Haus, das der Kinder, der Jugend und des Spiels.

Löwen sind die geborenen *Chefs, Unternehmensführer* mit natürlicher Autorität und gönnerhaftem Wesen. Sie verteilen Aufgaben und erwarten von ihren Mitarbeitern, daß sie pflichtgemäß handeln und ihre Arbeitskraft ohne Eigennutz voll einsetzen. Löwen sind in der Regel Unternehmerpersönlichkeiten der zweiten Generation. Sie sind keine Gründertypen, die sich mit einer Idee selbständig machen und in harter, entbehrungsreicher Arbeit zu Ansehen, Geld und Vermögen kommen. Sie zählen zu der Kategorie der Optimierer: »Was du ererbt von deinen Vätern hast, erwirb es, um es zu besitzen.« Aus dem, was ihnen anvertraut und gegeben wurde, machen sie mit Strebsamkeit und diplomatischem Geschick mehr, sie trachten immer nach Alleinstellung und versuchen, eine monopolartige Stellung zu erreichen. Wesensgemäß wünscht ein Löwe keine »Götter neben sich zu haben«. Konkurrenz ist seiner unwürdig und außerdem eine Quelle ständiger Unlauterkeit, Täuschung und Betrugs. Tricks und raffinierte Finessen schätzen Löwen nicht. Und wenn sie nicht gerade ein Wasser- oder Erdzeichen im Aszendenten haben, sind sie nicht willens, in einer freimarktlichen Arena zu kämpfen. Sie kennen selbst keine »dirty tricks«, sie wissen, daß solche Auseinandersetzungen oft zu Niederlagen führen, die sie nicht mögen und nicht verkraften. Ihre Grundhaltung ist eher konservativ, sachlich und gesetzlich fundiert. Sie handeln gerne aus einer Machtfülle heraus, jede Art von Bitten oder gar devotem Anbiedern ist ihnen zuwider. Da sie nach Grundsätzen handeln, müssen sie weniger flexibel erscheinen und letztlich auch sein. Ihr Wort gilt. Wer sie nicht enttäuscht, wird keine besseren Chefs und Partner finden können. Sie sind nicht kleinlich, gönnen sich und ihren Mitarbeitern soviel wie möglich. Ihre angeborenen Neigungen zur Güte und Huld prägen ihr unternehmerisches Sozialempfinden. Auch als *Manager* im Angestelltenverhältnis werden Löwen wie Unternehmer agieren und so auftreten, sprechen und handeln, als könnten sie mit ihrem Willen auf Gedeih und Verderb das Schicksal des Unternehmens zu ihrem eigenen machen. Auch hier werden ihr unternehmerischer Geist und ihre Durchsetzungskraft solange Erfolge bringen, wie sie uneingeschränkt schalten und walten können.

Löwen haben nicht nur ein königliches Aussehen, sie regieren auch gern. Allerdings nicht wie in Demokratien, wo mit viel Bürokratie eher verwaltet, organisiert oder verteilt wird. Nein, Löwen möchten da schon eher selbst bestimmen, autonom leben und repräsentieren. Deshalb sind sie auch besser geeignet als *Präsidenten*, Könige, Kaiser und wenn es sein muß, auch als Diktatoren, als Kanzler oder Minister. Dienen ist für Löwen ein Fremdwort, wenn sie eine Funktion ausüben, die gemeinhin darunter fallen könnte, werden sie selbst aus diesem Job noch ein majestätisches Amt machen. Repräsentant, das ist ein Eignungsberuf für Löwen, der höchste Priorität genießt. Das muß kein wirtschaftliches Unternehmen sein. Je nach geistigem Vermögen, Ausbildung und Interessenlage nehmen Löwen jede Stellung wahr, die eine Spitzenposition von Gottes Gnaden bedeutet und nach Möglichkeit von Einzelpersonen unabhängig ist: Verbände, Vereine und Gesellschaften sind ideal für sie. Nicht Geld, sondern Geltung motiviert sie; für sie müßte eigentlich ehrliche Huldigung gemessen werden können. Präsident sollte jedoch keinesfalls verwechselt werden mit Geschäftsführer oder gar Generalsekretär. Das sind mehr oder weniger Befehlsempfänger und ungeeignete Berufe für Löwen.

Wir haben anfangs gerätselt, weshalb Löwen so häufig *In*

genieur als ihren Eignungsberuf angegeben haben. Bei der Auswertung unserer Befragung wurde offenbar, daß es nicht nur mathematische Begabung und Fähigkeit zur Systematik sind, die sie dazu befähigen, sondern diese Grundeinstellung auf Alleinstellung. Ein Beruf, zu dem Sachkenntnis gehört, der erlernt sein muß und objektivierbar ist, gibt notwendigerweise eine »Könnerstellung«, die unantastbar und unangreifbar ist und sich subjektiver, willkürlicher Urteile weitgehend entzieht. Das ist genau das richtige für Löwen. Sie unterwerfen sich gerade noch einem höheren Wesen, nicht aber Menschen und deren selbstgegebener Gerichtsbarkeit.

Als *Techniker* haben sie festen Boden unter den Füßen. Da ist ein X kein U, und was in Gang gesetzt ist, läuft. Hier wird nicht jeden Tag die Welt neu erfunden. Auf diese Welt des Materials ist Verlaß. Kontinuität herrscht, und die stummen Diener sind sichtbare Zeichen für die Leistung derer, die sie geschaffen haben; Maschinen müssen nicht aufgefordert werden, ihren Herrn und Schöpfer zu loben und zu preisen – sie vollziehen es durch ihr Funktionieren. Die Neigung der Löwen zum Perfekten läßt sie ein solches Know-how und solche Fertigkeit in ihrem Beruf erreichen, daß sie als Fachleute auch von Kollegen nicht so leicht in Frage zu stellen sind. Das verleiht Stärke und Unabhängigkeit, die Löwen unbedingt brauchen, um erfolgreich zu sein.

Es ist nicht das Abstrakt-Theoretische, das sie lieben, sondern die greifbare Materie – ob pures Gold oder graues Eisen. Dieses Gefühl zum Material ist eine gute Voraussetzung zum Beruf des *Schmieds*. Es ist gut vorstellbar, wie sie, am Amboß stehend, mit Lederschürze gegen Feuer und Funken geschützt, mit schwerem Hammer auf glühendes Eisen hämmern und es durch gezielte Bearbeitung in Form bringen. Sie hämmern gleichsam diesem Material eine Seele ein, die von ihrem Willen geprägt ist. Niemand sagt ihnen, wie sie dieses Eisen zu schmieden, was sie daraus zu machen haben; sie allein schlagen ihm ihren Willen ein. Eisen ist hart, es muß glühen, damit es formbar ist: hellrot, immer hinein in die Esse und zurück zum Amboß, bis die gewünschte Form gelungen ist. Und dann ist sie da und bleibt, so wie sie ist: hart und unveränderbar. Nur der Gebrauch oder die Kräfte der Natur können diese Form korrodierend wandeln. Das aber berührt die Löwen nicht. Ärgerlich ist für sie nur, wenn Menschen an ihren Werken Veränderungen vornehmen. Die Weiterentwicklungen des Schmiedeberufs an sich sind ideal für sie, sie kommen ihrem Wesen, Material lebendig zu machen, ihm eine Seele zu geben, sehr entgegen. So werden Löwen konstruieren und Modelle bauen. Sie experimentieren, bis sie die gewünschte Vollkommenheit erreicht haben, um dann fachgerecht das Werk zu schaffen. Sie steigen in und auf Maschinen und Geräte und legen sich auch darunter, wenn es sein muß. Sie langen zu, doch immer mit einer gewissen Art von Würde. Löwen müssen sich nicht unbedingt schmutzig machen, um zu beweisen, daß sie tüchtig sind.

Löwinnen sind schöne, stolze Frauen und wie geschaffen für den Beruf des *Mannequins*. Nicht wenige Löwen-Frauen nannten auch diesen Beruf bei unserer Umfrage als ihren Traumberuf. Eignung haben sie allemal zur Schaustellerei. Es ist das Natürlichste der Welt für sie, daß andere sie beachten und bewundern. Sie lassen sich gerne herausputzen, sie sind medienbegabt und besitzen selbst nicht unbedingt den sichersten Geschmack, was auch nicht notwendig ist für eine echte Löwin; denn das übernehmen andere für sie. Letztlich kommt es darauf auch nicht an; entscheidend ist, ob Wirkung erzielt wird oder nicht. Bei der Demonstration kommt es darauf an, ob die Gegenstände verkauft werden oder nicht. Auffallen und Begierde zu erwecken verstehen sie meisterhaft. Kleider, Schmuck, Frisuren, Make-up sollen die gewünschte Wirkung bei den Mitmenschen erzielen. Löwinnen verstehen es, sich mit der Kreation zu verbinden und in Einheit die Faszination des Designs zu präsentieren. Nur wer Distanz schafft zwischen sich und dem Beschauer darf erwarten, gesehen und beachtet zu werden. Dabei geht es nicht ausschließlich um körperliche, sondern auch geistige Verfremdung. Sie läßt die Wirkung ahnen, die mit der Kreation beabsichtigt ist, und eröffnet die Chance wandelnder Nutzung. Reiz, Spiel, Verführung, Freuden des Lebens sind astrologisch im fünften Haus unter dem Zeichen des Löwen mit dem Planeten Sonne angesiedelt. Mannequins geben Anregung dazu, mit der Hilfe derer, die unter diesem Zeichen geboren sind. Apollo ist in der Mythologie nicht nur als ein strahlender Jüngling dargestellt worden, sondern auch mit sonnendurchfluteten Gewändern und goldenem Schmuck.

Dompteuse oder *Dompteur* können Löwe-Geborene werden. Hierzu bedarf es nicht nur Mut und Entschlossenheit, sondern vor allem einen starken Willen, der hypnotisch genutzt werden kann. Tiere spüren sofort, ob Menschen sie beherrschen können oder nicht, ob sie es mit ihnen aufnehmen oder ob sie Angst haben. Es ist wieder einer der Berufe, in denen der Mensch auf sich allein gestellt ist. Niemand kann letztlich raten und helfen, schon gar nicht während der Schau, die die *Dompteuse* oder der *Dompteur* allein macht, und so gehört ihnen auch der Beifall allein. Spiele in der Arena, Zirkus, ist eine der ältesten und ursprünglichsten Arten der Unterhaltung, die stets Ausdruck von Lebensfreude war, selbst in ihrer perversesten Spielart unter dem Diktat von allmächtigen Potentaten und irren Kaisern. Dort, wo es auf höchste und ausgefallene Individualleistungen ankommt und immer wieder der Wille über den Körper siegt, aber auch ein Schuß Humor dabei ist, wird stets ein Betätigungsfeld für Löwen sein. Es müssen viele Eigenschaften zusammenkommen, um des Beifalls sicher zu sein: Mut und Präzision. Oft entscheiden Sekunden über Aufstieg oder Fall. Doch der Wille, sich selbst und andern zu beweisen, daß Tollkühnes machbar ist, wird Löwen zu diesen Berufen bringen.

Mit Dressur hat der Beruf des *Trainers* allenfalls indirekt zu tun, doch wenn man Wettspiele, gleich welcher Art, ansieht, wird man Zusammenhänge nicht ganz von der Hand weisen können. Jedenfalls haben Löwen eine Menge Eigenschaften, die sie befähigen, gute Trainer abzugeben. Zunächst besitzen sie natürliche Autorität, die teamfördernd ist. Bei Löwen haben alle an einem Strang zu ziehen und in eine Richtung zu marschieren – und zwar direkt nach oben. Sie trainieren die Sportler hart und mit eiserner Disziplin. Dabei ist ihre nahezu väterliche Art zu ihren Spielern Garant, daß keiner gesundheitlich überfordert wird. Leistung und Einsatz werden aus eigenem Antrieb heraus erwartet. Wer sie nicht bringt, kommt nicht zum Einsatz. Da Löwen alles mit System machen, wird es wohl keinen Trainer geben, der selbst unsystematisch arbeitet. Es versteht sich, daß dies System von ihm selbst stammt und bis ins Detail ausgedacht und ausgetüftelt ist. Er hat zwar die Spielweisen seiner Gegner studiert, wird aber immer versuchen, seine eigene den anderen aufzudrängen, nicht auf die gegnerische Spielweise einzugehen oder sich gar dieser anzupassen. Solche Maßnahmen würden seiner Natur zuwiderlaufen. Sein größtes Problem ist, seine Mannschaft auf seinen Willen hin einzuschwören, damit alle aus einem Guß spielen. Wenn in einer Mannschaft viele Individualisten sind, Persönlichkeiten wie er selbst, wird er es sehr schwer haben. Deshalb wird er immer danach trachten, Sportler zu trainieren, die er formen kann. Mit ihnen hat er zumeist Erfolg. Löwen als Trainer wirken in einem Verein stets polarisierend, weil sie auf Kompromisse nicht angelegt sind und sich in ihr Geschäft unter keinen Umständen dreinreden lassen. Da es aber in Vereinen vom Vorstand bis zu den Zuschauern immer Besserwisser gibt, muß es zwangsläufig mit diesen zu Auseinandersetzungen kommen. Wer mit einem Löwe-Trainer Erfolg haben will, muß ihn frei schalten und walten lassen. Nur dann bringt er, was von ihm erwartet wird: Spitzenleistungen.

Löwen haben natürlich auch Talent zum *Sportlehrer*. Sie sehen die Körperertüchtigung als Voraussetzung für gute geistige Leistungen. Für sie sind Turnen oder Leichtathletik keine Nebenfächer, für die keine besonderen Leistungen zu erbringen sind. Löwen stellen auch hier ihre Forderungen und Ansprüche an die Kinder in den Schulen; schließlich kommen die Sieger von morgen aus diesen Reihen. Neben ihrem Pflichtgefühl, ihre Arbeit ordentlich zu verrichten, sehen Löwen die Chance, Talente zu entdecken und zu entwickeln.

Ihre Eigenwilligkeit, gepaart mit abstraktem logischem Denkvermögen, befähigt die Löwen zur *Philosophie.* Sie betreiben diese Wissenschaft in gleicher Art, wie alles, was sie anfassen und anpacken, und versuchen, zur Existenzfrage um Sein oder Nichtsein vorzustoßen. Nach ausführlichen Quellenstudien und aktuellen Bezügen werden sie es wagen, selbst ihren Schöpfer in Frage zu stellen, nicht um ihn zu verleugnen, sondern um ihn zu beweisen. Letztlich dreht sich ihr Denken immer um ihre eigene Person in Beziehung zu diesem unendlichen Wesen. Sie messen sich gleichsam mit ihm und an ihm. Ihre Philosophie bleibt dem Diesseits verbunden, sie transponieren sie nicht in reine Abstraktion und Losgelöstheit. So gesehen kann sie nur Denkanstoß, aber nie geschlossene Lehre sein.

Löwen leben von innen nach außen, sie demonstrieren der Umwelt, was sie an Besitz und Fähigkeiten haben. Als *Guts-* oder *Schloßbesitzer* können sie ihre Fähigkeiten deutlich zeigen. In der *Pferdezucht* ist Konsequenz in allen Aktivitäten und Entscheidungen wesentliche Voraussetzung für Erfolge. Standort, Raumbedingungen, Pferdematerial, Hygiene, Fütterung, Bewegung und Deckgut müssen optimal sein. Aufzucht ist mehr als nur ein Vermehren. Es muß alles mit System erfolgen. Wenn es gut läuft, war es die »glückliche Hand«. In Wirklichkeit ist es jedoch harte Detailarbeit. Wer mit Pferden nicht reden kann, wird sie letztlich auch nicht verstehen und lieben und wohl auch in der Zucht erfolglos sein. Löwen richten ihre Zucht mehr auf Schönheit und Leistung, weniger auf Geld aus; sie trennen sich nicht gerne von ihren

Tieren. Der Mangel an Geschäftssinn ist schon manchem Löwen, in welcher Branche auch immer, zum Verhängnis geworden. Ihre nach außen demonstrierte Investitionsneigung ist immer dem erzielbaren Markterfolg voraus. Sie errichten Gebäude und statten diese besser aus, als es die Geschäfte erlauben; ihr Hang zur Perfektion läßt sie Kosten vergessen. Hinter allem wirtschaftlichen Tun steht die Neigung zur Selbstdarstellung. Wenn sie in eine Aufschwungsphase hineinwirtschaften, ist dies vorteilhaft und erfolgreich für sie; im Abschwung sollten sie sich schnellstens aus dem Geschäft zurückziehen.

Löwe-Frauen sind ideale *Floristinnen* und *Gärtnerinnen*, mit viel Talent für Gartenbau und -pflege. Sie haben ein Auge für Strukturen, geometrische Formen, für Farb- und Pflanzenkombinationen. Wir sehen sie als Gestalter von Anlagen, Gärten, Parks, in freier Landschaft wie in geschlossenen Siedlungen, stärker im Zier-, denn im Nutzbereich. Ziel und Ergebnis ihrer gestalterischen Arbeit ist Dekoration im Sinne der Demonstration von Besonderem. Ihr Werk wird dem Beschauer als logische pflanzliche Konstruktion erscheinen, die bewußt kein spielerischer Traum, keine phantastische Kreation sein will. Jedes Einzelstück hat seinen Platz in einem eigenwilligen Aufbau der Gesamtanlage. Jedermann spürt beim Anblick die Handschrift, die so und nicht anders gewollt ist. Dabei kann es durchaus vorkommen, daß Pflanzen gegen ihre Natur gezüchtet und behandelt werden, wenn es die Wirkung erfordert. Schon aus dieser Tatsache ist ablesbar, daß nicht jede Art der Gartengestaltung, die ja auch (wie alles öffentlich Wirksame) Zeitströmungen folgt, von Menschen dieses Sternbildes entworfen und ausgeführt werden kann. Will jemand aber Rasse und Klasse, dann sind Löwen schon recht am Platz.

Ihr gutes Auge für große Strukturen in der Zusammenschau, ebenso wie ihr gleichzeitiges Erfassen von Details, eröffnen Löwen gute Chancen als *Photographen*. Eine Kamera kann bekanntlich nur das festhalten, worauf die Linse im Moment der Aufnahme gerichtet war; diese hat der Photograph in diesem Moment vor seinem Auge. Erst das fertige Bild zeigt, ob die Einstellung richtig war, ob jedes Detail stimmig zum Gesamtbild ist. Der Blick für das Einmalige, das Besondere zeichnet die Meister aus. Bilder, die nicht sprechen, sind wertlose Makulatur. Sprechen wird aber immer die Schärfe eines Details im exakt richtigen Moment. Wer innerlich von seiner Begabung her auf Effekt aus ist, wird ihn besser und schneller einfangen als solche, die das erst lernen müssen. Der Beruf des Photographen kommt zahlreichen Löwen-Ansprüchen wie Freiheit, eigene Entfaltung, Arbeiten ohne Zeitdruck, Selbstbestimmung, Eigenverantwortlichkeit, Qualität sehr entgegen. Löwen sind keine Massen- oder Serienlieferanten. Jedes Stück ist ein Unikat und so gut und ausgefeilt, daß es problemlos serienmäßig hergestellt werden könnte.

Weibliche und männliche Löwen sind tüchtige *Werbeleute*, weil sie genau so werben, wie es nötig ist, um erfolgreich zu sein. Dabei verfügen sie nicht etwa über besonders ausgeklügelte Methoden oder bedienen sich einer auf wissenschaftlichen Erkenntnissen beruhenden Arbeitsweise. Sie sind auch nicht, wie das erwartet werden könnte, besonders kreativ. Dennoch erzielen sie Wirkung, da sie im Grunde nichts anderes tun, als ihre persönliche Art der Kommunikation auf das Medium Werbung zu übertragen. Zunächst halten sie sich strikt an die Wahrheit und suchen diese mit Fakten zu belegen. Fachlich gesprochen heißt das, den *»Consumer benefit«* aufzuzeigen. Als systematisch arbeitende Menschen gehen sie bei der Anpreisung dessen, was sie bewerben, entsprechend vor. Sie achten auf jedes Detail und erreichen mit dieser Gründlichkeit, daß nichts vergessen wird, daß die Botschaft der Werbung knapp, aber verständlich ausgedrückt wird. Eine Werbung ohne Inhalt, die nur auf Gags aufbaut, wird es bei ihnen nicht geben. Das hat nichts mit Humorlosigkeit zu tun; Löwen lieben Humor, besitzen eine gute Portion und werden ihn auch dort, wo er paßt, dosiert einsetzen. Noch eine wichtige Grundeigenschaft der Löwen kommt in der Werbung zum Tragen; ihre Beständigkeit. Löwen sind Bewahrer, sie halten an dem fest, was sie selbst einmal geschaffen haben. Würden sie ihr Werbekonzept wechseln, müßten sie sich und anderen eingestehen, daß das frühere nicht gut war. Man ist fast geneigt zu sagen, diese Löwen haben Erfolg, weil sie das tun, was sie aus ihrer Veranlagung heraus tun müssen, das ist genau das, was Vertrauen schafft und zum Kauf und Gebrauch von Gütern auf lange Sicht überzeugt.

Ein mit der Werbung verwandter, aber doch andere Voraussetzungen fordernder Beruf, mehr geeignet allerdings für Löwe-Männer, ist der des *Designers*. Gleichgültig, ob Industrie-, Packungs-, Graphik- oder Kunstdesign, das Objekt muß Botschaft sein. Dabei müssen logische Gesetzmäßigkeiten beachtet werden: Form, Material und Farben müssen funktional und der Gefühlsqualität nach aufeinander abgestimmt sein; vor allem aber muß das Gesamtdesign dem Inhalt und Zweck, für den es geschaffen wurde, entsprechen. Design hat selbst in seiner profansten Erscheinungsform künstlerischen Ansprüchen gerecht zu werden. Die Ästhetik ist wesentlich; ein entsprechendes Empfinden gehört dazu, und dies besitzen, wie es scheint, Löwe, Waage und Fische in stärkerem Maß als andere Sternzeichen. Während bei Waage und Fischen Männer und Frauen gleichermaßen zu solchen Berufen neigen, sind es bei den Löwen eher die Männer. Auch Jungfrau-Geborene zeigen Affinität zum Metier des Designers; weibliche Jungfrauen allerdings stärker als männliche. Obwohl all diese Sternzeichen mit der ihnen eigenen Veranlagung an ihre Aufgabe herangehen, ist ihnen gemeinsam, daß sie außerordentlich gründlich sind. Ferner sind sie überdurchschnittlich an Geschichte interessiert und speichern Details, die sie bei Gestaltung oder Beurteilung von

Gestaltung abrufen können; Eigenschaften, die auch *Regisseure* brauchen.

Lassen wir einmal den Beruf der *Hausfrau*, der von den Frauen aller Sternzeichen bei freier Entscheidung an erster Stelle gesetzt wurde, außer acht, dann ist der Traumberuf der Löwinnen *Lehrerin* oder *Kindergärtnerin*. Wie bereits beim Widder ausgeführt, ist zur Erziehung von Kindern eine natürliche Autorität notwendig. Ob Kindergarten, ob Schule: Kinder aller Altersstufen stellen diese Autorität zunächst auf die Probe; sie wollen wissen, mit wem sie es zu tun haben. Am wenigsten erpreß- und manipulierbar, das weiß jeder aus der eigenen Schulzeit, sind gute Lehrer, die ihr Fach beherrschen, die streng, aber gerecht sind und auch einmal einen Spaß vertragen. Löwinnen wird man kaum unvorbereitet antreffen. Sie sind sich bei ihrem angeborenen Perfektionismus selbst schuldig, ihre Materie zu beherrschen. Ihr Durchsetzungswille ist schon im Auftreten spürbar und wird von ihnen situationsbezogen auch eingesetzt. Sie fordern Leistung und werden die Kinder dahin führen. Konsequent durchgezogen resultieren daraus zwangsläufig Erfolge und Lob für die Kinder inner- und außerhalb der Schule.

Bei einer Tätigkeit als *Informatiker* sind logisches, systematisches, klares Denken und Handeln gefordert; man braucht starke Konzentrationsfähigkeit, Übersicht und mathematisches Verständnis. Schließlich ist es ein ständiges Befassen mit der Vergangenheit; es sind Botschaften von Geschehensvollzügen und Ereignissen. Optimierung ist gefragt, das entspricht dem Grundwesen der Löwen, weshalb dieser Beruf ihren Interessen entgegenkommt. Wir dürfen auch hier nicht vergessen, daß die Arbeitsleistung objektivierbar ist, nach Fakten, weniger nach Meinungen bewertet wird, was bekanntlich für Löwen ein wichtiger Gesichtspunkt ist.

Auch der *Beamtenstand* hat Attraktivität für Löwe-Geborene, zum Beispiel die Anstellung auf Lebenszeit und das Ruhegehalt. Beamte, besonders in gehobenen Positionen, können anordnen und durchsetzen; sie vollziehen die Vorgänge zwar in einem festen Rahmen und streng nach Verordnungen und Gesetzen, die sich die Bürger über ihre Parlamente selbst gegeben haben; für den einzelnen bleibt es jedoch bei der Begegnung mit der Macht. Ähnlich wie in der Schule das Kind hat der einzelne Bürger keine Wahl; wie die Lehrerin ist auch die Beamtin oder Beamte in der stärkeren Position. Diese Stellung kommt Löwe-Frauen sehr entgegen; sie sind willensbetont, mögen keinen Widerspruch und wollen sich auch nicht ins Unrecht setzen lassen. Sicherlich ein Motiv für Löwe-Frauen, diesen Beruf zu wählen; die Verwaltung an sich liegt ihnen als eine Arbeit, die vorgegeben und nach bestimmten Regeln auszuführen ist. Für Skorpion-Frauen dürften es die rechtlichen Aspekte sein, für Zwillinge-Frauen in starkem Maße der Umgang mit den verschiedenen Menschentypen in einem Amt, weshalb sie zu diesem Beruf tendieren.

Weibliche und männliche Löwen nehmen gerne den Taktstock in die Hand, wenn ausreichendes Talent vorhanden ist. Unter der relativ kleinen Gruppe der Befragten, die sich zu diesem Beruf hingezogen fühlten, fanden sich verhältnismäßig viele Löwe-Geborene; sie besitzen ein musikalisches Gehör und Durchsetzungskraft. Löwe-Männer sind häufig *Musiker*.

Sie stehen auch bei den *Journalisten* auf Rang eins, gefolgt von Steinböcken, Stieren und Schützen. Bei den Frauen sind es in stärkerem Maße Waagen, weibliche Wassermänner und Widder. Reizvoll an diesem Beruf sind die Freiheit und die geistige Macht, Meinung zu machen oder zu beeinflussen.

Der Beruf des *Maklers* wurde weit häufiger genannt, als er tatsächlich ausgeübt wird. Auch hier nehmen die Löwe-Männer die Spitze ein. Die Gründe liegen auf der Hand: Vertrauen, Offenheit, Ehrlichkeit, Interesse fürs Bewahren, Einschätzung der Werte, Verhandlungsgeschick und Selbständigkeit.

Die Computertechnik hat vielen Löwen für sie geeignete

Berufsmöglichkeiten eröffnet. Schon die Idee, etwas wie einen »denkenden Mensch« zu erfinden und zu konstruieren, könnte von einem Löwen stammen. Einmal, weil Löwen technische Wunderwerke lieben; zum andern, weil sie stumme Zeugen ihres Könnens vor sich haben. Ganz objektiv gesehen ist es in der Tat faszinierend, menschliches Tätigsein auf Maschinen zu übertragen und mittels Fernsteuerung Arbeit verrichten zu lassen. Damit wird der Mensch frei, seiner Rolle als Krönung der Schöpfung gerecht und schöpferisch stärker aktiv zu werden.

Henry Ford (30.7.1863) hat durch die Systematisierung der Arbeitsabläufe die menschliche Arbeitskraft um ein Vielfaches effektiver gemacht; hätte er die technischen Kenntnisse unserer Zeit damals schon zur Verfügung gehabt, wären seine Rationalisierungen vermutlich bis zum Einsetzen von Robotern gediehen. Er bezahltc scinc Arbeiter so gut, daß es als Sensation galt, verkaufte seine Ware dabei so günstig, daß sie zu einem Massenartikel wurde, und beteiligte seine Kunden angeblich freiwillig an seinen Gewinnen, wenn sich seine Kalkulation verbesserte. Das Automobil, das »Bewegung aus eigener Kraft« bedeutet, war nur ein Schritt auf dem Weg zur Erfüllung der Menschheitsträume. Ein weiterer vollzog sich, als Orville Wright (19.8.1871) mit seinem Bruder das erste Flugzeug baute, das aufsteigen, sich in der Luft halten und intakt wieder landen konnte. Fliegen scheint, besonders auch für Löwe-Frauen, eine Herausforderung zu sein, die ihrem technischen Verständnis, mehr jedoch ihrem Mut und ihrem Willen, Materie zu beherrschen, gerecht wird. Wir wagen zu behaupten, daß der Aufstieg in den Himmel, die Weite und das auf sich allein Gestelltsein, vor allem aber das Herausgehobensein durch Demonstration des Einmaligen, Löwinnen zum Fliegen brachte und bringt. Das erste weibliche Wesen, das den Steuerknüppel eines Flugzeugs in der Hand hatte, war Raymonde de Laroche (22.8.1884). Nicht weniger bekannt ist Amelia Earhart-Putnam (24.7.1898); sie überflog den Atlantik von West nach Ost. Weltbekannt auch THEA RASCHE (12.8.1899), die sich als Kunstfliegerin einen Namen machte. Schließlich wäre noch MARGA WOLFF VON ETZDORF (1.8.1907) zu nennen, die als Sportfliegerin weite Strecken zurücklegte, mit dem damals verfügbaren Material ein erhebliches Risiko.

Wozu Löwen fähig sind, wenn sie gedemütigt werden, zeigt THÉROIGNE de MÉRICOURT (13.8.1762), die von einem Adligen verführt und verlassen wurde. Sie wurde Revolutionärin und stürmte, zusammen mit den Revolutionären von 1789, die Bastille. Keine Frauen- und Männergestalten der Geschichte sind so konsequent in der Ausübung ihres Berufes wie die Löwen. Dabei scheint es, als würden die Frauen die Männer noch überbieten. Ohne ANNA PESTALOZZI (9.8.1738) hätte ihr Mann wohl keine Schulen gegründet. Nicht VINZENZ VON PAUL, sondern LUISE VON MARILLAC (12.8.1591) ist es zu verdanken, daß Millionen Bedürftiger medizinische Versorgung bekamen. Diese Philosophin, Dichterin und Malerin hat den Orden der Vinzentinerinnen gemäß der Vorstellungen des geistigen Vaters Vinzenz geführt, war der Idee, nicht einem Namen verpflichtet.

Unter den Schriftstellern, Dichtern und Lyrikern finden wir viele bekannte Namen von Löwe-Geborenen: MATTHIAS CLAUDIUS (15.8.1740), der durch seine volkstümliche Sprache Menschlichkeit predigte; PETER ROSEGGER (31.7.1843), der Natur- und Heimatliebe angesichts der zerstörerischen Kräfte aufkommender Technisierung zu vermitteln suchte. GEORGE BERNARD SHAW (26.7.1856), der mit beißender Satire die Unaufrichtigkeit und Heuchelei geißelte, mit scharfem Intellekt und dennoch humorvoll den Mitmenschen seiner Zeit den Spiegel zur Selbsterkenntnis vorhielt. JO VAN AMMERS-KÜLLER (13.8.1884), die mit ihren Romanen weltberühmt wurde; PEARL S. BUCK (26.7.1892), die leidenschaftlich gegen jede Art von Rassentrennung schrieb. Sie vermittelte chinesische Kinder zur Adoption nur unter der Bedingung in die USA, daß die Pflegeeltern keinerlei rassistische Einstellungen hatten. Nebenbei bewirtschaftete sie ihren eigenen Bauernhof, was ihren Willen zu totaler Unabhängigkeit unterstreicht. HILDE DOMIN (27.7.1912) hat ihr schweres Lebensschicksal als Jüdin in ihrer Lyrik in sinnvolle Mahnung an die Mitwelt positiv umgesetzt.

Löwen sind in ihrer Haltung, ihrem Fühlen und Denken königlich. Das zeigen THERESE BRUNSVIK (27.7.1775), angeblich die »unsterbliche Geliebte« Beethovens, DOROTHEA VON SAGAN (21.8.1792), die durch ihre Anmut, Schönheit und Intelligenz an der Seite Talleyrands wesentlich zum Erfolg des Wiener Kongresses beitrug; die einmalige MARIE-JEANNE DUBARRY (19.8.1743), Mätresse von LUDWIG XV., und die an Schönheit und Glanz alle überragende DONNA IMPERIA (3.8.1481); unvergeßlich auch die Schauspielerin ADELE SANDROCK (19.8.1864).

6
Jungfrauen: Former und Verknüpfer
24. August – 23. September

Jungfrauen sind klug, warten ab, drängen nicht, wirken bescheiden und unaufdringlich; sie haben Geduld und lassen alles mit Zeit reifen. Sie wägen ab, denken nach und speichern mehr als andere in ihrem guten Gedächtnis. Sie verfolgen ihre Ziele mit viel Geduld und Engagement, mit Zähigkeit und harter Arbeit. Auf dem Weg zum Erfolg ist ihnen nichts zuviel.

Sie haben in der Regel eine feinfühlige Art, mit ihren Mitmenschen umzugehen. Sie geben ihnen immer das Gefühl, als wäre das, was sie tun, von besonderem Nutzen für eben diese Menschen. Ohne auch nur ansatzweise devot zu wirken, sind für sie ohne Ansehen ihrer Person, gleichgültig in welchem Beruf, Dienst und Dienen die Voraussetzung erfolgreicher Betätigung. Ein Mehr an Dienstleistung bringt in der Geschäftswelt auf Dauer auch ein Mehr an Entgelt. Vor allem aber ist es das Mittel der Wahl, das Erreichte zu halten und auszubauen. Wer für andere etwas tut, bleibt in Kontakt, erhält die Beziehungen aufrecht und hat jederzeit die Möglichkeit und Chance, Geschäfte zu betreiben. Wesentlich ist, daß alles geregelt verläuft, nicht aufdringlich und schon gar nicht unter Druck. Wem es angeboren ist, zu Diensten zu sein, der erwartet nicht von jeder Leistung eine direkte Gegenleistung, der wird auch dann noch Beziehungen pflegen, wenn nichts dabei herauszukommen scheint.

Jungfrau-Geborene sind sehr sachlich, nüchtern und rational. Sie orientieren sich sehr stark an Fakten; dennoch sind sie erstaunlich sensibel und haben eine kaum zu vermutende

»dünne Haut«. Sie sind voll Vitalität, betreiben alles mit Fleiß und behalten die Übersicht. Ihr kritischer Verstand macht sie abwägend und mitunter zu Zauderern. Sie besitzen einen angeborenen Sinn für Sauberkeit bis hin zur Asepsis. Sie lieben die Arbeit, untätig zu sein ist für sie eine Strafe. Deshalb leben sie bewußt, essen und trinken diszipliniert und halten sich durch Sport fit, wenn sie kurperlich wenig arbeiten. Sie wirken mitunter kalt und abweisend, was durch ihre kritische Haltung und intellektuelle Unnahbarkeit bedingt zu sein scheint. Sie haben die Fähigkeit, kombinativ zu denken; sie vermögen komplexe Zusammenhänge in ihrer Verknüpfung und Vernetzung zu erkennen und nachzuvollziehen. Sie sind zuverlässig, präzise und klar.

Der Planet Merkur verleiht ihnen die geistige Spannweite, die Kraft, Gedanken zu speichern, und die Liebe zum Detail. In der griechischen Mythologie wird Artemis, die Göttin des Waldes, der Tiere und der Jagd, dem Sternzeichen der Jungfrau zugeordnet. Gemessen an den Verhältnissen der damaligen Zeit war sie die Herrscherin über Besitz. Das will jeder Jungfrau-Geborene auch heute noch sein. Die Griechen haben mit der Zuordnung ihrer Götter treffende und fein nuancierte Abgrenzungen getroffen. So haben sie den beiden anderen wie die Jungfrau dem Element Erde zugehörigen Tierkreiszeichen Stier und Steinbock Dionysos (Früchte, Wein) und Hephaistos (Erze, Gold und Silber) zugeordnet.

Jungfrau-Geborene eignen sich gut als *Regisseure*. Sie ordnen an, lassen spielen und haben im Geschehen einen guten Überblick. Sehr diszipliniert, ziehen sie alles mit ungeheurer Präzision durch, rational gesteuert und emotionslos. Ihre Distanz zum Geschehensvollzug hält sie immer in der Kritikerperspektive. Sie führen nach klaren Richtlinien, die sie natürlich selbst festgelegt haben, lassen den Mitwirkenden aber dennoch ihre Entfaltungsmöglichkeiten. In einer durch klare Regeln abgegrenzten Freiheit bündeln sie somit individuelle Kräfte zu einem ganzheitlichen Ensemble, geprägt von starker Motivation. Die Beherrschung der Materie macht sie sachkundig und kompetent. Ihre Geduld ist ebenso groß wie ihr Hang zum Detail. Die Leitung und Führung erfolgt über die Ratio und ist abstrakt, weniger emotional geprägt. Alles vollzieht sich leise in ruhiger Gelassenheit. Sie überlassen anderen die Bühne, das Spektakulum, ziehen aber selbst die Fäden und haben die Macht.

Regisseure gibt es nicht nur am Theater und in den Filmstudios. Sie werden in vielen Berufen, an vielen Stellen gebraucht, speziell bei Mannschaftssportarten, beim Fußball, wo Jungfrauen gute Spielgestalter sind. In einem Teamspiel kommt es zunächst darauf an, die Übersicht zu behalten – für sie kein Problem. Sie spielen mit Kopf, vermögen die Schnelligkeit eines Spiels zu beeinflussen, stehen richtig zum Ball und zum Gegner, timen Bälle und das ganze Spiel und kämpfen bis zur letzten Sekunde. Ihr Pflichtbewußtsein verbietet ihnen Launen jeder Art. Sie kennen keine Starallüren auf dem Spielfeld, sondern die Aufgabe, ein gutes Spiel zu machen und nach Möglichkeit zu gewinnen. Für sie ist jedes Spiel eine Investition auf zukünftige Verdienstmöglichkeiten, sie wissen, daß nur Leistung die Kassen füllt. Jungfrauen folgen deshalb konsequent dem Motto des in ihrem Tierkreiszeichen geborenen großen deutschen Dichters JOHANN WOLFGANG VON GOETHE (28.8.1749): »Wer immer strebend sich bemüht, den können wir erlösen.«

Gleichgültig, ob sie mit Bällen spielen, Güter oder Geld bewegen, ihr Einsatz ist vorbildlich, nichts geschieht ohne bedacht zu sein. Alles läuft nach Plan und nach gespeicherter Erfahrung, die sich als Wissen in ihrem Gedächtnis umsetzt und situationsgerecht zum Einsatz kommt. Regie zu führen, ist nicht gleichzusetzen mit Strategie anzuwenden. Eine Strategie braucht in der Umsetzung die Regie. Dabei kann es vorkommen, daß Situationen wechseln und die ursprüngliche Strategie aufgegeben werden muß, weil im Geschehensvollzug alles anders geworden ist. Ein guter *Regisseur* ist in der

Lage, sich um- und neu einzustellen und der neuen Situation gerecht zu werden. Er orientiert alle Aktivitäten und Leistungen auf ein neues Ziel hin, bei strengstem Verzicht auf jedes Spektakel. Er zwingt durch eigenes Verhalten die Mitstreiter zu einer neuen Spielweise. So nimmt er aktiven Einfluß und prägt das Geschehen. Regie zu führen setzt eine ganz bestimmte Begabung voraus. Banal ausgedrückt: Es ist es unbedeutend, wer die Tore bei einer Weltmeisterschaft schießt; es muß nur gewonnen werden.

Jungfrauen bringen alle Voraussetzungen mit für den Beruf des *Verlegers*. Die Kombination von Geist und Kommerz ist für sie ausgesprochen glückhaft. Die Vermarktung geistiger Produkte setzt eine Reihe besonderer Fähigkeiten voraus. Zunächst ist es das Wissen um die geistigen Schätze in Vergangenheit und Gegenwart; Informiertsein ist wesentlich. Dazu sind Recherchen nötig, Kontakte zu Trendsettern unabdingbar. Viel Wissen ermöglicht Verknüpfungen, Vergleiche, Analogien, Messen und Bewerten; es ist die Grundlage einer kritischen Vernunft. Ohne sie ist der Geist allein letztlich nicht zu vermarkten. Schon dieses Bemühen, den Wissensstand zu halten, ist Schwerstarbeit. Nur wer gerne liest, Autoren geduldig zuhören und auf sie eingehen kann, ist in der Lage, Gutes von weniger Gutem zu unterscheiden. Die Entdeckung vielversprechender Autoren und ihre Förderung ist wichtig; nur mit ihnen kann ein Verlag über Jahre erfolgreich sein. Auch hier kommt Jungfrauen ihre ruhige, sachliche, vernünftige, auf gemeinsame Interessen ausgerichtete Denk- und Handlungsweise entgegen. Ihr Sinn für das rechte Maß hindert sie daran, jemanden zu übervorteilen. Sie denken nicht daran, die Kuh zu treten, die ihnen die Milch gibt. Ihre Erfolge sind zu einem erheblichen Teil darauf zurückzuführen, daß sie mittel- und langfristig arbeiten. Jungfrauen wenden viel Zeit und Geld auf zur Vertrauensbildung. Vertrauen schafft nicht nur Nähe, sondern auch Bindung und Zusammenarbeit; es vermittelt Ruhe, Geborgenheit und Sicherheit. Wo Vernunft menschliches Handeln bestimmt, wird effizienter gearbeitet. Die Erfolge kommen und bleiben. Hektik verführt hingegen zu problematisierenden Auseinandersetzungen um Unwesentliches, sie vernebelt den Blick für das Bedeutende. Jungfrauen sind dafür nicht zu haben. Ihr kritischer Verstand und wirtschaftlicher Sinn führt sie in jeder Situation zurück auf Zweck und Nutzen des Schaffens.

Jungfrau-Geborene sind ausgezeichnete *Lektoren*. Mit ihrem breiten Grundwissen, ihren Detailkenntnissen verfügen sie über das nötige Rüstzeug, um unterschiedlichste Themen zu verstehen und zu beurteilen. Ihr ausdauernder Fleiß, ihre besessene Gründlichkeit lassen sie Ungereimtheiten und Fehler entdecken und ausräumen. Auch im Dialog mit den Autoren werden sie gerne als Gesprächspartner angenommen, weil sie mit kritischem Verstand und viel Wissen auf Entstehen und Fortgang eines Werkes positiv ergänzend und optimierend einwirken. Die Fülle des Abstrakt-Geistigen entspricht ihrem Wesen, es macht ihnen Freude, sich damit auseinanderzusetzen. Gelegentlich hat es den Anschein, als würde schwierige, undurchsichtige, weitverzweigte und äußerst komplizierte Materie sie besonders reizen und herausfordern.

Zu den Eignungsberufen für Jungfrauen gehört in besonderem Maße die *Informatik*, deren Anwendung in den verschiedensten Bereichen möglich ist. Jede Programmierung setzt zunächst einmal eine intensive Kenntnis der Materie voraus, die erarbeitet werden muß. Hierbei kommt es auf jede Kleinigkeit an, werden Fähigkeiten verlangt, die vielen Menschen im täglichen Leben auf die Nerven gehen können: Peinliche Genauigkeit, Berücksichtigung des kleinsten Details, schlüssige Zusammenhänge und gesteuerte Rückkoppelung beim Eintreten bestimmter Ereignisse sind erforderlich. Da es sich um geschlossene Systeme handelt, müssen sie logisch gegliederte Einheiten sein, die rechenbar sind und praktisch genutzt werden können. Für solcherlei Tätigkeit sind Übersicht, viel Geduld und die Fähigkeit, abstrakt zu denken, notwendig. Bevor Maschinen Denkarbeit übernehmen, müssen sie erst darauf eingestellt werden. Das menschliche Gehirn muß die Abläufe vordenken, dem Computer sagen, was er zu tun hat. Neben dem Erfassen und gewichteten Sortieren geht es letztlich um das folgerichtige Umsetzen und Erreichen von brauchbaren Ergebnissen. In dieser Welt von Begriffen und Zahlen finden sich Jungfrauen gut zurecht; da sie keine Schwierigkeiten haben, dies alles zu erfassen und geistig zu verarbeiten, sind sie in diesem Beruf ausgefüllt und erfolgreich.

Jungfrau-Geborene besitzen eine sehr gute Berufseignung für die *Feinmechanik.* Mit ihrem Fingerspitzengefühl, ihrer Genauigkeit, ihrer Übersicht, vor allem ihrer stoischen Geduld vermögen sie, bei ihrem unermüdlichen Fleiß Erstaunliches zu leisten und zu Besitz und Wohlstand zu kommen. Stellvertretend für viele Berufe, in denen diese Fähigkeiten gefordert sind, soll hier der des *Uhrmachermeisters* näher ausgeführt werden. Mit handlichen, kleinen Werkzeugen auf engstem Raum bereitet er die vielen Teile einer Uhr und fügt winzige Teilchen und Stücke zu- und ineinander. Die Rädchen werden millimetergenau an- und eingepaßt, damit sie ohne Reibung verzahnt ineinanderlaufen. Ob gestanzt, geschliffen, poliert, justiert oder assembliert wird, jede Tätigkeit erfordert höchste Präzision. Selbst ihr Streben nach aseptischer Reinheit und Sauberkeit kommt der Jungfrau in diesem Beruf zustatten, denn jedes Staubteilchen beeinträchtigt das auf Genauigkeit eingestellte Uhrwerk. Mit bloßem Auge ist eine solche Tätigkeit nicht zu verrichten. Wir sehen daher den Uhrmachermeister mit einem Verstärkungsglas vor dem Auge, das es ihm ermöglicht, diese feine Mechanik überhaupt durchführen zu können. Dazu gehört jedoch noch die ruhige Hand, die tagaus, tagein über viele Stunden kleinste Werkstücke be- und verarbeitet. Es gibt Menschen, die schon beim Zusehen nervös werden, geschweige denn beim Versuch, es selbst zu machen. Durch Übung lassen sich Technik und spezielle Handgriffe von jedermann erlernen, doch die Sicherheit der Ausführung, vor allem aber die Qualität der Leistung hängt in hohem Maße einmal mehr von der Veranlagung und der inneren Einstellung dessen ab, der diesen Beruf wählt; Tüfteln muß Freude machen. Wenn in der Lehrzeit winzige Teilchen wiederholt aus den Fingern gleiten, wenn der Schraubenzieher von einer winzigen Schraube abrutscht und der Lehrling dennoch nicht aufgibt, dann wird er später effizient und erfolgreich in diesem Beruf arbeiten. Jungfrauen zählen sicher dazu.

In einer Zeit, da die Technik immer stärker in den Mikrobereich geht und Werkzeuge und Werkstücke ebenso wie der Grad der Vernetzung und Verknüpfung immer vielfältiger und komplizierter werden, besteht ein enormer Bedarf an Fachkräften, die mit Geschick, Ausdauer und Fleiß solche Präzisionsarbeiten leisten. Je mehr der Mensch körperliche und geistige Arbeit von Maschinen verrichten läßt, um so mehr ist *Feinmechanik* gefragt. Der »mechanische Mensch« – der Computer – ist nach dem zeitlich begrenzten »Perpetuum mobile« konstruiert und gestaltet. Er wird seine Dienste nur tun, wenn sein Schöpfer hinter ihm steht und ihn lenkt, leitet, überwacht und bei Störungen wieder in Gang setzt.

Zu den speziellen Eignungsberufen der Jungfrauen sind alle jene zu zählen, die mit *Dienen am Menschen* im weitesten Sinne zu tun haben. Der Begriff »Dienen« hat heutzutage vielfach zu Unrecht einen schlechten Beiklang. Dabei ist das von Demut abgeleitete Dienen eine der höchsten und wertvollsten Tugenden, die Menschen haben können; ohne sie würde keine Gesellschaft existieren können. Diejenigen, die Dienen echt praktizieren, besitzen oft besonders viel Würde und Hochachtung, in der Regel haben sie auch materiellen Erfolg. Von der geistig-seelischen Einstellung einmal abgesehen, zählen dazu wesentliche Grundeinstellungen, unter anderen auch die der Unbestechlichkeit und Uneigennützigkeit. Dienen heißt, die Sache anderer zu seiner eigenen zu machen und treuhänderisch damit umzugehen; *Minister* sind eigentlich Diener, alle *geistlichen Berufe* sind es, ebenso wie *Ärzte, Krankenschwestern* und die vielen anderen *sozialen Berufe.*

Der Einstieg in derartige Berufe erfolgt bei Jungfrau-Geborenen nicht über Herz und Mitleid, sondern über Verstand und Pflichtgefühl. Das gilt gleichermaßen für Männer wie Frauen. Deshalb fühlen sich Jungfrauen auch dort am wohlsten, wo sie gleichsam mit dem Kopf dienen können. Da wir Berufe abhandeln, haben wir es mit Gelderwerb zu tun. Die Motivation zum Dienen steht für dieses Tierkreiszeichen durchaus mit dem Verdienen in engem Zusammenhang. Als *Mediziner* sehen wir Jungfrauen in der Chirurgie, als *Zahnärzte* oder *Dozenten der Medizin*, überall dort, wo in besonderem Maße Zuverlässigkeit, Gründlichkeit, Sauberkeit und ruhige Hände sowie ein umfassender Geist gefordert wird. Es ist eigentlich nicht das Geniale, das alles überragende Können, sondern die Kombination verschiedener Fähigkeiten, die den Jungfrauen Erfolge bringen; sie erdienen und erarbeiten sie, erhalten sie nicht durch spektakuläre Taten. Dazu ist Zeit nötig; deshalb könnte der Ausspruch, daß Zeit Geld sei, durchaus von einer Jungfrau geprägt worden sein. In einem Beruf, wo es viel Not und Leid gibt, wo Angst und Hoffnung dem Arzt in jedem Patienten einzeln begegnen, wo Heilung erwartet wird, helfen ruhige Nerven und überlegtes Handeln mehr als bloßer Zuspruch.

Dem Gedanken des Maßhaltens selbst eng verbunden, bringen sie in Berufen, die sich mit bewußter, kontrollierter Ernährung befassen, eine Menge Voraussetzungen für erfolgreiches Arbeiten mit; dabei ist es gleichgültig, ob sie in der Industrie, im Handwerk, im Handel (Reformbereich), der Gastronomie oder in der Beratung tätig sind. *Diätassistenten* beziehungsweise *Diätassistentinnen* müssen über ein sehr gründliches Wissen bezüglich der Zusammensetzung der

Nahrungsstoffe und ihrer Wirkung auf den menschlichen Organismus besitzen. Erfolge stellen sich nur ein, wenn genaue Anweisungen gegeben und exakt befolgt werden. Disziplin ist gefordert, zuweilen auch eine gewisse Strenge. Entscheidend sind die Zusammenstellung der Nahrungsmittel, Folge, Ablauf, Dauer und Abstimmung auf den Zweck der Diät. Nur gute Beratung schafft Vertrauen, erreicht Wirkung und macht zufrieden. Die Chance für Jungfrauen, in diesem Beruf erfolgreicher zu sein als andere, geht auf ihre spezielle Veranlagung zurück; sie sind sachlich, besonders sorgfältig, wissensinteressiert, naturverbunden, nutzenorientiert und verdienstmotiviert.

Jungfrauen sind zu den guten *Verwaltungsfachleuten* zu zählen. Gleichgültig, welche Grundausbildung sie haben, ob eine Lehre in Administration oder Wirtschaft, ob in Nationalökonomie oder Juristerei, sie werden durch ihre Grundveranlagungen in besonderer Weise schon während der Lehr- und Studienzeit auf die wichtigsten Tatbestände und Erfolgskriterien hingelenkt. Was andern als trocken und langweilig erscheint, ist für sie von lebendiger Faszination. Ineinandergreifende Ablaufprozesse optimal zu steuern, diese minutiös an- und einzupassen, Leerlauf zu vermeiden, kostensparende Abläufe zu ermöglichen und mit geringstem Aufwand zu wirtschaften, ist ihnen schlichtweg angeboren. Sie brauchen und dürfen nicht zur Sparsamkeit angehalten werden, sie verkörpern das Kostenmanagement. Sie laufen eher Gefahr, zuwenig als zuviel auszugeben, notwendige Investitionen zu unterlassen und die Qualität zugunsten von Absatz, Umsatz und Ertrag zu vernachlässigen. Der Trend zu großen Gebilden in Staat und Wirtschaft kommt den Jungfrauen sehr entgegen. Je größer und komplizierter Administrationen werden, um so wohler fühlen sich Jungfrauen; denn sie haben und behalten den Durchblick, sind fähig, nahezu alles zu administrieren. Da sie selbst wie Computer agieren, haben sie keinerlei Probleme, solche einzusetzen und für sich arbeiten zu lassen. Da sie Detaillisten sind, ist für sie und andere darauf zu achten, daß sie sich nicht in Unwesentliches verlieren und die Administration zum Selbstzweck erheben. Dieser Zustand administrativer Perfektion mag in sich geschlossen höchst wirtschaftlich und auch effizient sein; er kann jedoch zu Sterilität, Verkrustung und zu dem führen, was als Bürokratie bekannt ist und die Menschen demotiviert und ineffizient macht. Diese Gefahr gilt natürlich für jede Art von Tätigkeit; sie kann zum Spezialistentum führen und die Vernetzung mit anderen Berufsausübungen schmälern oder verhindern. Die Aufgabe, Mammutunternehmen jeglicher Art zu managen, ist ideal für die tüchtigen, erfolgsbewußten Jungfrauen.

Ein Eignungsberuf, bei dem Jungfrauen auf Anhieb nicht vermutet werden, der ihnen nach eigenen Angaben aber liegt und Spaß macht, ist der der *Schneiderin* beziehungsweise des *Schneiders*; in engem Zusammenhang damit steht der Beruf als *Einkäufer* oder gar *Modemacher*. Analysieren wir jedoch die Fähigkeiten, die für diese Branche nötig sind, entdecken wir viele der uns schon bekannten Veranlagungen und Talente, die Jungfrauen besitzen: Liebe zum Detail, Genauigkeit und Geduld, sitzende Tätigkeit auf engstem Raum (Schneidersitz) auf lange Zeit, kein drängendes Bedürfnis nach Unterhaltung und Abwechslung, das Vermögen, mit sich selbst und seiner Arbeit beschäftigt zu sein, die Vorstellungskraft für Formen und Farben, ihr Sinn, zu Diensten zu sein, den Wünschen der Kunden zu entsprechen, ihnen nicht den eigenen Stil aufdrängen zu wollen. Geschneidert, eingekauft, modelliert und entworfen wird, was gefällt. Die Meßlatte für Jungfrauen ist und bleibt in jedem Beruf, den sie ausüben, der sich in Geld ausdrückende Erfolg. Niemand soll sich deshalb wundern, wenn ein Schneider oder eine Schneiderin zu einem guten, entsprechend teuren Stoff rät, wenn ein Einkäufer gute Ware zu niedrigen Preisen, dafür in größerer Menge einkauft, wenn ein Designer vergleichsweise billige

Stoffe so gestaltet, daß sie wertvoller wirken und mehr einbringen. Dieses Bemühen, für sich selbst gut zu wirtschaften, ist offensichtlich; es ist durch und durch reell und keineswegs darauf angelegt, den Kunden und Käufer zu hintergehen oder gar zu betrügen. Es ist den Jungfrauen wesensfremd, andere reinzulegen. Auf dererlei Methoden können sie ihre Geschäfte nicht aufbauen. Das ändert nichts an ihrem Bemühen, dem Kunden alles zu verkaufen, was in der gegebenen Situation möglich ist; ein legitimes Recht, wie wir meinen.

Grundsätzlich haben Jungfrauen Zugang zu jeder Art von Geldgeschäften. Ihre besondere Eignung liegt wohl im *Kreditwesen*, wo Erfolge noch stärker als anderswo auf Vertrauen basieren. Die Beleihung setzt bekanntlich eine gründliche Prüfung von Geschäftswerten in rein materiellem Sinn voraus. Vorsicht ist oberstes Gebot. Wenn Zaudern erlaubt ist, dann sicher in diesem Geschäft; ein nochmaliges Überdenken ist notwendig und gefordert. Bonität hängt jedoch oft mehr von den Wertschöpfungsmöglichkeiten, von den Chancen der Vermarktung, vor allem aber von den betreibenden Personen einer Unternehmung ab. Es kann nicht verkehrt sein, mit kritischem Geist an eine solche Bewertung heranzugehen, mit einem Schuß Mißtrauen alles zu prüfen. Schon die Einstellung, kein Geld verlieren zu wollen, die den Jungfrauen eigen ist, kann sehr hilfreich für diesen Beruf sein. Jedenfalls werden sie sich hier wohl fühlen und gute Leistungen bringen.

Bei Jungfrauen besteht großes Interesse für den *juristischen* Beruf. Bei unserer Umfrage liegen sie an der Spitze bei den Männern, gefolgt von Skorpionen und Steinböcken; bei den Frauen sind Skorpione vorn, die Jungfrauen folgen auf dem zweiten Platz, und auf Rang drei finden wir wieder die Steinböcke. Die Eignung der Jungfrauen für das juristische Studium und die Ausübung dieses Berufes geht auf viele Faktoren zurück. Sie haben ein phantastisches Gedächtnis, damit eine besonders hohe Merkfähigkeit. Speichern kann man nur, was zuvor aufgenommen und gelernt worden ist. Jungfrauen sind genau und gründlich, um nicht zu sagen pingelig; vor allem aber lernen und speichern sie differenziert und selektiert und werden so in den Bereichen, in denen sie beruflich tätig sind, zu Spezialisten. Je umfassender und je genauer das Wissen, um so leichter ist es objektbezogen zusammenzuführen, zu kombinieren und zu vernetzen. Nicht Wissen, sondern Mehrwissen ist Macht und gibt in Rechtsfragen die Überlegenheit, Standpunkte effizient zu vertreten. Jungfrauen lesen gerne und viel. Ohne diese Neigung und Fähigkeit ist der juristische Beruf in keiner seiner Varianten, ob als Richter, Staatsanwalt, Verteidiger, Wirtschafts- oder Verwaltungsjurist oder Notar möglich. Dazu sind Geduld und Ausdauer unabdingbar, vor allem aber Konzentration. Es gibt Menschen, die schon nervös werden, wenn sie Bücher oder gar Akten sehen; Jungfrauen bekommen »feuchte Augen« und empfinden Gefühle von Glück und Zufriedenheit. Ungeduld verspüren sie höchstens in der Erwartung, dies alles möglichst bald zu lesen. Jungfrauen können treffend formulieren. Denn für sie bedeutet »gut« inhaltlich korrekt und überzeugend. Ihnen kommt es weniger auf Pointen an, als auf die sachliche Darstellung. So sind von Jungfrauen verfaßte Reden auch schriftlich ausgesprochen gut lesbar. Wir finden die Jungfrauen häufiger als *Wirtschafts-* oder *Verwaltungsjuristen* und *Notare*, weniger als Strafverteidiger oder Richter.

Obwohl Jungfrauen gerne mit dem Kopf arbeiten, sind sie auch in handwerklichen Gewerben tätig; als *Metzger* oder *Bäcker* nehmen sie in unserer Umfrage die ersten Plätze ein. Auch unter den *Köchen* sind sie auf einem vorderen Platz vertreten, gefolgt von den Krebs-Männern. Unterstellen wir, daß jedes Tierkreiszeichen diese handwerklichen Berufe erlernen kann, so sind es vor allem zwei Gründe, die den Jungfrauen in diesen Berufen ihre Erfolge bringen: Sparsamkeit und Bereitschaft zu Dienstleistung. Ein guter Einkauf, eine sorgfältige ausgeklügelte Verwertung und Weiterverarbeitung der Waren und Gerichte in hygienisch einwandfreier Qualität sind Grundlage für profitable Geschäfte. Jungfrauen sind bekanntlich sehr auf Reinlichkeit und Sauberkeit bedacht; sie haben es gern aseptisch rein. Damit sind sie prädestiniert für solche Berufe, wo es auf größte Sauberkeit ankommt. Kommt dann noch der Aspekt der Dienstleistung hinzu, die sich nicht im Verbalen erschöpft, sondern die Ware begleitet, wird verständlich, weshalb Jungfrauen Berufe wie Bäcker, Metzger oder Koch als Eignungsberufe für sich in Anspruch nehmen.

Die rational geprägten Jungfrau-Männer überlassen nicht gerne etwas dem Zufall. Sie sind sehr interessiert an den gesellschaftlichen Prozessen und Strukturen, an den Motiven der Menschen, die die Gesellschaft ausmachen, in der auch sie leben. Ihrem Wesen gemäß gehen sie an solche Aufgaben wissenschaftlich heran und studieren *Psychologie* oder *Soziologie*, je nachdem, ob sie das Einzelwesen oder die Gemeinschaft mehr interessiert. Während Krebse und Fische, die diesen Berufen auch gerne und mit Erfolg nachgehen, mehr vom Gefühl her und durch intensive Beschäftigung mit Menschen zu ihren Ergebnissen und Leistungen kommen, verfahren die Jungfrauen rational, messen in einer idealtypischen Betrachtungsweise die Abweichung zur Norm, interpretieren sie und versuchen, durch bewußtes Lenken diese Abweichungen, sei es von Individuen oder Gemeinschaften, zu korrigieren. Es ist eine Spezialität der Jungfrauen, in Psychologie und Soziologie wissenschaftliche Methoden und Systeme zu entwickeln, die ein systematisches Vorgehen überhaupt erst ermöglichen; Jungfrauen werden sich auch gern der vorhandenen technischen Geräte bedienen, um zu objektiven Ergebnissen zu kommen.

Jungfrauen zählen zu den Bewahrern, sie leben in und mit der Geschichte. Sie interessieren sich für Kulturen und deren Zeugnisse. Weibliche Jungfrauen halten unter den *Archäologinnen* die Spitzenposition, männliche stehen hinter den

Waagen auf Platz zwei in diesem Metier. Großes Wissen, Behutsamkeit, Denken in Analogien und akribische Sorgfalt für jedes Detail, Ausdauer und körperliche Fitness bringen auch hier die Erfolge für die Jungfrau-Geborenen.

Das soziale Engagement der Jungfrauen richtet sich bei Männern und Frauen gleich stark auf die *Sozialarbeit*. Für diesen Beruf fühlen sich viele von ihnen in deutlich höherer Zahl als andere Sternzeichen geeignet. Sozialarbeit ist für sie Unterstützung und Hilfe zur Selbsthilfe. Sie ist breit gefächert und erstreckt sich nahezu auf alle Lebensbereiche der Menschen. Die konstruktiv-aufbauende Art der Jungfrauen, ihre angeborene Zurückhaltung, ihre Geduld, nicht zuletzt auch ihr Beratertalent, sind gute Voraussetzungen, um den Beruf des *Sozialarbeiters* beziehungsweise der *Sozialarbeiterin* hervorragend auszufüllen. Die innere Bereitschaft zum Dienen kann für einen solchen Beruf zum Schlüssel erfolgreicher Tätigkeit werden. Hier sind Menschen am Werk, die weder mitjammern noch überheblich agieren, Menschen mit Verständnis und Bereitschaft zur tätigen Nächstenliebe.

Auf den medizinischen Beruf haben wir bereits hingewiesen. Dies betraf vor allem die männlichen Jungfrauen. Die Frauen besitzen gute Eignungen als *medizinisch-technische Assistentin*, kurz MTA genannt. Jungfrauen nannten diesen Berufswunsch nahezu doppelt so häufig wie die an zweiter und dritter Stelle folgenden Sternbilder Löwe und Widder. Nehmen wir ihr Votum für den Beruf der *Laborantin* dazu, für den sie sich ebenfalls überdurchschnittlich häufig entschieden haben, dann wird diese Eignung noch unterstrichen. Ihre Stärken, zu denen ihre Zuverlässigkeit, ihre penible Sauberkeit, ihre Ruhe, ihre Einstellung zu Teamarbeit, ihr Wissensdrang und ihr Lernfleiß, ihr phänomenales Gedächtnis und nicht zuletzt ihr Mitdenken gehören, machen sie für diese Berufe geeignet. Sie konzentrieren sich auf die Sache und die Arbeit, die sie zu verrichten haben; auf Bedeutung und Ansehen legen sie Wert, nicht aber auf Macht und Geltung.

Attraktive Berufe für viele weibliche Jungfrauen, etwas abgeschwächt auch für Männer, sind *Goldschmied* und *Designer*. In beiden Berufen liegen die weiblichen Jungfrauen an der Spitze all derer, die diese Berufe gerne ausüben möchten. Es sind zwei gänzlich verschiedene Berufe, obwohl die Goldschmiedin nach einem Entwurf oder Modell arbeitet, das heißt, ein Design braucht. Der Sektor, in dem Designer arbeiten, ist so umfassend, daß es bereits ausgesprochene Spezialisten gibt, die beispielsweise nur Graphikdesign oder nur Formdesign entwerfen.

Der Beruf der *Photographin* verlangt andere Fähigkeiten, hat aber dennoch mit den zuvor genannten Berührungspunkte, die nicht nur im künstlerischen Bereich liegen; da dürfte der Beruf der *Bildhauerin*, den die Jungfrauen ebenso gerne ausüben möchten, schon näher liegen.

Unsterbliche der Weltgeschichte, die unter dem Tierkreiszeichen der Jungfrau geboren sind, zeichnen sich aus durch Geist und Geschäftssinn. Selbst ein Universalgenie wie JOHANN WOLFGANG VON GOETHE (28.8.1749) hat wegen eines Groschens, wie in Eckermanns »Gesprächen mit Goethe« nachzulesen ist, einen Prozeß geführt; er war während seines Lebens mit Geld und Finanzen wohlvertraut. Sein großer Gönner, Förderer und Freund KARL AUGUST VON WEIMAR (3.9.1757) war ebenfalls eion Jungfrau-Mensch. Von LUDWIG XIV. (5.9.1638) ist bekannt, daß er mit einem besonderen Wirtschaftssystem, das als Basis der Nationalökonomie angesehen werden kann, sein Land zu Wohlstand und Reichtum führte. England verdankt seinen Aufstieg zur Weltmacht Queen ELIZABETH I.(7.9.1533), die in ihrer vierundvierzigjährigen Regierungszeit mit Selbstdisziplin und Härte ihr Volk regiert und die wirtschaftlichen Grundlagen für das künftige Empire geschaffen hat. Das nach ihr benannte Elisabethanische Zeitalter war auch eine wissenschaftliche und kulturelle Blütezeit in England (Shakespeare!).

Was Jungfrauen wirtschaftlich zu leisten vermögen, zeigt

KÄTHE KRUSE (17.9.1883), die, an den Rollstuhl gefesselt, nicht verzweifelte und sich von anderen versorgen ließ, sondern sich beschäftigte: Sie entwarf Puppen und erfreute die Kinder so sehr, daß daraus ein weltweites Geschäft wurde. Königin WILHELMINE (31.8.1880) von Holland war nicht nur beliebt bei ihren Landsleuten, sondern galt als außerordentlich tüchtig. Bei der Dichterin LOUISE COLET (15.9.1810) weiß man nicht, ob man ihre Intelligenz, ihre Schönheit oder ihre Geschäftstüchtigkeit mehr bewundern soll. Ähnliches ist von berühmten Filmschauspielerinnen wie ASTA NIELSEN (11.9.1881), GRETA GARBO (18.9.1905) oder SOPHIA LOREN (20.9.1934) zu sagen. Von einer der größten Briefschreiberinnen aller Zeiten, ELISABETH ROWE (11.9.1674), wird überliefert, daß sie von überwältigender Schönheit war, ebenso wie ANNA VON ÖSTERREICH (22.9.1601), die Mutter LUDWIGS XIV., die sich mit schönen Frauen umgab.

Die hübsche CHARLOTTE CORDAY (27.8.1768) wollte dem sinnlosen Blutvergießen der französischen Schreckensherrschaft ein Ende setzen und tötete Marat, wohl wissend, daß sie selbst sterben müsse. Das ist eher eine Ausnahme, denn Jungfrauen lieben die sanfte Gewalt, kämpfen mit Charme und Geist. Die Schriftstellerin HENRIETTE SCHRADER (14.9.1827) gründete die erste Kindergärtnerinnenschule; EMILIE LEHMUS (30.8.1841), die erste deutsche Medizinstudentin, bestand mit »summa cum laude« ihren Doktor an der Universität Zürich und war darüber hinaus noch eine gute Pianistin. Es ist nicht möglich, alle diese geistreichen Frauen in Literatur und Dichtung zu nennen; stellvertretend einige wenige: ANNA MARIA VON SCHÜRMANN (5.9.1607), CAROLINE SCHLEGEL (2.9.1763), HEDWIG DOHM (20.9.1833), MARIE VON EBNER-ESCHENBACH (13.9.1830). Berühmte Jungfrauen sind die Autorin INA SEIDEL (15.9.1885) sowie EDITH SITWELL (7.9.1887) oder die mit Heuß befreundete Schriftstellerin und Frauenrechtlerin GERTRUD BÄUMER (12.9.1873). Nicht zu vergessen RUTH SCHAUMANN (24.8.1899), die sich neben der

Dichtkunst mit Bildhauerei und Glasmalerei einen Namen machte; schließlich sollten die Malerin IDA KERKOVIUS (31.8.1879), im Dritten Reich als »entartet« verfemt, und die Tänzerin MARY WIGMAN (13.9.1886), die viele beeinflußte, nicht unerwähnt bleiben.

Der römische Kaiser MARCUS ULPIUS TRAJAN (16.9.53) war ein tatkräftiger Mann, der Städte baute, Kanäle zog, Kolonien eroberte, wirtschaftlich also außerordentlich erfolgreich war und durch Weitsicht und Pflichterfüllung auffiel; er untersagte, die Christen zu verfolgen. JEAN-BAPTISTE COLBERT (29.8.1619) war ein ausgezeichneter Wirtschafts- und Finanzexperte; er finanzierte über neue Methoden der Geldschöpfung Prunk und Kriege des Sonnenkönigs LUDWIG XIV., der selbst viel von Finanzen verstand. Dieser Finanzminister kann als Mitbegründer des Kapitalismus angesehen werden. Daß er als Jungfrau dabei selbst nicht schlecht wegkam, zeigt die Tatsache, daß er bei seinem Tod zehn Millionen Livres hinterließ. FRANZ JOSEF STRAUSS (6.9.1915) ist nicht nur als guter Redner, sondern auch als Finanzfachmann bekannt.

Es ist kein Zufall, daß HERMANN SCHULZE-DELITZSCH (29.8.1808) das Kleingewerbe organisierte und eine Volksbank gründete, die bis heute erfolgreich operiert. Der Feinmechaniker CARL ZEISS (11.9.1816) stellte ein Mikroskop her und wurde Mitbegründer eines Weltunternehmens; ROBERT BOSCH (23.9.1861) errichtete feinmechanische Werkstätten und wurde nicht nur durch seine Produkte, sondern auch seine sozialen Taten berühmt. FERDINAND PORSCHE (3.9.1875) konstruierte Autos, die Daimlers Aufstieg begründeten. Von wem anderem als einer Jungfrau könnte ein Volkswagen erdacht und konstruiert werden! Dennoch verbindet sich sein Namen mit einem der luxuriösesten und begehrtesten Autos, dem Porsche.

Jungfrauen haben die Begabung optimaler Ausnutzung und Ausschöpfung; sie handeln nach dem ökonomischen Minimumgesetz, mit geringsten Mitteln einen bestimmten Erfolg zu erzielen. Wir finden viele Meister des Denkens und der Sprache unter ihnen: JOHANN GEORG HAMANN (27.8.1730), den Philosophen der Sprache, JOHANN GOTTFRIED VON HERDER (25.8.1744); den Philosophen JEAN JAURÈS (3.9.1859), MOSES MENDELSSOHN (6.9.1729) oder JULES ROMAINS (26.8.1885). Nicht zu vergessen den überragenden Denker JOHN LOCKE (29.8.1632), den Begründer des psychologischen Empirismus und Vater neuer Erziehungsmethoden, schließlich den Philosophen GEORG WILHELM HEGEL (27.8.1770), der den Idealismus vollendete und die Methode des dialektischen Erkennens schuf.

Wenn sie schreiben oder dichten, sind sie außergewöhnlich, wie LEO NIKOLAJEWITSCH TOLSTOI (9.9.1828), der sich kritisch mit seinen zeitgenössischen Problemen in Romanen und Erzählungen befaßte, ein Genie, das die Grenzen seiner Erziehung und seines Landes überwand und in ganz Europa gelesen wurde – und wird. Ein Sonderling war WILHELM RAABE (18.9.1831); wie er gingen auch THEODOR STORM (14.9.1817), wie sein »Schimmelreiter« und andere Erzählungen und Gedichte zeigen, und FRANZ WERFEL (10.9.1890) anspruchsvolle Themen an, die sich in einer eigenen dichterischen Sprache äußern. Bezeichnend der Ausspruch Werfels: »Größe gibt es nur gegen die Welt, niemals mit der Welt.« Jungfrauen besitzen eine starke Hinwendung zur Natur und zu dem Ursprünglichen, Unberührten. Wir finden diese Beziehung nicht nur in den Gedichten des Lyrikers EDUARD MÖRIKE (22.9.1804) oder HERMANN LÖNS (29.8.1866), dem Dichter von Natur und Jagd, sondern auch bei ALEXANDER VON HUMBOLDT (14.9.1769), einem universalen Geist und Naturforscher.

Zu nennen sind weiter der Vogelforscher und Mediziner ALOISO LUIGI GALVANI (9.9.1737), der Physiker und Naturforscher HERMANN VON HELMHOLTZ (31.8.1821), der den Augenspiegel erfand; ferner FRIEDRICH RATZEL (30.8.1844), Begründer der modernen Geopolitik, und der Afrikaforscher HERMANN WISSMANN (4.9.1853).

Die Komponisten ANTON BRUCKNER (4.9.1824) und ANTON DVOŘÁK (8.9.1841) beeindrucken durch ihren Einfallsreichtum und ihre Liebe zum Detail sowie ihre musikalische Ausdruckskraft menschlicher Regungen. Bei der Nennung weltberühmter Jungfrauen dürfen wir den Begründer der Nachrichtenzeitung »New York Herald«, JAMES GORDON BENNET (1.9.1795), sowie den großen Regisseur MAX REINHARDT (9.9.1873) nicht vergessen.

7
Waagen: Harmonisierer und Darsteller
24. September – 23. Oktober

Waage-Menschen haben Geschmack, besitzen ein ausgeprägtes ästhetisches Empfinden. Mit ihrem ganzheitlichen, alles umfassenden und einbeziehenden Betrachtungsvermögen wirken sie auf ihre Umwelt harmonisch und ausgleichend. So ist auch ihr Wesen; sie sind reizend, aber nicht aufreizend, charmant, aber nicht arrogant, zurückhaltend, aber nicht verhaltend, sie sind ruhig und gelassen, aber nicht langweilig, wirken locker und entspannt. Sie hassen Streit, suchen immer den Ausgleich, ohne dabei Wesentliches aufzugeben. Sie handeln gemäß dem aus dem Lateinischen übertragenen Sprichwort: »Hart in der Sache, weich in der Art.« Ihr Sinn für alles Schöne ist nicht auf Werten und Beurteilen beschränkt, sie haben auch die Begabung, dieses Empfinden kreativ umzusetzen.

Waage-Menschen sind immer wertorientiert, nie geld- oder vermögensorientiert; für sie gilt weniger der Geldwert eines Bildes, einer Plastik, eines Hauses, als vielmehr der ästhetische, der künstlerische Wert. Sie freuen sich an der Wirkung, die dieses Gut auf sie und andere ausstrahlt. Formulierungen sind ihnen so wichtig wie Inhalte. Obwohl sie ihrer Ruhe und Gelassenheit wegen inaktiv wirken können, arbeiten sie hart und zuweilen besessen. Sie brauchen diesen Fleiß um so mehr, je mehr Zeit sie sich zum Plänemachen nehmen; um so intensiver sind sie dann optimierend tätig.

Waagen sind vom Planeten Venus beherrscht, in der Welt der griechischen Götter sind sie der Aphrodite, der Göttin der Liebe, der Schönheit – der Venus der Römer –, verwandt.

Die Waage regiert das siebente Haus. Astrologisch gesehen handelt es sich um Lebensgemeinschaft und Öffentlichkeit, Gerichtsbarkeit eingeschlossen. Diese Tatsache unterstreicht das gerechte, ausgleichende und harmonisierende Wesen der Waage. Weder eine Lebensgemeinschaft, noch eine Gesellschaft können ohne diese Eigenschaften bestehen. Hinzu kommen der Sinn für Schönheit, Glanz, quasi eine Abstrahlung des »göttlichen Empfindens«, der Wunsch, gut zu sein und zu handeln. Sie sind dazu geboren, Freude zu bringen, die menschliche Seele von Ängsten zu befreien, von der Gier nach Gut und Geld abzulenken hin zu den lichten Gefilden der Phantasie und Träume.

Alle Berufe, die mit Ästhetik, Anmut, Harmonie, Geschmack und Kunst zu tun haben, sind geeignet für Waage-Menschen:

Als *Tänzer*, einzeln oder paarweise, ob klassisch oder modern, als *Ballerina* oder *Vortänzer*, bewegen sie sich traumhaft leicht wie eine Feder im Takt der Melodien, Klänge und Weisen. Ihre angeborene Musikalität läßt sie Schwingungen offenbar leicht aufnehmen und körperlich umsetzen; sie drücken Musik gleichsam mit der Sprache ihres Körpers aus. Den Beschauer bezaubert die Darstellung der Einheit von Klang und Körper in freier Anmut. Die Ganzheit beeindruckt, oft läßt sich eine solche Darbietung mit Worten nicht wiedergeben; es ist eher ein Gefühl und bleibt ein Erlebnis, das beglückt und in unserer Phantasie weiterlebt, wo es bildhaft immer wiederkehrt. Dieses Naturtalent der Waage-Menschen kann jeder nachvollziehen, wenn er sich mit einer Waage-Frau beziehungsweise einem Waage-Mann auf eine Tanzfläche begibt. Es wird immer eine Freude sein, auch dann, wenn man nur zusieht. Wenn Waagen in diesem Metier trotz Begabung scheitern, dann liegt es an der Pflicht, niemals an der Kür.

Tanzlehrer im Zeichen der Waage unterrichten mit der ihnen eigenen Ausstrahlung; sie vermitteln das Schöne und zeigen es mit gekonnten Schritten und Ausdrucksformen. Es geht ihnen dabei mehr um den Sinn des Tanzes als um die Fertigkeit, einen Fuß vor oder hinter den anderen zu setzen. So wird Tanzen zur Befreiung und Freude, zum Spiel weitab von Etikette und gesellschaftlichem Muß. Diese Philosophie des »Freitanzens« ist in unserer reizüberfluteten Welt bereits zur wirksamen Therapie bei Kranken geworden. Wieviel besser ist es, diese Möglichkeit zu nutzen, wenn man gesund ist und Spaß hat!

Waagen werden immer mehr als nur das Tanzen an sich lehren. Richtige Kleidung, Umgangsformen, Haltung und immer wieder Harmonie und Vermittlung von Freude wird ihr Lernziel sein, sie haben ein Auge für das Individuum. Sie versuchen, seine Fähigkeiten möglichst umfassend zu entwikkeln. Sie wollen nicht zwingen und pressen, sie streben nach der Selbstverwirklichung des einzelnen durch ihn selbst, sie zeigen auf und formen, werden aber niemanden zu einer Leistung zwingen, die dieser nicht erbringen mag. Talente haben bei ihnen besondere Chancen, da sie ein Auge für Können auf diesem Gebiet haben und weil es ihnen Freude macht, Begabte zu fördern. Wir sehen Waagen als *Formationstrainer, Choreographen, Ballettmeisterinnen* und *-meister*, dort also, wo es auf Präzision und letzte Feinheiten ebenso ankommt wie auf Neues in Ausdruck und Form. In der breitgefächerten Lehrtätigkeit an Schulen, Universitäten und weiterbildenden Stätten sind Waagen überall dort engagiert und bringen Leistungen, wo sie mit Kunst zu tun haben: Kunstgeschichte, Zeichenunterricht, Musik, Germanistik, aber auch Jura sind ihre Gebiete. Im Umgang mit Kindern werden sie ebenso wie mit Erwachsenen durch ihre distanzierte Haltung gewisse Probleme haben; dies hindert sie jedoch nicht, Bindungen und Beziehungen herzustellen, wie sie zwischen Schülern und Lehrern notwendig sind. Ihr angenehmes Wesen und ihre gerechte, leistungsbezogene Bewertung von Arbeit sind wohltuend. Jeder weiß, daß er die Zensur erhält, die er verdient.

Die Beziehungen zwischen Schüler und Lehrer laufen stärker über den Verstand als über das Gefühl, damit weniger über Mögen oder Nichtmögen. Diese platonisch-abstrakte Bindung läßt beiden Teilen ihre Freiheit, menschliche Abhängigkeit und alle denkbaren Handlungsformen bleiben aus. Seelischer Druck und Frustration können kaum vorkommen, denn jeder in der Beziehungskette bestimmt sein Schicksal selbst. Die hohe Achtung vor der Intimsphäre des andern ist der echten Wissensvermittlung eher dienlich, da sie den Verstand fordert und den Geist trainiert; Begabungen werden entdeckt und gefördert. Solche auf gegenseitiger Achtung und Anerkennung beruhenden Beziehungen sind oft dauerhafter als rein emotionale; die Lehrtätigkeit kann für beide Seiten erfolgreich und glückhaft sein.

Waagen eignen sich sehr gut für den Beruf des *Diplomaten*. Ihr guter Geschmack, ihre sicheren Umgangsformen, ihre Stimme, ihr Ton, ihr Lächeln, ihre Haltung, die Art des Auftretens und ihre Fähigkeit, Konversation zu betreiben, sind ebenso gute Voraussetzungen für eine solche Tätigkeit wie ihre Kompromißfähigkeit, die aus ihrem permanenten Harmonisierungsbemühen resultiert. Breites Wissen und gekonnte Formulierungsbegabung in wechselnder Szenerie sind ihre Stärken. Waagen lieben das Umfeld, das Milieu, das Drum und Dran, das Klima und Parkett dieser diplomatischen Bühne. Gespräche mit geistreichen Menschen der verschiedensten Nationen über Kultur, Zivilisation und das Leben an sich zu führen, macht ihnen Freude und schafft oder festigt Beziehungen. Das ist die Welt, die sie lieben: ein wenig abgehoben von der Realität, zumindest aber vom Alltag, hineingerückt in Bereiche der Phantasie und doch kein Traum, sondern Wirklichkeit, mit einem Hauch Märchenhaftem – realer Glanz, keine glänzende Realität. Hier stimmt für die Waage-Menschen nahezu alles: brillierender Wissenstransfer, geschmackvolle Garderobe in glanzvollem Umfeld, Ästhetik und Geist. Was wollen Waagen sonst noch!

Wenn Andersfühlende und Andersdenkende dies alles als pure Hybris und kalte Arroganz empfinden und abqualifizieren, so entspricht dies nicht dem tatsächlichen Verhalten, nicht dem Wesen der Waage-Menschen. Sie tun Dinge nie vordergründig für oder gegen andere, sondern für sich selbst, und wenn es für sie eine Gefahr gibt, dann die des Narzißmus. Diplomat zu sein bedeutet natürlich nicht nur zu kommunizieren und schon gar nicht, nur in fremde Länder zu reisen; auch Diplomaten haben einen Alltag, gefüllt mit viel Administration und menschlichen Problemen, weitab von hoher Politik. Bevor sie als Diplomaten brillieren können, müssen sie selbst durch eine harte Schule gehen, viel lernen, hart arbeiten und dienen. Dennoch bleiben in diesem Milieu soviel Faszination und Sternstunden menschlichen Hochgefühls, daß sie als Waagen es immer wagen sollten, in diesem Beruf tätig zu werden.

Kaum ein Sternbild ist so abhängig vom Umfeld, der Atmosphäre wie das der Waage; das kann zu Leistungsabfall oder erheblichen Leistungssteigerungen führen – je nach Motivation. Wo arbeiten Waage-Geborene in der Wirtschaft? Natürlich da, wo auch Venus tätig sein würde: Hier ist die Waage gefordert, hier geht es um Geschmack, Schönheit, Harmonie im Geistigen wie im Materiellen, vom Entwurf bis zum Verbraucherinteresse. Zum Beispiel der *Designer*: Er braucht Geschmack, Phantasie und handwerkliches Können, um eine Zeitströmung zu erfassen, Lebensgefühle einzufangen und modellhaft umzusetzen in Schnitte, Muster, in Formen, Farben. Es ist einmal mehr die Harmonisierung von Menschen und Materie, die in vielfältiger Weise immer wieder neu gefunden und ausgedrückt werden muß. Schon in der Phantasie muß das fertige Bild des entstehenden Modells vorhanden sein, bevor es in der Zeichnung sichtbar wird, im Betonen und Weglassen, im Zuordnen und Auseinanderhalten, im Verhältnis der Details zur Ganzheit liegt die Kunst, die Kreation umzusetzen.

Waage-Menschen können nicht nur Kleider, Schmuck und Möbel entwerfen, sondern diese in Ausstellungen und Modeschauen auch vorstellen. Sicher muß ein *Mannequin* eine gute Figur haben und hübsch sein – doch weit bedeutender ist, ob es die »Botschaft« der Kreation übermittelt, die Kunden und Käufer zum Disponieren reizt, zum Kauf überzeugt. Posen und Art der Bewegungen auf dem Laufsteg wirken lebendig, anders als in den Medien. Der Charme der Waagen, ihre distanzierte Haltung und Coolness sowie ihre angeborene Neigung zum Wechseln von Kleidern, Schmuck und Gegenständen kommen einer guten Präsentation sicher entgegen. Fernsehen und Presse offenbaren stärker als eine Modeschau durch das Heranholen oder Festhalten von Details die Eignung zur Darstellung. Wesentlich wird immer sein, nicht sich, sondern die Objekte, für die geworben werden soll, zu verkaufen. Medienwirksames Auftreten spielt für den Beruf eines *Mannequins* eine große Rolle.

Nach unserer Befragung zählt *Public Relations* ebenfalls zu den Eignungsberufen der Waagen. Immer wieder sind es die Grundveranlagungen, die dieses Sternbild in Bereichen der Öffentlichkeitsarbeit erfolgreich tätig sein lassen. Die Astrologie hat ihnen das siebente Haus, das der Öffentlichkeit, zugewiesen, wo verständlicherweise Differenzen bereinigt, Streitigkeiten geschlichtet, Wohltaten gefördert und Balance gehalten werden muß. Obwohl dieses Bemühen zum Ausgleich in allen Menschen vorhanden ist, ist es für Waage-Menschen der Kern ihres Wesens, damit auch ihre Bestimmung. Kompromißfähigkeit setzt immer die Fähigkeit zur Distanzierung und ein Abheben zur Vogelperspektive voraus, nur von einem solchen Standort sind neutrale Betrachtung, Bewertung und Beurteilung überhaupt möglich. Zum Kompromiß gehört aber auch die Fähigkeit, eine neue, ausgewogene, akzeptierbare Linie zu finden. Bedeutsamer als das Schlichten ist für die Öffentlichkeitsarbeit die Vorwegnahme möglicher aufkommender Konflikte. Ehrliche, durch Fakten belegte, neutrale Informationen, frei von emotionaler Einbindung möglicher Eigeninteressen, objektivieren Beziehungen und geben der Ratio die Chance, in einem Konfliktfall einer oft unkontrollierten Emotion zuvorzukommen.

Phantasie, eine der Grundeigenschaft der Waagen, ermöglicht ihnen, ausgefallene Wege zu gehen, mit außergewöhnlichen Kommunikationsinhalten und -arten Menschen zu beeinflussen. Dabei sind es weniger gezielte Gags, die viel Wind machen, als vielmehr originelle, langzeitwirkende Ideen, die die Umwelt begeistern.

Der Traumberuf der Waage-Frauen ist *Floristin*; sie liegen in unserer Umfrage nach den Krebs-Frauen nahezu gleich an zweiter Stelle. Die Eignung der Waagen für diesen Beruf basiert auf ihrem guten Geschmack, ihrem Empfinden für Harmonie und ihrer Fähigkeit für Kompositionen. Auch in diesem Beruf gibt es, wie in allen anderen auch, Dilettanten und Meister; wo Waage-Menschen am Werk sind, wird kaum etwas auszusetzen sein. Sie brauchen weder Bücher noch Belehrung, sie tragen das nötige Rüstzeug in ihrer natürlichen Veranlagung; sie brauchen nur zu handeln. Sie besitzen ein Auge für das Ganzheitliche und erkennen auf Anhieb jede kleinste Disharmonie. Zu ihrem Sinn für Formen und Farben kommt auch ihre Liebe zu allem Natürlichen. Ihre Eignung zu diesem Beruf wird zusätzlich dadurch unterstrichen, daß Waage-Männer wie -Frauen eine große Liebe zur Gärtnerei haben. Sie teilen diese Einstellung mit den Stier-Männern und Wassermann- und Löwe-Frauen. Beide Berufe, Floristin und Gärtnerin, lassen sich sehr gut miteinander verbinden; für beide sind Augenmaß, eine ruhige, sichere Hand, Vorstellungskraft und Konzentrationsfähigkeit und spielerische Zuwendung nötig. Viele Menschen sind überzeugt, daß Pflanzen die Fürsorge und Liebe, die ihnen Menschen entgegenbringen, verstehen und spüren und entsprechend gut gedeihen sollen; die Waagen müssen wohl zu dieser Gruppe von Menschen zählen.

Waage-Männer und -Frauen haben in großer Zahl, häufiger als alle andere Sternzeichen für den Beruf als *Zeichner* votiert. Ihr Stilgefühl, ihre Fähigkeit, Vorstellungskraft und Phantasie so zu transformieren, daß Zeichnungen von höchster Präzision entstehen, kennzeichnen ihr Talent.

Der Markt für Touristik hat sich weltweit explosionsartig entwickelt, eine gute Chance für Waage-Frauen, die neben Zwillingen und Widdern viel Eignung für den Beruf der *Touristikkauffrau* mitbringen. Sie verstehen es, mit Charme und Geist Urlaubsstimmung zu vermitteln; Natur, Kultur und Zivilisation der verschiedensten Regionen und Länder zu erklären oder als *Reiseleiterin* auf Erholungs-, Bildungs- oder Erlebnisreisen dabeizusein. Sie mögen diesen Beruf, weil es bei dieser Tätigkeit immer darum geht, Dienstleistungen anzubieten und zu verkaufen. Touristik ist ein Geschäft, das mit viel Kontakt verbunden ist. Es ist in mancher Beziehung eine Traumwelt, in der die Phantasie sich frei entfalten darf, abgestimmt auf die Wünsche der Urlauber.

Ein recht beachtlicher Anteil von Waage-Frauen will nicht nur erzählen und verkaufen; sie legen Wert auf ein geregeltes Unterwegssein und werden *Stewardeß*. Sie sind überzeugt, daß sie diesen Beruf gut ausfüllen und daß er ihnen viel Spaß macht. Waage-Frauen haben bei unserer Umfrage doppelt so häufig wie die an zweiter Stelle liegenden Widder-Frauen diese Art der Beschäftigung ausgewählt. Die Ausbildung ist umfassender, als die meisten Passagiere es vermuten, und die Anstrengungen dieses Berufes sind beträchtlich. Doch Waage-Frauen finden sich in dieser Arbeitswelt auf Anhieb zurecht; ihr angeborener Charme macht es ihnen leicht, freundlich zu sein und angenehm zu wirken. Sie sind verträglich und haben ein ausgeglichenes Wesen, sind gelassen, strahlen Ruhe und Sicherheit aus. Fremde Sprachen geben ihnen selten Probleme auf; sie kapieren und reagieren rasch. Vom Arbeitsablauf und den zu verrichtenden Arbeiten abgesehen, die sie wie alle erlernen müssen, können sie sich so geben wie sie sind; sie halten die Balance und wirken harmonisch auf die Umgebung.

Löwinnen treten auf, Stier-Frauen bestechen durch ihre Majestät, Jungfrauen wirken durch Vergeistigung, Waage-Frauen aber spielen ihren natürlichen Charme aus. Insgesamt gesehen wurde der Beruf der *Schauspielerin* keineswegs als Traumberuf angesehen, wie man vielleicht hätte annehmen können. Nur knapp drei Prozent aller befragten Frauen würden im Falle freier Berufswahlmöglichkeit diesen Beruf wählen. Die Waage-Frauen liegen knapp vorn; sie mögen eine besondere Begabung aufgrund ihrer Ausstrahlung haben; zum Schauspielen gehört jedoch eine Art Besessenheit, die zu harter Arbeit motiviert. Genau hier liegt der Ansatz ihrer Erfolge, sie sind nicht ehrgeizig, aber unglaublich strebsam, wenn ihnen die Atmosphäre gefällt, wenn ihnen die Rolle liegt, sie sich mit dem Regisseur verstehen und das Ensemble passend ist.

Waage-Frauen zeigen eine deutliche Präferenz für den Beruf der *Journalistin*. Sie mögen und verstehen es, Meinung zu machen, in die Öffentlichkeit hineinzuwirken. Public Relations und Journalismus sind eng miteinander verknüpft, auch wenn jeder dieser Berufe spezifische Forderungen stellt. Wassermann- und Widder-Frauen, die ebenfalls gute Voraussetzungen für diesen Beruf mitbringen, agieren dennoch anders als Waagen. Sie werden ihrem Charakter gemäß handeln, direkt, hart und kompromißlos oder kritisch, progressiv und liberal; die Waagen machen das diplomatisch, geschickt und charmant. Die Schwerpunkte journalistischer Betätigung der Waage-Frauen liegen in den Bereichen von Kultur und Kunst.

Phantasie und abstraktes Denken ermöglichen Waage-Männern den Beruf des *Mathematikers*, für den sie sich signifikant häufiger als andere Sternzeichen ausgesprochen haben; mit Abstand folgen Krebse und Widder. Waage-Männer haben auch große Neigung zur Physik, wo sie hinter den männlichen Wassermännern die zweite Position einnehmen. Zahlenreihen mit Unbekannten und mehrdimensionale Zeichnungen können sie nicht in Verlegenheit bringen; für sie sind sie lösbar und lesbar, weil sie ein mathematisches Verständnis haben. Diese Fähigkeit hat nichts mit Rechnen zu tun. Damit haben sie gelegentlich sogar ihre Probleme, da sie aus Zerstreutheit und mangelnder Konzentration Flüchtigkeitsfehler machen. Sie lieben und brauchen die geistige Herausforderung; je komplizierter die Aufgaben, um so konzentrierter sind sie, um so unwahrscheinlicher ist es, daß ihnen Fehler unterlaufen oder daß sie keine Lösungen finden. Waage-Männer sind nicht nur in den Fächern Mathematik und Physik unter den Hochschullehrern zu finden. Sie stellen auch manchen *Dozenten der Medizin*. Dieser Beruf wurde übrigens mit Abstand am häufigsten von den akademischen Tätigkeiten von allen Tierkreiszeichen gewählt. Ihrem Wesen nach interessieren sich Waage-Männer in stärkerem Maße für medizinische Spezialgebiete wie Dermatologie oder Psychiatrie.

Waagen sind Ästheten; sie sind sehr interessiert an Kunst und Kultur. Sie schürfen gern tief und direkt an den Quellen; Waage-Männer würden, könnten sie sich frei entscheiden, auch gerne dem Beruf des *Archäologen* nachgehen; jedenfalls häufiger als jedes andere Sternzeichen. Ihnen geht es um die Sache, sie denken, bevor sie handeln; wenn sie handeln, tun sie es mit Bedacht. Sie graben nicht vorbei und zerstören nichts. Sie haben Zeit und lassen sich Zeit; sie eilen mit Weile und erreichen damit oft mehr, weil sie überlegter vorgehen. Sie legen frei, sie suchen nicht nach Schätzen, um reich zu werden. Sie erfreuen sich an den Funden und deuten, interpretieren ihren Sinn. Sie bewundern die Objekte und versuchen, in die Kultur vergangener Zeiten Eingang zu finden.

Gäbe es einen »absoluten Blick«, so wie es ein »absolutes Gehör« gibt, so müßten ihn die Waage-Männer haben. Sie sind die idealen *Photographen* und haben diesen Beruf für sich an die erste Stelle gesetzt; dahinter liegen dicht die Wassermänner. Beide sind Visionäre, die ganzheitlich erfassen, Realität in ein Bild transponieren können, das den richtigen Ausschnitt des Ganzen wiedergibt. Maßstab der Qualität für Aufnahmen für sie ist, ob und inwieweit Atmosphäre und Aussagekraft getroffen sind, ob es ein Photo oder ein Kunstwerk ist. Nicht Kamera, Technik oder Motiv, sondern der Photograph bestimmt mit seinem persönlichen Können das Niveau. Schon aus diesem Grund ist Photograph ein ernstzunehmender Beruf für Waagen, die als Perfektionisten solcherlei selbst nicht als etwas Besonderes ansehen, weil sie es für selbstverständlich halten.

Das *Schreinerhandwerk* besitzt für viele Männer eine starke Anziehungskraft. Über zehn Prozent der männlichen Erwerbstätigen in der Bundesrepublik Deutschland würden sich bei freier Berufswahl für den Beruf des *Schreiners* entscheiden und fühlen sich auch dazu talentiert, allen voran die Waage-Männer. Sie lieben es, zu modellieren, zu formen und zu bilden. Dabei ist ihnen das Material offenbar von sekundärer Bedeutung. Denn sie tun dics auch als *Dreher, Schlosser* und *Schmied*, ebenso wie als *Bildhauer*, der mit Metall, Stein oder Holz arbeitet. Bei allen diesen Berufen werden die Werkstoffe durch den Menschen individuell be- und verarbeitet. Sie bestimmen die Art und Qualität dessen, was geschaffen wird. Eigene Phantasie kann eingebracht und realisiert werden. Es ist möglich und erlaubt, sich selbst herauszufordern, an die eigenen Grenzen zu gehen. Die Nähe zum Ursprung ist trotz Vorarbeit immer noch gegeben, auch wenn das Holz kein Baum, das Eisen kein Erz, der Stein kein Steinbruch mehr ist; aber sie fühlen sich so an, riechen so und haben dieselbe Substanz. Rohmaterial hat den großen Vorteil, daß man es von toter Materie zu Leben gestalten kann. Zu diesen Arbeiten braucht man Vorstellungskraft, Harmonieempfinden, Schönheitssinn und Eigenwilligkeit. Über dies alles verfügen Waagen; deshalb sind alle diese Berufe gut für sie geeignet.

Männliche und weibliche Waagen halten sich für den Beruf des *Innenarchitekten* als besonders geeignet; zweifelsfrei besitzen sie eine natürliche Begabung dafür. Betrachten wir Einrichtungen in Privathäusern und öffentlichen Bauten, so wird es verständlich, daß viele Gestalter am Werk sind, ohne dafür den nötigen Geschmack zu haben. Stimmigkeit zu schaffen, die auf jeden Beschauer ganzheitlich wirkt, ist eben das, was wir Einrichtungskunst nennen. Waagen besitzen diese Fähigkeit in höherem Maße als andere Sternbilder.

Buchhändler ist ein guter Beruf für Waagen, wo sie ihre Neigung, Veranlagungen und Begabung umsetzen können. Von der Zusammenstellung des Sortiments über die Ladengestaltung bis hin zur fachmännischen Beratung ist interessiertes Engagement möglich. Sachkompetenz in diesem Bereich ist auch heute, im Zeichen der Selbstbedienung und des Vorverkaufs über die Medien, noch sehr gefragt; auf eine kenntnisreiche Beratung greift man gern zurück. Besonders ausgefallene Neuerscheinungen von jungen, weniger bekannten Schriftstellern, anspruchsvollere Werke, die sich an bestimmte Zielgruppen wenden, finden durch solche Buchhändler aus Leidenschaft, die nicht nur profitorientiert, sondern am Vertrieb guter Bücher interessiert sind, ihre Unterstützung.

Die Vermögen der Waagen, abstrakt zu denken, befähigt sie in hohem Maße auch für *administrative Tätigkeiten*, besonders in Staat und Wirtschaft. Dank ihres hohen Abstraktionsvermögens können sie Modelle und Systeme bilden, diese überblicken und überwachen. Mit sachlich-kühler Unbestechlichkeit, gleichsam als seien sie der Zahl und der Sache mehr verhaftet als den Menschen, treffen sie ihre von Verstand und Logik getragene objektive Entscheidung, wissend, daß sie letztlich dem Wohl der Menschen dient, für die sie wählen. Diese saubere, den Betroffenen gerecht werdende Lösung, die offenliegend und nachprüfbar ist, macht Waage-Menschen zu dem, was sie in Unternehmen und Öffentlichkeit oft auch sind: zu Führungspersönlichkeiten.

Wer könnte auch schon etwas haben gegen Verantwortliche, die nachweislich ohne Ansehen von Rang und Namen alle gleich und gerecht behandeln? »Wenn zwei das Gleiche tun, ist es nicht das Gleiche«, sagt der Volksmund und hat recht. Denn Waagen hinterlassen selten Frustration, eher schon Neid und Mißgunst, am häufigsten aber Achtung und Zuwendung. Ihre Eignung für administrative Aufgaben liegt auch in ihrer Gründlichkeit, die Waagen mitunter jedoch vermissen lassen, wenn bestimmte Tätigkeiten sie nicht interessieren. Ähnliches gilt auch für ihren Eifer, der, sind sie gelangweilt, deutlich nachlassen kann. Es wäre töricht und wirklichkeitsfremd, Waagen ausnahmslos nur dem Schönen, Guten, Edlen und Göttlichen verbunden zu zeigen; auch wir kennen Fälle – und die gibt es für jedes Sternbild –, wo Waagen unmenschlich, grausam, verbohrt einem Ziel, einer Ideologie verpflichtet, Böses getan haben, genauso zielstrebig und intelligent, wie sie sich dem Positiven zuwenden können.

Viele der Waage-Geborenen votierten auch für den Beruf des *Notars* oder *Richters*; aufgrund ihrer astrologisch bedingten Talente sind sie eher zum Richter prädestiniert: Richten ist eine Handlung, die dem Wesen der Waage-Menschen voll entspricht. Eine objektive Urteilsfindung setzt Überparteilichkeit voraus. Kritischer Verstand, ihre Fähigkeit zur Abstraktion und ihr Bemühen, ausgleichend gerecht zu sein, läßt sie die Wahrheit suchen und emotionsfrei entscheiden. Hierzu sind breites Wissen und umfassende Kenntnisse der Materie notwendig. Ein gründliches Studium der Gesetze und Kommentare der Rechtsprechung sind ebenso unabdingbar wie das aufmerksame Lesen der Streitschriften. So gerüstet werden sie sich von gutgeführten Plädoyers, von einem sach- und menschbezogenen Urteil, das Anspruch auf das Wort »gerecht« erhebt, nicht abbringen lassen. Für Waagen ist es ein Vergnügen zu lesen. Sie beschränken sich dabei nicht nur auf ihr Fachgebiet, da sie als literarisch-kunstsinnige Menschen großen Wert auf allgemeine Bildung legen. Sie reichern damit nicht nur Wissen an, sondern trainieren ihren Verstand und unterstützen die Fähigkeit abstrakten Denkens. In ihrem Bemühen zu harmonisieren, werden sie als Richter sicher versuchen, statt einer vernichtenden Rechtsprechung zu einer aufbauenden, zur Besserung hinführenden Entscheidung zu kommen. Rechtsprechung ist für sie ein Stück Öffentlichkeitsarbeit.

Friedensrichter, Schlichter oder *Friedensforscher* sind Tätigkeitsbereiche, in denen sich Waage-Geborene sehr wohl fühlen. In solchen Berufen gehen sie auf. Sie arbeiten besessen mit Fleiß und Engagement und sind, trotz vieler Mühen und Enttäuschungen, dennoch glücklich.

Bei Betrachtung bedeutender Persönlichkeiten der Weltgeschichte, die unter dem Sternbild der Waage geboren sind, wird dieses Bemühen zur Harmonisierung, zu Streitlosigkeit und Frieden, verbunden mit dem Sinn für das Schöne und Gute, immer wieder deutlich. Das gilt selbst, wenn der eigentliche Beruf gegenorientiert war.

Prinz EUGEN (18.10.1663) führte als Feldmarschall Krieg, sehnte sich aber, was kaum bekannt ist, nach Frieden; bereits zu seiner Zeit entwarf er den Vorschlag für ein vereintes Europa, um Kriege in Europa für immer zu beenden. Von seinem ausgeprägten Kunstsinn zeugen viele Bauwerke und Kunstsammlungen in Wien. Der indische Rechtsanwalt MAHATMA GANDHI (2.10.1869) hat in nicht zu überbietender Deutlichkeit demonstriert, wie mit gewaltloser Macht friedliche Veränderungen vollzogen werden können, wo normalerweise Waffen entscheiden. Der zweite Präsident der USA, JOHN ADAMS (19.10.1735), konnte durch geschickte Diplomatie in Verhandlungen mit Frankreich einen Krieg abwenden. Wie bedeutsam die Aussöhnung Israels mit Ägypten unter Führung des amerikanischen Präsidenten JIMMY CARTER (1.10.1924) von der Geschichtsschreibung einmal als Friedenswerk dargestellt werden wird, ist abzuwarten. Was wäre aus Deutschland geworden, wenn WALTHER RATHENAU

(28.9.1867) nicht ermordet worden wäre? Bei einer Konferenz in Genua hat er als Außenminister der Weimarer Republik im Anschluß an eine Sitzung die denkwürdigen Worte des Römers Petrarca durch den Sitzungssaal gerufen: »Ich gehe durch die Welt und rufe Frieden, Frieden, Frieden!« Von Kaiserin AUGUSTA (30.9.1811), der Gemahlin Wilhelms I. und Gegnerin Bismarcks, wird berichtet, daß sie nichts mehr verabscheute als Krieg, daß sie alles unternommen hat, um diese Haltung auch ihrer Umwelt zu vermitteln. COSIMO MEDICI (27.9.1389) legte die Streitigkeiten in Florenz bei, schuf Wohlstand in einem geordneten Staat und förderte die Kunst. ALBRECHT VON WALLENSTEIN (24.9.1583), bekannt als Heerführer, der nur »seinen Sternen folgte«, versuchte zeitlebens den Reichsfrieden zu schließen. Er entwarf sogar ein Friedensstatut und stellte sich gegen den Kaiser.

Admiral LORD NELSON (29.9.1758) wird nicht nur wegen seiner Siege von Abukir und Trafalgar, sondern wegen seiner Menschlichkeit von den Engländern geschätzt und geliebt. PAUL (genannt Ohm) KRÜGER (10.10.1825), der Burenführer, versuchte vergebens, die europäischen Staaten dazu zu bewegen, Einfluß auf England zu nehmen, um den Krieg zu verhindern. Feldmarschall PAUL HINDENBURG (2.10.1847) wollte als kranker Mann im hohen Alter das Unheil für die Weimarer Republik abwenden – leider vergebens, wie die Geschichte zeigt. Der Großadmiral G. A. POTEMKIN (24.9.1739) ist berühmt durch die Dorfattrappen, die er bauen ließ, die »Potemkinschen Dörfer«. Dem Begründer von Pennsylvanien, WILLIAM PENN (14.10.1644), werden Menschlichkeit, Gerechtigkeitssinn und Nächstenliebe nachgesagt; die Verfassung, die er schuf, basiert auf diesen Prämissen. Der berühmte Arzt und Anthropologe RUDOLF VIRCHOW (13.10.1821) begnügte sich nicht mit den Erfolgen seiner Zellforschung; er nahm ein politisches Amt an, um der Armut zu begegnen, um mehr Freiheit, Gleichheit und Gerechtigkeit für die breite Bevölkerung zu erreichen. FRIDTJOF NANSEN

(10.10.1861) gab sich nicht mit den Erfolgen seiner Forschungsreisen zufrieden; er kämpfte aktiv für mehr Nächstenliebe. ALFRED NOBEL (21.10.1833) führte zwar die Firma seines Vaters weiter und produzierte Sprengstoff, der nicht nur friedlich genutzt wurde, dokumentierte aber überzeugend seine Friedenssehnsucht und -aktivität mit der Stiftung des Nobelpreises für Frieden. Die Ordensfrau und Philosophin EDITH STEIN (12.10.1891) opferte sich in Auschwitz für den Frieden in der Welt.

Wer die Kunst, das Schöne und Gute liebt, wer Harmonie als Wesensprinzip in sich trägt, wird dies auch als Beruf, zumindest aber als Hobby nutzen. In keinem Tierkreiszeichen haben wir so viele berühmte Schauspielerinnen, Sänger und Tänzerinnen wie unter dem Zeichen der Waage. KAROLINE SCHULZE-KUMMERFELD (30.9.1745), AUGUSTE CRELINGER (7.10.1795), SARAH BERNHARDT (22.10.1844), die nicht nur göttlich spielte, sondern auch durch ihre Extravaganzen und verrücktesten Ideen auffiel; die bildhübsche JOHANNA JACHMANN-WAGNER (13.10.1828); THERESE KRONES (7.10.1801), die durch ihre Art die Menschen um sie herum und auf der Bühne verzauberte; weiterhin ELEONORA DUSE (3.10.1859), LILIAN GISH (14.10.1896), LIL DAGOVER (30.9.1897). Mit Gesang und Musik haben JENNY LIND (6.10.1820), FANNY MORAN-OLDEN (28.9.1855) und die Pianistin ELLY NEY (27.9.1882) begeistert. ELSA REGER (25.10.1870) unterstützte ihren Mann tatkräftig und hatte großen Anteil an seinen Erfolgen. Der Komponist JEAN-PHILIPPE RAMEAU (25.9.1683) war ein Meister der Melodie und legte die Grundlage der modernen Harmonielehre; vor ihm vollzog HEINRICH SCHÜTZ (8.10.1586) den Übergang von der sakralen Musik der Gemeinschaft hin zum weltlichen Individualismus; auch seine Werke bestechen durch ihre Harmonie. ALBERT LORTZING (23.10.1801) war Schauspieler, Sänger, Dirigent, vor allem Komponist. Obwohl er herrliche Opern komponierte, die leicht und eingängig sind, tat er sich schwer, gegen die Italiener anzukommen. Ein Giuseppe Verdi (10.10.1813) hatte es da schon einfacher, obwohl sich auch sein Aufstieg zum Weltruhm langsam vollzog. Ein universeller Künstler und glänzender Virtuose war Franz Liszt (22.10.1811); das Spiel des Komponisten war farbig und voller Harmonie.

Waagen sind Menschen des Geistes, die sich gerne im Abstrakten bewegen, sich losgelöst vom Erdhaft-Menschlichen mit ihrer Umwelt auseinandersetzen; dabei verfügen sie über ein hohes Maß an Selbstkritik. Hätte Kaiser Augustus seinen Freund Vergil (15.10.70 v. Chr.) nicht daran gehindert, so gäbe es heute das weltbekannte Werk der »Aeneis« nicht, der Dichter war mit seinem Epos unzufrieden und wollte es verbrennen. Cervantes Saavedra (1.10.1547) hat mit seinem »Don Quichotte« auf sonderbare, aber doch sehr beeindrukkende Weise gegen das Unrecht gekämpft. Von einem Pfarrer wie Jeremias Gotthelf (4.10.1797) erwartet man, daß er die Humanitas, die vollkommene Menschlichkeit, predigt; er tat es wortgewaltig als Dichter. Der Philosoph Denis Diderot (5.10.1713) suchte die geistige Herausforderung. Heinrich von Kleist (18.10.1777) konnte mit der Ungerechtigkeit und Disharmonie der Welt und seiner sensiblen Seele nicht fertig werden. Der Sozialkritiker Claude Henri Saint-Simon (17.10.1760) wollte Kirche, Militär und Adel entmachtet sehen, um die Gesellschaft wieder in Balance zu bringen.

Friedrich Nietzsche (15.10.1844) betonte die Ratio und leugnete jede Transzendenz; er sah in der Schöpfung nur Materie. Martin Heidegger (26.9.1889) wollte sich in ähnlicher Weise mit dem Dasein auseinandersetzen wie Nietzsche und suchte als Existenzialphilosoph den eigentlichen Sinn des Seienden. Der Schriftsteller Conrad Ferdinand Meyer (11.10.1825), ein Humanist, begabt mit hoher Abstraktionsfähigkeit, galt dennoch als seelenlos; er setzte auf den Verstand, der allein in der Lage sei, das verbindende Element der Harmonie zu sein. Den Vorrang des Geistes spüren wir bei François Mauriac (11.10.1885), dem Lyriker und politisch engagierten ALPHONSE DE LAMARTINE (21.10.1790). Selbst in den Dramen des katholischen EUGENE O'NEILL (16.10.1888) findet die geistige Auseinandersetzung statt. OSCAR WILDE (15.10.1856) war ein Ästhet in Leben und Werk.

Immer geht es allen Waage-Geborenen um Harmonie und Verständigung, wir erkennen dies bei ADALBERT STIFTER (23.10.1805), HERMANN SUDERMANN (30.9.1857), dem Publizisten CARL VON OSSIETZKY (3.10.1889) und dem genialen THOMAS WOLFE (3.10.1900), für den es Entrechtete in einer Gesellschaft einfach nicht geben durfte. Die Frauen stehen ihren männlichen Kollegen in der Dichtkunst nicht nach, tun dies aber mit mehr Charme und lassen das Gefühl nicht ganz außer acht. Die Kammerzofe JEANNE LOUISE (Madame) CAMPAN (6.10.1752) schrieb mit ihren Memoiren auch ein Stück Zeitgeschichte; die Weltreisende IDA PFEIFFER (14.10.1797) überzeugte durch objektive Zustandsbeschreibungen vorgefundener Realitäten. Liebenswert die Gedichte von JOSEFINE SCHEFFEL (22.10.1803), theologisch die Schriften von ELISABETH VON SCHMIDT-PAULI (10.10.1889) sowie die von GERTRUD VON LE FORT (11.10.1876). ANNA CHARLOTTE LEFFLER (1.10.1849) kämpfte engagiert um die Gleichstellung der Frau, sie tat es mit der den Waagen eigenen Liebenswürdigkeit. Erwähnt seien noch ELISABETH GASKELL (29.9.1810), KATHARINA MANSFIELD (14.10.1885), FRIEDA VON BÜLOW (12.10.1857), die Forschungsreisende MARY HENRIETTA KINGSLEY (13.10.1862) und ALEXINE TINNÉ (17.10.1839) sowie IRJA BROWALLINS (13.10.1901), die malte und schrieb und viel reiste.

Ihr ästhetisches Empfinden setzten einige der Waagen auch in Zeichnungen und Bildern um: ROSABLA CARRIERA (7.10.1675) mit Pastellfarben, SUZANNE VALADON (23.9. 1867), JACOPO TINTORETTO (29.9.1518) mit seinen farbenprächtigen Bildern, die in ihrer Gestaltung durchgeistigt wirken, JEAN-ANTOINE WATTEAU (10.10.1684), der den Malstil des Rokoko begründete. Waage-Männer waren der Impressionist MAX SLEVOGT (8.10.1868), die Maler und Graphiker HANS THOMA (2.10.1839) und ADOLF OBERLÄNDER (1.10.1845); die Maler WILHELM VON KAULBACH (15.10.1805) und ARNOLD BÖCKLIN (16.10.1827).

Wenn auch Geisteswissenschaft und Kunst bei Waagen dominieren, so vermögen sie auch im technischen und naturwissenschaftlichen Bereich, wo es um abstraktes Denkvermögen geht, zu überzeugen; das beweisen sie besonders als Chemiker: WILLIAM RAMSAY (2.10.1852) befaßte sich mit Gasen und Strahlen; FRIEDRICH BAYER (13.10.1851) und der eng mit ihm befreundete CARL DUISBERG (29.9.1861) haben als Chemiker gemeinsam ein Weltunternehmen geschaffen. Der Chemiker FRIEDRICH BERGIUS (11.10.1884) erfand ein Verfahren zur Herstellung von flüssigen Kohlenwasserstoffen aus Kohle; AUGUSTE LUMIÈRE (19.10.1862) war ein Pionier des Lichtbildes. Als Physiker sind NIELS BOHR (7.10.1885) mit seinen grundlegenden Erkenntnissen zur Atomphysik zu nennen, ferner MAX VON LAUE (9.10.1879).

Ein Universalgenie, wie ALBRECHT VON HALLER (16.10. 1708), der schon als Kind mit wissenschaftlichen Arbeiten aufwartete, als Achtundzwanzigjähriger einen Lehrstuhl der Medizin hatte und Anatomie, Botanik und Chirurgie gleichzeitig lehrte, beeindruckte nicht nur durch seine überragende Intelligenz, sondern durch die Vielseitigkeit seiner Aktivität. Er gründete eine Akademie für anatomisches Zeichnen, einen botanischen Garten, eine Entbindungsanstalt, ferner eine wissenschaftliche Gesellschaft. Er reorganisierte das Schweizer Schulwesen, beaufsichtigte ein staatliches Salzwerk, führte Aufsicht über Krankenhäuser, tat viel für die ärztliche Fortbildung und die Armenpflege; dies zum Teil gleichzeitig und nacheinander. Trotzdem gelang es ihm, ein umfassendes Werk über Physiologie zu schreiben. Kein Vertreter eines anderen Sternzeichens hätte so charmant und gekonnt ein Erziehungsbuch über Benehmen schreiben können wie ADOLF VON KNIGGE (16.10.1752).

Daß Waage-Menschen auch mit Geld umgehen können und von Finanzen einiges verstehen, aber dennoch ihrem Grundwesen Harmonie und Kunst treu bleiben, zeigt HERMANN JOSEF ABS (15.10.1901). Eine Waage-Frau »eiserne Lady« zu nennen, wie MARGARET THATCHER (13.10.1925) oft bezeichnet wird, zeigt, daß Menschen, die auf Harmonie, Gerechtigkeit und Gleichheit bedacht sind, auch mit Härte reagieren und regieren können.

8
Skorpione: Strategen und Neuerer
24. Oktober – 22. November

Skorpione sind gefühlsstark, geistvoll, analytisch, sezierend, ausdauernd, kraftvoll, bestimmend, körperlich und geistig geschickt, ungemein clever. Sie können Strapazen ertragen, weite Wege gehen und sind sehr vital. Sie lieben jede Art von Herausforderung, stellen sich den schwierigsten und kompliziertesten Aufgaben. Sie bringen und halten Menschen und Systeme gleichermaßen in Bewegung; sie lassen kaum Dinge zur Ruhe kommen. Ihre Energie ist nahezu grenzenlos, ihre Motorik treibend. Dialektisch setzen sie messerscharf die Antithese, fordern heraus und sind in verbindlicher Art kompromißlos; wenn es sein muß, gehen sie mit ungeheurem Engagement ihren Weg, sei es auch um den Preis einer Revolution. Faule Kompromisse mögen sie nicht; sie wollen Klarheit und setzen auf Sieg. Sie können nicht gut verlieren; Niederlagen vergessen sie denen, die sie ihnen beigebracht haben, ihr Leben lang nicht. Und wenn die Stunde kommt, üben sie gnadenlos Vergeltung.

Skorpione haben ein weites Spektrum, sie sind gewandt und kaum zu fassen; ihr strategischer Verstand ist immer einen Zug voraus. Sie tun alles bewußt und überlegt; sie sind jederzeit in der Lage, alles zu begründen. Ihre Logik ist blendend; sie sichern sich ab, ohne ängstlich zu sein. Berufe, die Fische bevorzugen, haben mit dem Gefühl, der Seele der Menschen zu tun; Krebse sind am Körper, Skorpione am menschlichen Geist interessiert: Der Fisch fühlt mit, der Krebs hilft mit, der Skorpion denkt mit.

Die Astrologie lehrt, daß Skorpione vom Mars beherrscht

seien. Wir meinen, daß mit der Entdeckung des Pluto, der als Potenz des Mars gelten kann, dieser der Herrscher der Skorpione ist und mehr über ihren Charakter und ihre Talente aussagt. Die unter diesem Sternzeichen geborenen Menschen verfügen über mehr »power« als beispielsweise die vom Mars beeinflußten Widder. Ihre Kraft ist explosionsartiger, in der Umsetzung wirkungsvoller und weitreichender, aufbauender und zerstörerischer. Mars-Menschen dagegen besitzen eher eine ruhige Kraft.

Der Bezug der Skorpione zum Wandel wird in der Astrologie dadurch verdeutlicht, daß dieses Zeichen dem achten Haus zugeordnet wird, dem Haus des Vergehens und Werdens: Tod, Erbschaft, Testament einerseits, Zeugung neuen Lebens andererseits. In der Antike wurde die Göttin Athene, die nach den Sagen aus dem Kopf des Göttervaters Zeus entsprang, dem Zeichen der Skorpione zugeordnet; ein sinnvoller Bezug zum Geist der Menschen. Athene wird von Homer in der Odyssee als scharfsinnige, scharfzüngige und listenreiche Tochter des allmächtigen Göttervaters beschrieben und geschildert. Sie hat einen beachtlichen Wirbel inner- und außerhalb des Olymps veranstaltet und sich wegen der Sterblichen nicht selten mit ihrem Vater angelegt. Ihre Charakterisierung entspricht in vollem Umfang dem Wesen der Skorpione und zeigt einmal mehr, daß sich die Menschen des Altertums offenbar mehr mit dem Menschen und seiner Wesensart auseinandergesetzt haben als wir in unseren Tagen, wo alles mehr objektbezogen ausgerichtet ist. Anders gesagt: Unsere Zeit ist so mit der Bewältigung der Materie und dem, was wir alles geschaffen und angestellt haben, beschäftigt, daß wir den Menschen dabei vernachlässigen oder gar vergessen.

Skorpion-Männer sind gute *Juristen*, gleichermaßen als Richter wie als Anwälte geeignet. Prozesse werden geführt, weil Menschen ihr Recht wollen. Kläger und Beklagte sind davon überzeugt, daß sie selbst im Recht sind und gewinnen werden. Dahinter verstecken sich persönliche wie materielle

Interessen, es geht auch um die Frage, frei oder eingesperrt zu sein. Gesetzeskenntnisse sind Voraussetzung, um in Rechtsstreitigkeiten zu siegen. Wichtiger und entscheidender ist in solchen Auseinandersetzungen die Beweisführung, hier können Skorpione alle ihre Fähigkeiten hervorragend einsetzen. Um sezierend jedes Detail zu ermitteln, die Schwächen des Gegners zu erkennen und aufzudecken, die eigenen Stärken herauszuarbeiten und im Plädoyer die überzeugenden Argumente zu finden und auszusprechen, bedarf eines ausgeklügelten strategischen Konzeptes. Sie beherrschen es meisterlich, die für einen Fall anzuwendenden Gesetzesparagraphen auszulegen, den Kommentaren der Rechtsprechung gemäß zu argumentieren, die Tatbestände zu interpretieren und das Recht beeinflussend zu artikulieren. Skorpione finden jede nur denkbare Möglichkeit, einen Fall für sich zu entscheiden. Es sind Gewinnertypen, die sich erst dann geschlagen geben, wenn alle Beweise gegen ihre Mandanten sprechen; auch dann werden sie einen Vergleich anstreben; oder sie werden ein mildes Urteil oder höchstes Strafmaß, je nachdem, auf welcher Seite sie ihr Plädoyer führen, zu erstreiten versuchen. Es ist ein geistiger Genuß, Skorpionen zuzuhören, es erinnert an das Katz- und Mausspiel: Die Katze lauert der Maus auf, fängt sie und läßt sie wieder laufen, um sie wieder zu fangen und, wenn es ihr paßt, zu töten. Skorpione beobachten und studieren ihre Gegner genau, entwickeln einen Plan, lassen ihn niemanden wissen, wenden ihn aber konsequent an; denn sie sind immer darauf vorbereitet, im richtigen Moment zu agieren. Alle Handlungen davor, auch wenn sie gelegentlich wie Fehler aussehen, sind Teil ihrer Strategie, sind nur auf das Ziel gerichtet, zu gewinnen. Oft entscheiden sie Auseinandersetzungen für sich, weil andere Fehler machen. Ihre Stärke ist, daß sie sich intensiv mit dem Denken anderer auseinandersetzen und hinter deren Absichten kommen, die sie dann widerlegen.

Werden und Vergehen sind in keinem Beruf besser, unmittelbarer und spürbarer zu erfahren, zu erleben und mitzugestalten als bei dem des *Bauern* oder *Landwirts*. Es entspricht dem Wesen der Skorpione, in dieses unergründliche Schöpfungswalten einzugreifen, und die Natur mit Geist für Menschen nutzbar zu machen. Sinnvolle Kultivierung, im Einklang mit den waltenden Naturgesetzen, ermöglicht bessere Ernteerträge und Versorgung der Menschheit. Durch Nachdenken und Experimentieren finden sie zu den Geheimnissen der Natur, gelegentlich wird es notwendig, diese auch zu überlisten. Wer Ackerbau und Viehzucht betreibt, muß viel Kraft und Energie haben und widerstandsfähig sein. Das ist kein Beruf für schwache Naturen. Auch heute noch, wo Maschinen eingesetzt werden können, sind die Landwirte dem Wetter preisgegeben, müssen auch körperlich noch vieles tun, was anstrengend ist. Wer von dummen Bauern redet, kennt weder diese Menschen, noch deren Tätigkeit. Dicke Kartoffeln wachsen nicht von selbst…

Menschen, die fortwährend am natürlichen Schöpfungsakt beteiligt sind, die die vielen Wunder der Natur sehen und erleben, sind etwas stiller, nicht so von sich eingenommen wie manche, deren Wertschöpfungsbeitrag in der Gemeinschaft, in der sie leben, eher als negativ anzusehen ist.

Wer wißbegierig ist und ständig auf der Suche nach den Geheimnissen des Werdens und Vergehens, muß sich die Natur zur Lehrmeisterin nehmen. Obwohl Menschen ohne Nahrung nicht leben können, obwohl viele den Hunger noch aus eigenem Erleben kennen, steht der Beruf des Bauern in der Gesellschaft von heute in keinem besonderen Ansehen. Bauern werden bedauert und zugleich als vermeintlich höchst subventionierte Gruppe betrachtet. In Wirklichkeit sind die Verdienstmöglichkeiten in der Landwirtschaft mäßig und, verglichen mit dem Einsatz an Kapital und Arbeit, bescheiden gegenüber anderen Erwerbszweigen. Dennoch gibt es Menschen, wie eben die Skorpione, die aufgrund ihrer Veranlagung diesen Beruf lieben und betreiben.

Ähnlich verhält es sich mit dem Beruf des *Züchters*, für den sich Skorpione häufiger als andere Sternzeichen entschieden haben. Zur Zucht gehören Methode und ein langfristiges Konzept. Hartnäckigkeit ist gefragt, Erfolge sind begleitet von Rückschlägen; Durchstehvermögen ist erforderlich. Skorpione verfügen über solche Qualitäten und bringen damit viele Voraussetzungen mit, erfolgreich als Züchter zu arbeiten. Gleichgültig, ob Pflanzen oder Tiere gezüchtet werden, es muß gekreuzt, veredelt oder aufgepfropft werden. Es sind polare, zuweilen antithetische Vorgänge und Verfahrensweisen. Damit ist diese Betätigung einmal mehr in der dialektischen Denkweise der Skorpione angesiedelt.

Skorpion-Männer haben vier Berufe an die erste Stelle innerhalb der Gruppe des Technisch-Handwerklichen gesetzt, die im ursprünglichen Sinne mit Metall zu tun haben: *Mechaniker* und *Monteur, Dreher* und *Schlosser*. Obwohl hinter jedem dieser Berufe eine andere Tätigkeit steht, haben sie doch viel Gemeinsames. Dreher sind Präzisionsarbeiter; es geht in diesem Beruf um Millimeter. Schärfe und Genauigkeit sind gefragt. Diese Tätigkeit erfordert gute Nerven, ruhige Hände, Ausdauer, Kraft und vor allem praktisches Denkvermögen. Vom Mechaniker und Monteur werden nicht nur technische Fertigkeiten und das Lesen von Blaupausen und Formeln, sondern oft auch Sprachkenntnisse verlangt. Die besondere Qualifikation für diese Arbeit ist die Fähigkeit, Gedachtes, Entwickeltes auf und in Materie umzusetzen. Werkstücke, Maschinen, Geräte, Fahrzeuge, Computer sind hochentwickelt und so kompliziert, daß selbst Facharbeiter auf bestimmte technische Bereiche hin spezialgeschult und ausgebildet werden. Es sind nicht nur bemerkenswerte körperliche, sondern noch mehr geistige Leistungen gefordert, beispielsweise computergesteuerte Anlagen zu installieren und sie in Gang zu halten. Qualifizierte Monteure bauen Maschinen und Anlagen nach Vorlagen zusammen, aus Erfahrung und in Wiederholungsfällen aus dem Gedächtnis. Wer dergleichen vollbringt, muß nicht nur eine gute Lehre absolviert haben und mit Werkzeugen umgehen können, er muß auch ein Gefühl dafür haben, was ineinandergreifend zusammenpaßt.

Routine muß beim Umgang mit Hochleistungsaggregaten ersetzt werden durch Befähigung. Nicht Wiederholungsgriffe, sondern Manipulationen sind gefordert. Spezialisten sind dazu nötig, die mobil und flexibel sind. Diese Arbeitskräfte, ob *Monteure, Dreher, Mechaniker* oder *Schlosser*, sind in hochentwickelten Industrieländern, wie Deutschland, Amerika und Japan Träger des Fortschritts und der Wirtschaftlichkeit. Engagierte Leute müssen es sein, die in der Lage sind, mit Hand und Verstand zu arbeiten. Skorpione haben eine gute Koordination dafür.

Ein ganz anderer, für sie aber doch sehr typischer Beruf, bringt Skorpione voll in Aktion. Es handelt sich um den des *Detektivs*. Schon die Art der Aufgabe, etwas herauszufinden, das im Verborgenen liegt und mitunter auch einen Hauch Unredlichkeit hat, es dann aufzuhellen, menschliche Verwicklungen und Verstrickungen zu verfolgen, und natürlich die ganze Vorgehensweise bei Erledigung eines Auftrags reizt sie ungemein. Es liegt von der Sache her in ihrem Wesen, zu denken, zu analysieren, zu kombinieren; sie müssen umsetzen und nachvollziehen. Die Detektivarbeit hat nicht nur hinsichtlich ihrer Ergebnisse juristische Folgewirkungen, sondern sie ist von der Vorgehensweise bei der Problemlösung mit der Juristerei eng verknüpft.

Als Beruf für Skorpione ebenfalls überdurchschnittlich geeignet ist der des *Kriminologen*. Auch hier geht es in noch stärkerem Maße als bei Detektiven darum, verbrecherisches Verhalten von Menschen aufzudecken und die Schuldigen zu überführen. Da es sich um nicht legale Tätlichkeiten handelt, die hart bestraft werden, wenden Kriminelle ihre ganze Verstandeskraft auf, mit allen nur möglichen und denkbaren Schlichen und Tricks dem Zugriff zu entgehen. Um sie zu fassen, bedarf es Menschen, die, ohne kriminell zu sein, wie Kriminelle denken können. Es ist ein Puzzlespiel mit Indizien, die oft Lücken aufweisen. Unvollständiges zu einem Bild zusammenzufügen und Übeltäter zu überführen, setzt viel Kleinarbeit voraus, angefangen von der Spurensicherung bis hin zu den Beweisaufnahmen bei Zeugen. Hier gilt es, dranzubleiben, bis der Fall gelöst ist. Die Zwillinge-Männer sind schnell im Denken und Handeln, die Skorpione raffinierter im Auffinden von Spuren; wobei die Frauen mitunter erfolgreicher sind als die Männer.

Niemand wird sich wundern, daß Skorpione zu den *Politikern* zählen, die erfolgreich sind. Zuerst sind sie einfach politisch interessiert, später werden sie Politologen, schließlich Praktizierende in der Politik. Alle Politiker haben ein mehr oder weniger gesundes Verhältnis zur Macht. Um solche zu erlangen und auszuüben, gehören eine Reihe von Umständen ebenso wie eine besondere Veranlagung dessen, der diese Macht anstrebt, dazu. Machiavelli hat im »Fürsten« beschrieben, worauf es ankommt; die großen Persönlichkeiten der Weltgeschichte haben die Tugenden und Untugenden der Mächtigen hinreichend demonstriert. Auch wenn es heute in den meisten Ländern demokratisch zugeht und Volksvertreter gewählt werden, die mehr Diener als Herrscher sind, so können auch sie nur dann ins Parlament kommen, wenn sie es verstehen, Interessen anderer zu artikulieren und zu vertreten. Stimmenmehrheit gewinnen und zur Macht gelangen können nur solche Politiker, die in dem Trend des Zeitgeistes liegen, die das erahnen und wiedergeben, was das Volk mehrheitlich will und erwartet. Wähler fühlen, denken, mögen und erwarten immer das Gleiche: Hoffnung und Zuversicht auf Wohlergehen für sich selbst.

Das *»Panem et circenses«* der Römer (Brot und Zirkusspiele) drückt sich heutzutage nur anders aus. Die Wähler wollen eine gesicherte Zukunft, interessieren sich weniger für die Gegenwart, kaum für die Vergangenheit. Neben den materiellen Aspekten erwarten mündige Bürger eine klare, überzeugende Führung und Argumentation. Am Führungsprinzip hat sich über Jahrtausende nichts Grundsätzliches geändert: Wer sich an die Spitze setzt oder gesetzt wird, muß einfach besser sein als die unter ihm; wobei besser keineswegs intelligenter bedeutet. In der Politik genügt es, klug und clever zu sein. Der Schein, das Bild, das Image muß strahlender sein als das Sein, als tatsächliche Fähigkeiten und auch Taten. Überzeugende Repräsentanten sind gefragt. Wortgewandt müssen sie sein, Härte und Kompetenz zeigen, gutes Auftreten haben und wendig sein. Vor allem muß ein Politiker in seiner Aura leben, sich mit einer solchen umgeben. Für einen einzelnen Menschen sind diese Eigenschaften kaum in sich vereinbar. Am ehesten schaffen solche Leistungen die Skorpione. Vielleicht sind sie deshalb nicht selten *Berufspolitiker*. Ihre Chancen, wichtige Positionen in der Politik zu bekleiden, sind besser als für die meisten anderen Sternzeichen.

Skorpion-Männer bringen gute Voraussetzungen zum Beruf des *Schauspielers* mit. Mit ihrem wachen Intellekt haben sie keine Probleme, Rollen zu studieren und zu spielen. Sie können sich gut in das Denken anderer Menschen hineinversetzen, haben die Anlagen zu einer guten Charakterdarstellung. Sie mögen die geistige Herausforderung und bringen Topleistungen, wenn sie anspruchsvolle, kritische Rollen bekommen. Darstellung wie Textinterpretation bekommen durch sie Eigendynamik, die das Publikum in das Dargebotene miteinbezieht. Unterhaltung ist ihnen zuwenig; sie arbeiten den Sinn des Stückes heraus und zwingen die Zuschauer zur Auseinandersetzung mit dem Inhalt. Skorpione rufen zur Anteilnahme auf und inszenieren Wirkung. Für sie müssen Theaterabende Anregungen zu Gesprächen und Diskussionen auch nach der Vorstellung geben. Sie schlüpfen nicht hinein in eine Rolle wie etwa die Schützen, sie spielen auch nicht wie die Steinböcke so, wie es der Autor und der Regisseur gerne hätten, sondern versuchen, mit der eigenen Persönlichkeit den Geist, den Sinn, die Gedanken und Überlegungen zu vermitteln, so wie es der Dichter sich vorgestellt hat: das Naive, das Kaltblütige, das Raffinierte, das Belehrende und was auch immer.

Ein wenig Raffinesse gehört schon dazu, wenn Essen mehr sein soll als nur Nahrungsaufnahme, um den Hunger zu stillen. Skorpion-Frauen verstehen sich aufs Kochen. Neben guten Rohstoffen und Menüzusammenstellungen sowie dem Kochvorgang selbst kommt es entscheidend auf das Würzen an. *Gute Köchinnen* haben ein breites Repertoire an Gerichten, die vom einfachsten Bauerngericht bis zum feinsten Gourmetgelage reichen. Mit ihrer Grundveranlagung, dem Alten Neues entgegenzusetzen, servieren Skorpione vorzügliche Gaumenfreuden. Kochen ist nicht nur eine Herzenssache. Es gehören Überlegung und Planung dazu, wenn alle Anforderungen an das Essen erfüllt werden sollen. Die Ernährung soll ausgewogen sein, Fett, Kohlenhydrate und Eiweiß in der richtigen Menge haben; Vitamine und Spurenelemente dürfen nicht fehlen. Die Nahrung soll reichlich sein, aber nicht dick machen; sie muß abwechslungsreich sein und vor allem gut schmecken. Kochen ohne Verstand ist nicht möglich. Kochen, Essen und Dinieren sind Kulthandlungen, die weit über die Nahrungsaufnahme hinausreichen und gesellschaftsprägend wirken. Zunächst ist Essen ein das Familienleben mitgestaltendes Element. Es gibt am Tage in der Regel drei Essenszeiten, bei denen die Familie zusammensitzt und, neben dem Essen und Trinken, miteinander reden kann. Auch wenn die geregelten Essenszeiten variabel geworden sind, so bleiben sie doch in anderer Form als Möglichkeit interfamiliärer Kommunikation bestehen. Nicht nur Skorpion-Frauen werden darauf größten Wert legen. Ist gut gekocht und liebevoll arrangiert, so ist eine gute Basis gegeben, auch Probleme miteinander in Ruhe und mit Sachlichkeit zu besprechen. Gleiches gilt natürlich für die Pflege von Freund- und Bekanntschaften. Das Gastmahl hat zu allen

Zeiten eine kultische Bedeutung gehabt. Bei Geschäfts- und Arbeitsessen, wo nicht selten hinterher konkrete Geschäfte folgen, ist uns die Bedeutung des Essens bewußt. Kochen hat für unser Leben eine zentralere Bedeutung als nahezu jede andere berufliche Tätigkeit: Kochen ist Kult.

Bei unserer Befragung haben sich Skorpion-Frauen mehr als andere für den Beruf der *Telefonistin* entschieden. Die Begründung hierfür liegt in ihrer Veranlagung, mit Menschen zu reden, etwas von ihnen zu erfahren und Verbindungen zu schaffen. Telefonistinnen werden nicht ohne Grund in den Unternehmen als »Visitenkarten« der Firma bezeichnet. Die Art und Weise, wie Gespräche angenommen und vermittelt werden, kann für den Geschäftsgang eines Unternehmens fördernde oder hemmende Wirkung haben. Stimme, Ton, Umgang und Inhalt der Gespräche sind Signale, die aufgenommen werden und Reaktionen verursachen. Telefonistinnen haben nicht nur eine Stimme; sie machen auch Stimmung.

Schließlich haben Skorpion-Frauen als einen ihrer Eignungsberufe auch den des *Mannequins* angegeben. Ihre Energie, ihre Kraft, ihre Ausdauer, nicht zuletzt ihr Feuer und ihre weibliche Ausstrahlung sind beste Voraussetzungen, in diesem Beruf gut zu bestehen. Es geht in diesem Beruf weniger um Schönheit, sondern um Selbstdisziplin. Der Körper muß fit, drahtig, in Form sein.

Skorpion-Frauen haben etwa gleichauf mit den Löwe-Frauen doppelt so oft wie die andern Sternzeichen den Beruf der *Lehrerin* gewählt. Hierin manifestiert sich deutlich unsere Feststellung, wonach Skorpione ein starkes Interesse am Geistigen des Menschen haben; verbinden wir ferner hiermit noch ihr Interesse am Werden des Neuen, ihr von Natur aus pädagogisches Geschick, so erklärt sich diese – realistische – Selbsteinschätzung. Einerseits haben sie ausgesprochenen Spaß am Stoff, der zu vermitteln ist, andererseits besitzen sie das rechte Einfühlungsvermögen für Kinder und die nötige

Selbstsicherheit, mit ihnen in jeder Situation fertig zu werden. Sie werden ihren Schülern weniger einpauken, als sie vielmehr in die Materie einführen. Den Dialog führen sie je nach Altersstufe einfacher oder anspruchsvoll. Sie fordern selbst verbal heraus, stellen sich aber jeder Art von Diskussion gerne. Selbst im Denken gut entwickelt, wird es ihr Bestreben sein, Gedächtnis und Denkvermögen ihrer Schüler zu trainieren. Obwohl sie Freude an geistigen Eliten haben, setzen sie alles daran, auch den weniger Begabten zu helfen, die gestellten schulischen Aufgaben zu lösen. Mit ihrer Einstellung, daß Intelligenz entwickelt werden kann, ihrer Überzeugung, daß sie das zuwege bringen, sind die besten Voraussetzungen für ihre Schüler geschaffen, gute Leistungen zu erbringen. Wenn einem Kind wiederholt gesagt wird: »Du kannst das!«, wird es Mut fassen und es auch schaffen. Mit ihrem kritischen Geist gliedern und vermitteln die Skorpione den Stoff so, daß, angepaßt an die Aufnahmefähigkeit ihrer Schüler, sie deren Wissen langsam, aber stetig wachsen lassen. Mit ihrer Intuition sind sie in der Lage, die Faulen und Fleißigen, die Willigen und Unwilligen, die Schlauen und Einfältigen, die Verträglichen und Unruhestifter herauszufinden und entsprechend mit ihnen zu verfahren. Sie werden mit Güte und Strenge dosiert umgehen. Gewiß ist, daß sie Lehrerinnen sein werden, die ihren Kindern viel beibringen.

Skorpione setzen sich geistig mit ihrer Zeit auseinander. Berühmte intelligente Frauen taten dies in Salons, wo sie die geistige Elite des Landes zusammenführten und in anregende Gespräche verwickelten. Dabei kam diesen Frauen zustatten, daß sie eine starke erotische Ausstrahlung mit ihrem wachen Intellekt verbinden, wie die liebestolle NINON DE LENCLOS (10.11.1620), die zu ihrer Zeit als die schönste Frau Frankreichs galt und die Kunst des Lebens und Benehmens lehrte; die geistreiche JULIE DE LESPINASSE (9.11.1715), die es meisterhaft verstand, Gespräche in Gang zu setzen und zu halten; die kluge Prinzessin von LAMBALLE (8.11.1858), die wegen ihrer Treue zum Königshaus hingerichtet wurde; die intrigante LAURE-ADELAIDE ABRANTES (6.11.1784), die Musiker, Künstler und Dichter in ihrem Salon mit andren Gelehrten und einflußreichen Politikern von und um Paris zusammenführte. Wie sehr ein Salon zum geistigen Mittelpunkt zählte, zeigte der von MADELEINE DE SCUDÉRY (15.11.1607), die als Schriftstellerin zusammen mit ihrem Bruder gegen Aberglaube und geistig-kulturelle Verwilderung zu Felde zog.

Diese Damen voll Kraft und Geist haben auch Einzelpersönlichkeiten beeinflußt, indem sie sich ihnen voll zugewandt haben; dies tat JOHANNA VON KASTILIEN (6.11.1479), die »Wahnsinnige aus Liebe« mit Herzog Philipp. DOROTHEA ERXLEBEN (13.11.1715) heiratete, trotz der Möglichkeit eines Studiums, was zu dieser Zeit für eine Frau schwierig war, einen Pastor, sorgte vorbildlich für Mann und Kinder und studierte nach dem Tod ihres um Jahre älteren Mannes Medizin. Sie erwarb als erste Frau in Deutschland (Halle) die medizinische Doktorwürde. DÉSIREÉ CLARY (8.11.1777) liebte Napoleon Bonaparte, der sie zwar nicht heiratete, aber sie zur Königin Schwedens und Stammutter des Königshauses machte. MARIANNE VON WILLEMER (20.11.1784) beeinflußte das dichterische Schaffen Goethes; OTTILIE VON GOETHE (31.10.1796), seine Schwiegertochter, sorgte für sein leibliches Wohl. Gleiches wird von CHARLOTTE VON SCHILLER (22.11.1766) berichtet, die ihren Mann hingebungsvoll versorgte und pflegte. Bei DOROTHEA SCHLEGEL (24.10.1763) wußte man nicht, ob man mehr ihren Geist oder ihre Liebesfähigkeit und Güte bewundern sollte. KATHARINA DOLGORUKAJA (2.11.1847) besaß großen Einfluß auf Zar Alexander II. ELSA REGER (25.10.1870) ging vollkommen im Wirken ihres Mannes auf, dessen musikalisches Schaffen sie über seinen Tod hinaus fördernd beeinflußte. APOLLONIA DIEPENBROCK (13.11.1799) setzte ihr Vermögen für verlassene und in Not geratene Dienstmädchen ein, für die sie im »Josephshäuschen« in Regensburg sorgte; sie war eine hingebungsvolle Krankenpflegerin für Arme und Prominente. MARIE HAMSUN (19.11.1881) gab ihrem Mann, dem Nobelpreisträger, zuliebe, ihren Beruf als Schauspielerin auf.

Skorpion-Frauen sind aktiv, sie agieren, handeln und bewegen Menschenschicksale. Sie setzen selbst ihr Leben ein für ihre Ideale. RENATE VON FRANKREICH (25.10.1510) hielt nicht nur in Ferrara Hof, nahm Einfluß auf Kunst und Wissenschaft, sondern ließ den Verfolgten und Andersgläubigen Zuflucht und Hilfe zuteil werden. JOANA INES DELLA CRUZ (12.11.1651) widmete ihre herausragende Intelligenz allen: sie ging ins Kloster, und was sie schrieb und dichtete, wird heute noch in Mexikos Liedern gesungen. JULIANE VON KRÜDENER (22.11.1764) wird als die »Mutter der heiligen Allianz« bezeichnet, weil sie zu dem Bündnis Rußlands, Preußens und Österreichs beitrug. ANNA SEGHERS (19.11.1900) stellte sich schreibend auf die Seite der Armen und Schwachen und blieb sich als Kommunistin treu. JEANETTE SCHWERIN (21.11.1832) prägte die deutsche Gewerkschaft entscheidend mit. Baronin EVA VON TIELE-WINKLER (31.10.1866) gründete eine Schwesternschaft, errichtete mit ihrem Vermögen Kinderheime; ABIGAIL SMITH ADAMS (11.11.1744) war schon, bevor ihr Mann amerikanischer Präsident wurde, Wortführerin der amerikanischen Frauenbewegung; die Frauenrechtlerin MINA KAUER (1.11.1841) war überzeugt, daß der Geist siegen und Gleichberechtigung kommen würde.

Das geistige Interesse der Skorpione findet seinen Niederschlag im Schreiben und Dichten. Der bedeutendste dieser Künstler ist sicher FRIEDRICH VON SCHILLER (10.11.1759), dessen revolutionärer Geist in vielen seiner Werke sichtbar ist; HANS SACHS (5.11.1494) war ursprünglich Schuster, wurde aber als Dichter unsterblich. JOHANN KASPAR LAVATER (15.11.1741) ist ein geistlicher Schriftsteller mit brillanter Formulierungsgabe; IWAN SERGEJEWITSCH TURGENJEW (9.11.1818) erlaubte durch seine sozialkritischen Romane

Einblick in die Welt Rußlands; FRITZ REUTER (7.11.1810) dichtete in Mundart; FJODOR MICHAILOWITSCH DOSTOJEWSKIJ (11.11.1821) kündigte prophetisch in seinem Werk das neue Zeitalter an. Am Scheideweg auch ANDRÉ GIDE (22.11.1869), der das Werden dem Vergehen entgegensetzt. Schließlich GERHART HAUPTMANN (15.11.1862), als einer der bedeutendsten Dramatiker der Neuzeit, der Menschenschicksale eindringlich darstellte und Problembewußtsein schuf.

Wir kennen auch sehr beeindruckende Schriftstellerinnen, wie THOMASINE GYLLEMBOURG (9.11.1773), die Nobelpreisträgerin SELMA LAGERLÖF (20.11.1858); ANNE ELISABETH DE NOAILLES (15.11.1876), die ihre Liebe zum Leben und der Natur in ihren Gedichten formulierte; HELENE VON MOSTITZ-WALLWITZ (18.11.1878); LENA CHRIST (30.10.1881), die in ihren Erzählungen durch realistische Darstellung besticht; die Lyrikerin MARIANNE GRAIG MOORE (15.11.1887). Hinter GEORGE ELIOT (22.11.1819) verbirgt sich eine Schriftstellerin von hoher Geistigkeit, die die englischen Frauenromane begründete. Schließlich sollte auch die Märchenerzählerin LISA TETZNER (10.11.1894) erwähnt werden.

Skorpione sind ausgezeichnete Strategen, sie sind mutig und draufgängerisch: G. J. DAVID VON SCHARNHORST (12.11.1755), NEIDHARDT VON GNEISENAU (27.10.1760) und HELMUT VON MOLTKE (26.10.1800) waren große Militärstrategen. Schon CLAUDIUS NERO TIBERIUS (16.11.42 v. Chr.) wird als großer Feldherr beschrieben; auch HERZOG VON ALBA (29.10.1507) ging als solcher in die Geschichte ein. Bekannt für seine Schlachtpläne ist auch Feldmarschall JOSEPH GRAF RADETZKY (2.11.1766), als Volksführer berühmt ANDREAS HOFER (22.11.1767). Nur ein Skorpion wie BERNHARD LAW MONTGOMERY (17.11.1887) konnte den Skorpion ERWIN ROMMEL (15.11.1891) besiegen.

Nahezu befreundete Gegner in der größten religiösen Auseinandersetzung der Christenheit waren MARTIN LUTHER

(10.11.1483) und ERASMUS VON ROTTERDAM (28.10.1466); beide wollten die Erneuerung der Kirche auf unterschiedlichen Wegen erreichen. Lange vor dieser Zeit lebte und lehrte AURELIUS AUGUSTINUS (13.11.354), der in den »Confessiones« der Christenheit den Weg wies. Der ehemalige Jesuitenschüler FRANÇOIS MARIE VOLTAIRE (21.11.1694) wurde zum aufklärenden Geist der neuen Zeit.

Ihr Forschungsdrang blieb nicht aufs Geistige begrenzt; JAMES COOK (27.10.1728) war nicht nur ein ausgezeichneter Kartograph, sondern auch tüchtiger Seefahrer; KARL BAEDEKER (3.11.1801) ist nicht nur gereist, er hat alles, was er sah und erlebte, festgehalten und anderen das Reisen erleichtert. ADOLF ERIK NORDENSKJÖLD (18.11.1832) erforschte den Polarkreis und umsegelte Asien und Europa; ALFRED WEGENER (1.11.1880) ist im Polareis geblieben; RICHARD EVELYN BYRD (25.10.1888) war ein Pionier der Luftfahrt; ALEXANDRA DAVID-NEEL (25.10.1878) durchquerte, als Bettelmönch verkleidet, das Himalayagebiet und weite Teile Asiens, um Völkerkunde zu betreiben; sie war Ritter der Ehrenlegion.

Sie haben nicht nur geforscht, sondern auch entdeckt, so MARIE CURIE (7.11.1867) Polonium und Radium (mit ihrem Mann zusammen); LISA MEITNER (7.11.1878) berechnete als erste die bei der Spaltung des Urankerns freiwerdende Energie; sie arbeitete eng mit Otto Hahn zusammen. FLORENCE RENA SABIN (9.11.1871) wurde für ihre Verdienste um die Tuberkuloseforschung als Ärztin ordentliches Mitglied der Akademie der Wissenschaften; LAURA MARIA CATARINA BASSI (31.10.1711) war als Physikerin und Philosophin mit einundzwanzig Jahren jüngste Inhaberin eines Lehrstuhls in Italien. Der Amateurbiologe ANTONY VAN LEEUWENHOEK (24.10.1632) entdeckte die roten Blutkörperchen und Mikroben; JACQUES DAGUERRE (18.11.1787) trug entscheidend zur Entwicklung der Photographie bei. OSKAR MESSTER (21.11.1866) hat die Kinomechanik mitentwickelt.

GERHARD DOMAGK (30.10.1895) entdeckte zusammen mit

anderen Ärzten die Sulfonamide; FREDERIC GRANT BANTING (14.11.1891) fand mit C. H. Best das Insulin. Der Naturforscher OTTO VON GUERICKE (20.11.1602) entdeckte den »leeren Raum«; seine Demonstration der Magdeburger Halbkugeln ist aus dem Schulunterricht hinlänglich bekannt. FERDINAND DE LESSEPS (19.11.1805) baute den Suezkanal, obwohl er eigentlich Offizier und nicht Ingenieur war.

Skorpione gehen auch als Künstler sehr eigenwillige Wege, wie ihre Werke und ihr Schaffen zeigen: angefangen bei BENVENUTO CELLINI (3.11.1500), über ANTONIO CANOVA (1.11.1757), der seinen Figuren Geist und Leben gab, sowie BERTEL THORWALDSEN (19.11.1770) mit seiner kühnen Linienführung, bis hin zu dem letzten der vier Bildhauer von Rang: AUGUSTE RODIN (12.11.1840). In der Malerei überzeugten ANGELIKA KAUFMANN (30.10.1741) und vielleicht sogar der Größte seiner Zeit: PABLO PICASSO (25.10.1881), der mit der Auflösung der Formen völlig neue Wege ging und zum Revolutionär der Malerei wurde.

Auch als Komponisten waren Skorpione erfolgreich und erfinderisch: FRIEDEMANN BACH (22.11.1710), der Sohn J. S. Bachs, war ein Meister der Hell-Dunkel-Töne; NICCOLÒ PAGANINI (27.10.1782) war nicht nur ein glänzender Virtuose und Frauenheld, er hat extrem schwierige Stücke verfaßt, die heute noch kaum spielbar sind. GEORGES BIZET (25.10.1838) reformierte die Oper; die ganze Lebensbejahung und -freude hat der Walzerkönig JOHANN STRAUSS (25.10.1825) in seine Kompositionen gelegt. Auch PAUL HINDEMITH (16.11.1895) blieb seiner Spezies treu; als Revolutionär der Tonsprache schuf er eine neue Musik.

Die Skorpion-Frauen sind temperamentvoll in Tanz und Schauspiel: NIDDY IMPEKOVEN (2.11.1904), CLAUDETTE COLBERT (13.11.1905), KATHERINE HEPBURN (8.11.1909), die nicht nur Schauspielerin war, sondern als Sängerin und Tänzerin auftrat und daneben promovierte; schließlich sei auch LUISE ULRICH (30.10.1911) genannt.

Aus dem politischen Bereich seien JAWAHARLAL NEHRU (14.11.1889), INDIRA GANDHI (19.11.1919) und THOMAS PITT d. Ä. (15.11.1708), Gründer des britischen Weltreiches, angeführt.

Allen Skorpionen gemeinsam ist ihr revolutionierender Geist, ihr besessenes Engagement für eine Sache, die den Menschen helfen soll.

9
Schützen: Philosophierer und Gestalter
23. November – 21. Dezember

Schützen lieben die Freiheit über alles. Jede körperliche Begrenzung, jede geistige Beschränkung ist für sie untragbar; sie sprengen die Ketten solcher Bindungen und streben mit ihrem Sein und Denken in unbekannte Gefilde. Sie sind voll Phantasie und schöpferischem Geist, besitzen einen scharf ausgeprägten Sinn für Gerechtigkeit, fühlen tiefe Menschenliebe. Sie werden in ihrem Tun getragen von einem starken Glauben an sich und ihre Sache. Ihr Selbstbewußtsein ist unerschütterlich, ihr Engagement ausdauernd. Offen, direkt, redegewandt und -gewaltig formulieren sie ihre Gedanken und wandeln ihre Ideen zu Begriffen und merkbaren Sätzen. Die Macht des Wortes ist ihnen geläufig. Das Morgen ist ihnen wichtiger als das Heute; gestern ist für sie immer vorbei. Sie sind Generalisten, denken in großen Zusammenhängen und verfolgen Details nur, wenn sie wesentlich sind; was sie mit ihrem analytischen Verstand und ihrer schnellen Auffassungsgabe rasch ermitteln. Messianisch in ihrem Ausdruck und ihren Gebärden, wirken sie oft polarisierend und zwingen zur Entscheidung für oder gegen eine Sache. Sie drängen in die Verantwortung, suchen ihre Chance und kalkulieren Risiken ein. Sie sind keine Team- oder Gruppenarbeiter, es sei denn, sie führen oder leiten diese, und alle tun das, was der »unfehlbare« Schütze will. Schützen sind ausgesprochene Individualisten und Einzelkämpfer; das gilt für Frauen und Männer gleichermaßen. Das bedeutet nicht, daß sie keine Menschen um sich oder hinter sich haben möchten. Ihre Fähigkeit, zu begeistern und mitzureißen, bringen ihnen Sympathie und treue Anhänger. Ihre Sicherheit strahlt auf die anderen und gibt Schwankenden, Zögernden und Unsicheren Halt, Mut, Kraft und Entschlossenheit. Führung und Verführung liegen oft nahe beieinander. Wer soviel wagt wie Schützen, der muß ein wechselvolles, ausgefülltes Leben haben und gelegentlich auch einmal den Boden küssen; doch diese ideenreichen Schützen wird kaum etwas am Boden halten können. Ihr unbegrenzter Optimismus und Tatendrang lassen sie immer wieder aufsteigen.

Die Schützen sind die Lieblinge der Götter. Jupiter, der Göttervater persönlich, steht im Zeichen des Schützen. Wo auch sonst, wenn der größte Wohltäter aller Planeten, Jupiter, das Sternbild des Schützen beherrscht. »Jovial« leitet sich vom lateinischen Jovis (= Jupiter) ab; jovial zu sein ist eine der guten Eigenschaften der Schützen, die täglich im Umgang mit ihnen erfahrbar ist. Die Astrologie sieht den Schützen im neunten Haus, das der Philosophie, Bildung, Religion, Legislativen und den Reisen zugeordnet ist. Von hier werden Höchstwert, Normen und Gesetze vorgegeben und immer wieder neu angepaßt; dazu bedarf es originärer schöpferischer Kraft. Unsere Untersuchungen haben deutlich gezeigt, daß Schützen gerne und erfolgreich in Berufen tätig sind, wo sie Freiraum haben, anordnen und ordnen können, wo eine Herausforderung gegeben ist, wo es um Neues geht, das Kreativität erfordert, wo immer auch ein Stück Menschlichkeit mit transzendentalem Einschlag gefragt ist; ein wenig Göttliches gehört schon dazu, wenn Jupiter höchst persönlich Hand anlegt.

Viele Schütze-Frauen haben als Eignungs- und Traumberuf den der *Bäuerin* angegeben. Auch Männer meinten, Landwirtschaft sei gar nicht so abwegig für sie. Es wurde damit begründet, daß dieser Beruf enorm vielseitig sei. Eine *Bäuerin* ist vollkommen auf sich allein gestellt. Sie muß und kann Arbeit und Zeit selbst bestimmen und einteilen. Je nachdem, ob sie schnell oder langsam arbeitet, hat sie freie

Zeit, die sie wiederum selbst nach ihren Vorstellungen und Neigungen ausfüllen kann. Sie hat ein Betätigungsfeld, wo kreatives Arbeiten anerkannt wird, bei der Gestaltung von Wohnung, Garten und Feld oder beim Bereiten von Speisen und Getränken; sie kann ihren Kindern bei den Aufgaben helfen und sich so fit halten; sie hat Gesellschaften auszurichten, Familienfeste vorzubereiten. Sie kann ihren Haushalt gut führen und dadurch Wohlstand bilden. Für Schützen sind bäuerliche Arbeit und Hausarbeit nicht Zwang und ewiges Muß, sondern Spaß, Freude und die Chance zur Selbstverwirklichung, erfordern sie doch Vielseitigkeit, Engagement und Können. Gut gemacht, bringen sie das, was Schützen besonders mögen: viel Anerkennung.

Geistliche, Pfarrer oder *Pastorinnen, Ordensmänner* oder *-frauen, Missionare* oder *Religionslehrer* sind nicht selten von Schützen als Eignungsberuf genannt worden. In der Tat haben Schützen viele Eigenschaften und Fähigkeiten für die Ausübung eines religiös-geistlichen Berufs. Ihr Sinn für Gerechtigkeit, gepaart mit starkem sozialem Empfinden und einer weit ausgelegten, eher liberalen Moral lassen Schützen in diesem Beruf Außerordentliches leisten; sie eröffnen den Menschen den Zugang zu Gott. Die Fähigkeit, nicht nur so zu sein und so zu leben, wie der Herr es will, sondern predigend Tugenden zu vermitteln und zu spüren, wie die Gemeinde aufblüht und gedeiht, gibt dem Schützen Glaube, Kraft und eine ungeheure Motivation, Übermenschliches zu leisten. Besonders stark sollte das Wirken der Schützen in der Mission sein. Hier kommen alle ihre Fähigkeiten des Vertrauengebens, der Zukunftshoffnung, ihre Visionen, ihre zupackende Hilfe, getragen von ständig neuen Ideen, ihr Einordnen in die Gemeinschaft, ihr brüderliches Gleichstellen unter besonders erschwerten Bedingungen als Sinngehalt ihres Lebens zum Tragen. Hier feiert der Idealist seine Triumphe und verströmt sich in opfernder Liebe. Seine zutiefst unmaterielle Einstellung ermöglicht volle Konzentration auf ideelle Werte und das Heil der Menschen. Beruf wird zu Berufung und Gnade.

Richter zu sein und Recht zu sprechen, ist ein weiterer Beruf für Schützen. Wo Unbestechlichkeit und Vertrauen gefordert werden, wo ohne Ansehen der Person Vergehen und Streitigkeiten zu ahnden sind, wo Ordnung herzustellen ist und Gerechtigkeit erwartet wird, sind sie gute Sachwalter einer intakten Gesellschaft. Sie sind ihrem Wohltäter Jupiter zum Guten verpflichtet und werden immer streng nach Normen und Gesetzen entscheiden. Ihre Menschlichkeit verbietet es ihnen, im Zweifelsfalle anders als für den Angeklagten zu befinden. Sicher werden Schützen auch gute *Anwälte* sein; dazu hilft ihnen allein schon ihre Begabung sich auszudrükken; dennoch ist dies kein eigentlicher Eignungsberuf, da ein »Freipauken« irgendwie immer ein Unbehagen bei ihnen hinterlassen wird. Selbst wenn dies in der Praxis nicht so abläuft, genügt bereits die Tatsache der Vermutung, daß es so kommen könnte. Salomonisch und solonisch geprägt, mit Talent zum Lehren, werden Schützen hingegen als *Rechtswissenschaftler* erfolgreich tätig sein und selbst eine scheinbar »trokkene« Materie ihren Studenten vermitteln. Sie »verkaufen« dabei zunächst das Recht an sich, weniger den Buchstaben des Gesetzes. Es wird ihnen darauf ankommen, daß ihre Schüler erst die Fälle durchdenken, mit ihrem logischen Sachverstand lösen und dann erst zum Gesetzestext greifen. Die »ordre naturel« kann und darf der »ordre positif« niemals zuwiderlaufen. Mit Logik und kritischem Verstand wird die natürlich gegebene mit der menschlich geschaffenen und erlassenen Ordnung immer in Einklang zu bringen sein.

Recht zu sprechen ist eine »heilige« Handlung; sie erfolgt immer im Namen Gottes, des höchsten Herrn. Selbst dort, wo es diese höchste Instanz nicht mehr offiziell gibt, wird letztlich immer noch nach ihr entschieden.

Nach unserer Befragung fühlen sich viele Schützen auch als *Bankleute* geeignet. Das hat uns zunächst überrascht, denn

Geld ist nicht das, was Schützen gerne anfassen und verwalten. Dies ist auch richtig. An diesem Beruf reizt sie offenbar das, wozu Geld schließlich da ist: sinnvoll damit zu arbeiten. Sie spüren die richtige Geldanlage und haben Mut, es auch mit Risiko einzusetzen. Zukunftsbezogenes Wirtschaftsdenken wird immer eher ihre Entscheidung prägen als in der Vergangenheit geschaffenes Anlage- und Umlaufvermögen, das sich in der Bilanz widerspiegelt. Die Chancen künftiger Wertschöpfung werden für sie immer wichtiger sein als die letzte Gewinn- und Verlustrechnung. Und sie setzen auf fähige Menschen im Management, denn diese sind in der Lage, Werte zu schaffen. So gesehen sind Schützen eigentlich keine Bankleute, sondern eher *Manager*, die an einer Geldquelle sitzen und die Chance nutzen, dieses Geld kreativ einzusetzen; unter Umständen versuchen sie sogar, damit bestimmte Ziele zu erreichen, die gemeinwirtschaftlicher Natur sind und dynamisch auf eine ganze Volkswirtschaft wirken. Mittel- und Kleinbetriebe des Handwerks, des Handels, der Dienstleistung und die große Zahl der Freiberuflichen, Geschäftsneugründer, die nur mit ihrem Können, ihrer Phantasie und Leistungsbereitschaft bürgen, sind Kunden, denen Schützen gerne Geld bereitstellen.

Schützen sind *schreibende Philosophen* oder *philosophische Schreiber*. Dafür haben sie Talent, das sie auch gut nutzen sollten. Offenbar brauchen wir Menschen, heute stärker als je zuvor, das geschriebene Wort. Schützen halten die Verknüpfung einer in allen Bereichen mehr und mehr atomisierten und spezialisierten Welt zusammen. In einer Massengesellschaft ist das geschriebene Wort immer noch sicherste Quelle und Orientierung für die einzelnen Menschen. Wer sich bewußt aus diesem Kreislauf der Informationen ausschließt, wird sich immer nur passiv am Geschehen beteiligen können; er wird getrieben und kann nicht selbst treiben. Wissen ist und bleibt Macht. Geschriebenes hat mehr auf der Welt bewirkt als irgendeine andere menschliche Tat. Schützen werden, gleichgültig ob sie *Journalisten, Schriftsteller* oder *Dichter* sind, unerschrocken, selbstkritisch und konsequent den Humanismus zum zentralen Thema ihrer Skripten machen. Es wird nicht die verzeihende Nächstenliebe oder verstehende Liberalität, auch nicht der existenzerhaltende Materialismus oder die angstverdrängende Seelsorge sein, sondern das Bewußtmachen des menschlichen Wesens, seiner Einmaligkeit und Unsterblichkeit, was sie zu vermitteln haben.

Politiker sind Vertreter des Volkes, das sie wählt, damit sie die in einem Gemeinwesen anfallenden Gemeinschaftsaufgaben im Interesse aller erledigen. Ein erkennbar anspruchsvoller, verantwortungsreicher und auch anstrengender Beruf, der einem Menschen eigentlich alles abverlangt, wenn er Umfang und Inhalt des Votums ernst nimmt. Dies ist ganz sicher ein Eignungsberuf für Schützen, besonders für die Schütze-Frauen. Schon die Tatsache, von so vielen Mitmenschen gewählt zu sein, für sie zu handeln, kommt ihrem Selbstverständnis entgegen. Sie lieben es, Verantwortung zu tragen, Sachwalter für andere zu sein; sie werden all ihre Kraft daran setzen, das in sie gesetzte Vertrauen zu rechtfertigen. Einmal gewählt, werden sie alles unternehmen, eine Position zu erringen, die es ihnen ermöglicht, mitzureden und mitzuregieren. Sie trauen sich ohnehin jede Aufgabe und jedes Amt zu, ob *Bundespräsident, Bundeskanzler, Oppositionsführer, Fraktionsführer* oder *Minister*; einmal gewählt, werden sie über kurz oder lang in irgendeiner dieser Positionen auftauchen. Beim Schützen als Berufspolitiker geht es weniger darum, welche Aufgabe und Tätigkeit er gerade erfüllt, sondern darum, was er konkret politisch bewirken kann.

Schützen sind Reformer; sie sind immer am Verändern, möchten Neues angehen, wollen die Zukunft in die Gegenwart holen, aus dem Bewußtsein heraus, daß nicht nur das Einzelwesen, sondern auch das Gemeinwesen einen Organismus hat, der lebt, der immer neu an die veränderte Umwelt angepaßt werden muß. Schützen wollen auch immer Träume wahr werden lassen. Idealistisch, wie sie nun einmal sind, versuchen sie, es besser, größer und vollkommener zu machen, dazu noch schneller, als die Wirklichkeit es erlaubt. In der Durchführung sind sie pragmatisch; sie wissen, daß sie viel verlangen müssen, um wenigstens etwas zu erreichen. Ihre Rolle sehen sie mehr darin, Denkanstöße, Ideen, Vorschläge, bestimmte Ziele zu geben; das Umsetzen überlassen sie gerne anderen. Ihrem Sinn für Gerechtigkeit und ihrem sozialen Empfinden entsprechend sind Mittel immer vorhanden; sie müssen nur richtig geleitet werden. Es versteht sich, daß alle Maßnahmen hierzu legal erfolgen müssen. Im Notfall werden Schützen selbst eigenen Besitz und Eigentum einer gerechten Sache opfern, zumal sie persönlich zu Materiellem keine direkte, lebensabhängige Beziehung haben. So gesehen ist ihr Denken und Handeln als politische Reformer bis hin zum Revolutionär für sie »normal«. Der Weg zu einer Sozialreform kann für Schützen völlig verschieden sein; der eine mag ihn über den Marxismus, der andere über den Kapitalismus zu gehen versuchen. Das hängt von ihrer politischen Einstellung und Parteizugehörigkeit ab. Ob der einzelne Mensch gut oder vergleichsweise gut lebt, ob Güter dieser Welt gemeinsam erwirtschaftet und gerecht aufgeteilt werden, wobei Vorhandenes großzügig einbezogen wird oder individuell durch Leistungsanreize zu einem Wohlstand für alle führt, ist ihnen nicht wichtig. Sie suchen nach mehr Gleichheit und Gerechtigkeit, wenn möglich auf hohem Niveau. Dazu wollen sie an die Schalthebel der Macht. Ohne sie, davon sind sie zutiefst überzeugt, wird weder in einem kapitalistischen noch in einem sozialistischen oder kommunistischen System das hierzu Nötige geschehen; sie sind auch als Politiker messianisch und bringen das Heil für die, die sie wählen. Schützen polarisieren; an ihnen scheiden sich auch politisch die Geister. Das muß so sein, wenn sie zu dem stehen, was sie sind, wozu sie gewählt wurden. Das ist objektiv gut, weil jedermann weiß, woran er ist. Schützen sind auch als Politiker berechenbar und hundertprozentig ihrem Mandat verpflichtet.

Ein bekannter Arzt und Astrologe behauptet von den Schützen, sie würden mindestens einmal am Tage von ihrem Podest heruntersteigen und sich selbst anbeten. Diese Charakterisierung ist durchaus zutreffend. Eine neidische Bewunderung ist indessen nicht ganz auszuschließen; denn nur, wer schon mal auf dem Podest gestanden hat, kann auch heruntersteigen. Schützen können es, und sie finden es ganz in Ordnung, überdurchschnittlich zu sein; sie erkennen es aber auch bei jedem an, der es ist. Wer sich heraushebt, der muß auch etwas dafür tun. Die Feststellung, daß Spitzenleistungen auf allen Gebieten zu zwanzig Prozent mit dem Genius und zu achtzig Prozent mit Fleiß gemacht werden, hat wohl ihre Richtigkeit.

Es gibt ein spezielles Podest, wo Schützen sich ausgesprochen wohl fühlen: Bühne, Film und Fernsehen. Spiel ist ein glückhaftes Geschenk des Lebens; wer nicht spielen kann, der versteinert, wird zum Fossil. Kinder spielen sich frei von Sorgen, spielen gleichsam in den Tag hinein, der für sie nicht enden sollte. Für Schützen ist das ganze Leben entweder traumhafte Wirklichkeit oder wirkliche Traumhaftigkeit. Ihre Phantasie ist unbegrenzt; ihre Fähigkeit, sich in andere Persönlichkeiten, in ein anderes Umfeld und Milieu zu versetzen, entspricht ihrem Wesen. Vollständige geistige Umstellung, besonders aber die Übertragung dieser Geisteshaltung auf den eigenen Körper und die Seele, die sich dann in der Darstellung des anderen Ich ausdrückt, begeistert die Zuschauer und hebt Schützen vom Durchschnitt ab. Die Verwandtschaft mit ihrem Geburtsgebieter drängt sich erneut auf. Die griechische Mythologie berichtet von Zeus (den römischen Jupiter), daß dieser die Verkleidungs- und Schauspielkunst perfekt beherrschte und sich als andere Persönlichkeit oder gar in Tiergestalt manifestierte. Dies ist wohl auch heute noch das Geheimnis für eine erfolgreiche Betätigung in diesem Beruf. Wer es versteht, einen vollständigen Rollentausch mit der darzustellenden Persönlichkeit zu erzielen, wird und muß überzeugen. Spiel wird Wirklichkeit und wirkt.

Die Fähigkeit zu unterhalten ist eine große Begabung der Schützen. Sie können dieses Talent auch zum Beruf machen und als *Kabarettist* oder *Entertainer* in origineller Weise ihren kecken Geist versprühen. Frei moderieren, ohne schriftliche Vorgabe oder Hilfe aus der Situation heraus gestalten, ihren Einfällen folgen und diesen auch vertrauen, selbstsicher agieren, reagieren und praktisch mit jeder Situation fertig werden, dies alles können Schützen; es ist ihnen angeboren. Sie fühlen sich am wohlsten, wenn sie frei und ungebunden, selbst gestalten können. Unterhaltung lebt bekanntlich von Originalität und Überraschungseffekten. Neben dem, was gesagt wird, ist es vor allem die Art und Weise, wie es gesagt wird, woran sich Zuschauer und Zuhörer begeistern. Die Rede muß fließen, lebendig sein, alles muß locker und gelöst ablaufen; der Beschauer darf nie das Gefühl haben, dem Entertainer helfen zu müssen, damit er über die Runden kommt. Wer diese Schützen in Rundfunk, Fernsehen, in großen Sälen agieren sieht und hört, der wird sie sofort wiedererkennen. Sie sind immer voll engagiert, bis zur letzten Sekunde. Es gibt in solchen Veranstaltungen kein Tief. Wenn man glaubt, sie hätten ihr Pulver verschossen, kommt die nächste Pointe. Alle Veranstalter und Regisseure tun gut daran, sie mitreden zu lassen, ihnen den nötigen Freiraum für ihre spontanen Einfälle zu geben. Wer ihnen Beschränkungen auferlegt, wird das Beste, das sie zu bieten haben, wegnehmen, sie stumpf machen. Doch dazu wird es schon deshalb nicht kommen, weil dann der geborene *Komödiant* selbst längst das Handtuch geworfen hat und zu neuen Taten unterwegs ist. Weil Schützen Applaus brauchen, vielleicht ein wenig mehr als andere, fordern sie ihn heraus, mit all ihrer Kreativität, die sie besitzen. Sie sind Ovationen gewöhnt, finden diese schlichtweg »normal«. Daß dem so ist, werden alle Menschen bestätigen können, die solche erfolgverwöhnten Schützen persönlich kennen; sie sind alles andere als stolz oder gar überheblich, ganz im Gegenteil, verbindlich, freundlich bis kumpelhaft. So etwas wie Lampenfieber sollten Schützen eigentlich nicht kennen, Spannung sicher; das Schlimmste, was ihnen passieren kann ist, wenn Zuschauer keine Reaktionen zeigen; sie werden die Lust verlieren und ein solches Publikum schlichtweg verachten. Ihre weltverbessernde Grundeinstellung wird in ihrer Moderation immer durchscheinen. Sie sagen alles deutlich und spitz, unmißverständlich und klar, für manche zu direkt. Sie können schon recht keck und frech sein; solange man nicht unmittelbar persönlich betroffen ist, findet man das amüsant und unterhaltsam. Im Entertainement ist diese Gefahr durchaus gegeben; die beste Methode solcher Gefahr zu begegnen ist, sich selbst auf den Arm zu nehmen, was Schützen durchaus können.

Wer soviel Phantasie hat, wem soviel einfällt, wie den Schützen, wird sicher auch zu den *Erfindern* zählen. Um von Erfindungen zu leben, bedarf es meist zunächst eines Berufes, einer gründlichen Kenntnis eines Sachgebietes, in dem dann intensive Forschung betrieben wird. Schützen sind in der Lage und aufgrund ihrer Talente durchaus befähigt zu forschen und zu erfinden. Dabei kommen ihnen ihr Fleiß und ihre Ausdauer entgegen. Der entscheidende Grund für ihre Erfolgschancen liegt darin, daß sie unorthodoxe Wege gehen, Richtungen einschlagen, wo sich ein Wissenschaftler lächerlich machen könnte. Mit dem Selbstbewußtsein der Schützen gibt es für sie hier keine Probleme. Allein schon die Idee, einen Wagen ohne Zugpferde davor zu konstruieren, der sich aus eigener Kraft bewegt, war absurd! Doch den Jungen begleitete diese Idee bis zum Studium; bei all seinen Arbeiten als *Zeichner* und *Schlosser* bis zum *Ingenieur* war sein einziges Ziel das Automobil. CARL BENZ (25.11.1844) schaffte durch Erfindungen die Voraussetzungen für das sich selbst bewegende Fahrzeug: 1886 fuhr das erste Auto durch die Straßen von Mannheim.

WERNER HEISENBERG (5.12.1901) stellte mit der Bestimmung der sogenannten »Unschärferelation« die herrschende, unumstößliche Auffassung der Kausalität im Bereich der Atome in Frage und machte mit der völlig neuen Methode der Quantenmechanik das Atom berechenbar. WERNER VON SIEMENS (13.12.1816) war von der Idee beseelt, daß Wissenschaft und Technik ein Segen für die Menschheit seien. Sein ruheloses Forschen brachte viele bahnbrechende Erfindungen auf dem Gebiete der Elektrizität, Mechanik, Optik, Wärme, Akustik und Atomphysik.

Von allen Befragten, die den Beruf des *Elektrikers* nannten, entschieden sich die Schützen am häufigsten dafür. Strom in seiner elementaren Beschaffenheit kommt dem Empfinden dieses Sternbildes entgegen. Elektrizität fließt, sprüht, funkt, sie wärmt und macht hell, sie bewegt. Es ist unbändige Kraft, die, richtig geleitet, nützlich und nahezu unentbehrlich ist. Es sind Gesetzmäßigkeiten zu beachten, der zu bearbeitende Stoff ist lebendig und zeigt Reaktionen; die Subjekte und Objekte können treffen, wenn unsachgemäß damit umgegangen wird. Es ist eine denkende Tätigkeit, die Geist und Körper gleichermaßen beansprucht. Obwohl die Handgriffe zur Routine werden, ist die Arbeit wegen ständig wechselnder Projekte immer wieder anders und neu. Bei der hochentwickelten Technik von heute mit ihren komplizierten Steuerungssystemen genügt es nicht, ein paar Drähte zu verlegen und anzuschließen; hier werden Programme geschrieben und umgesetzt. Schützen sind schnell in Auffassung und Umsetzen, äußerst geschickt bei den Arbeiten selbst. Elektriker sind keine Teamarbeiter, auch wenn sie in einer Gruppe arbeiten; jeder ist absolut für das verantwortlich, was er tut. Können entscheidet, und dies macht bekanntlich unabhängig. Ein weiterer wichtiger Grund für Schützen, einen solchen Beruf zu wählen.

Ähnliche Ursachen mögen die Schützen bewogen haben, für den Beruf des *Bauhandwerkers* stärker als andere Sternzeichen zu votieren. Er hat viel Verwandtschaft mit dem des Elektrikers, ist einerseits breiter angelegt, andererseits enger begrenzt, da sich diese Tätigkeit nur auf Baulichkeiten bezieht. Wichtig für die Schützen ist, daß sie viel Freiheit haben, sich ihre Arbeit einteilen können, daß sie einmal mehr individuell arbeiten können. Sie haben ihre Aufgabe und können diese selbständig erledigen. Was sie tun und leisten ist sichtbar, kann nachgeprüft werden, ist gewissermaßen objektiviert. Sie hängen weder von Launen, noch von Meinungen und Beurteilungen anderer Menschen ab. Entweder die Leistung ist gut, dann ist das Entgelt dafür in Ordnung, oder sie haben geschludert, dann müssen sie dafür geradestehen. Entscheidend für sie ist, daß sie gerecht behandelt werden. Schützen hassen nichts mehr, als wenn sie möglicherweise noch von unqualifizierten Auftraggebern oder Vorgesetzten ungerecht behandelt werden.

Sicherheit ist für sie ein wesentliches Motiv; weibliche und männliche Schützen halten den Beruf des *Steuerberaters* für besonders geeignet für sich. Ihre Neigung zu Gesetz und Ordnung, zu Interpretation und sinnvoller Anwendung macht für sie diesen Beruf interessant, ganz abgesehen davon, daß auch dieser Beruf ihre Fähigkeiten zweifelsfrei belegen kann. Ihre Erfolge sind meßbar; sie verdienen, was sie verdienen; mehr wollen sie ohnehin nicht. Ihre Begabung, schnell zu arbeiten, gibt ihnen von der Arbeitsbelastung her gesehen keinerlei Probleme auf; sie erfassen schnell worauf es ankommt und erledigen Vorgänge kurz und bündig.

Schütze-Männer kochen gerne. Jedenfalls hat dies unsere Befragung ergeben, wohingegen Schütze-Frauen offenbar lieber backen. In beiden Fällen scheint hier, neben allem, was wir bei Schützen hinsichtlich Freiheit und Individualismus ausgeführt haben, besonders die Kreativität verantwortlich zu sein, die in ihnen steckt und die sie gerne demonstrieren möchten. Schließlich kann man sich so schnell und mit Nachdruck anderen Menschen gegenüber beweisen. Das ist für

Schützen keinerlei Problem; sie lassen sich herausfordern oder fordern sich selbst heraus, um zu beweisen, daß sie mehr können als andere. Auch wenn es widersprüchlich zu sein scheint, lieben Schützen das Kochen und Backen auch deshalb, weil sie anderen etwas Gutes tun. Es ist somit keineswegs bei ihnen immer Eigennutz. Das glaubt ihnen nur so leicht niemand, da sie immer zeigen, daß sie stolz auf ihre Leistung sind. Wichtig ist für diese Berufe der *Köche* und *Konditorinnen*, daß ihnen immer etwas Neues einfällt und sie vor allem den richtigen Gaumen besitzen.

Schütze-Männer *dirigieren*, Schütze-Frauen *musizieren* lieber. Begabung vorausgesetzt, was bei künstlerischen Berufen immer als »Conditio sine qua non« angenommen werden muß, entspricht dieser Beruf wieder voll dem Wesen der Schützen. Das ist leicht zu belegen, da sie dies auch außerhalb des musikalischen Bereichs tun oder versuchen zu tun. Auch Frauen spielen im übertragenen Sinne durchaus, wo immer es möglich ist, »die erste Geige«. Bei den genannten Berufen reizt Schützen natürlich die Chance, durch besondere, nur von ihnen selbst zu erbringende Leistungen zu brillieren. Alles, was sie an Zeit und Mühe investieren, reflektiert das Ansehen, das sie erreichen. In solchen Berufen müssen Schützen ganz einfach glücklich sein.

Schützen sind zukunftsorientierte Menschen. Sie entscheiden sich immer fürs Leben. Männer wie Frauen haben allen Sternbildern voran den Beruf des *Biologen* beziehungsweise der *Biologin* als einen ihrer Eignungsberufe gewählt. Sie taten dies, weil sie nirgendwo sonst die Schöpfung, die sie tief beeindruckt, besser erfahren und erleben als im Mikrobereich von Pflanzen, Tieren und menschlichen Zellen. Allein zu sein mit der Natur und ihrer Gesetzmäßigkeit, zu beobachten, sich damit zu befassen und Schlüsse zu ziehen, ist eine herrliche Tätigkeit, unabhängig und frei, ideal für Schützen.

Schütze-Männer besitzen gute Eignung zum *Dolmetscher*. Ob jemand im Sinne anderer reden kann, setzt etwas voraus, das Schützen in besonders starkem Maße haben: Selbstbewußtsein. Schütze-Männer, mehr noch als -Frauen, haben keinerlei Hemmungen, auch einmal Fehler zu machen. Sie wagen sich an die schwierigsten Texte heran und lieben es, wenn sie richtig gefordert werden. Mit dieser Gelassenheit sind sie natürlich entkrampft und bringen schon deshalb bei gleicher Begabung und gleichem Wissen oder Ausbildungsgrad bessere Leistungen. Anders als die Wassermänner tendieren sie dahin, wenn es not tut auch einmal vom Text abzuweichen und nach ihrem Verstehen zu übersetzen; keineswegs verfälschend, sehr wohl aber klärend. Das Gefühl, gebraucht zu werden, ist für Schützen bei diesem Beruf einmal mehr gegeben; selbst physisch stehen sie da, wo ihr Platz ist: im Mittelpunkt.

In den naturwissenschaftlichen Berufen haben Schütze-Frauen auch viel Interesse für *Mathematik* und *Physik* gezeigt und mehr als andere Sternzeichen gemeint, hierfür eine gute Eignung mitzubringen. Logisches Denken ist Schützen nicht fremd; sie können durchaus mit Abstraktem umgehen. Dennoch dürfte ihre Stärke mehr in der angewandten Mathematik liegen. Wesentlich ist hier für sie, ebenso wie als *Physikerin*, daß sie, auf sich selbst gestellt, Leistung demonstrieren können.

Schütze-Frauen sind von Natur aus emanzipatorische Wesen. Sie kennen Probleme, wie sie andere Frauen mitunter in dieser Beziehung haben, nicht und halten sich deshalb auch für Berufe geeignet, die eher als Männerberufe gelten, wie beispielsweise *Schreiner*. Bei der heutigen maschinellen Ausrüstung kommt es bei solch handwerklichen Tätigkeiten viel mehr auf Geschicklichkeit und Augenmaß, denn auf körperliche Kraft an. Außerdem gibt es die Möglichkeit, ins Künstlerische zu tendieren. Schreinern ist auch eng verknüpft mit Innenarchitektur. Somit eröffnet sich ein weites Betätigungsfeld, das bis zur Restauration von alten Möbeln gehen kann.

Es haben sich zwar nur wenige der Befragten für den Beruf

des *Buchbinders* insgesamt ausgesprochen; die Schützinnen meinten, daß ihnen dieser Beruf gut für sie geeignet erscheine. Auch den für Frauen recht ausgefallenen Beruf der *Detektivin* haben einige Schütze-Frauen als erstrebenswert angesehen. Um hier erfolgreich zu bestehen, müssen schon einige Faktoren, wie Cleverness, Sportlichkeit und Ausdauer zusammenkommen. Das Zusammenwirken von Kraft und Geist, die Freude offenzulegen, motivieren zu besonderen Anstrengungen. Sie kennen zwar Angst, aber keine Furcht, und wissen sich mit ihrem durchtrainierten Körper als sportliche Frauen durchaus zu wehren.

Genies und bedeutende Persönlichkeiten der Welt gibt es unter allen Sternbildern. Dennoch unterscheiden sie sich in zwei wesentlichen Punkten: im Sinngehalt ihres Tätigseins und in der Art und Weise, wie sie auf ihrem Gebiet gearbeitet haben. Unter den *Musikern* finden wir eine Reihe namhafter *Komponisten*, die Schützen sind und viele Gemeinsamkeiten haben, was Thema und Tonalität angeht, was Nutzung der musikalischen Mittel und Ausdruckskraft betrifft. Dazu kommt die für sie typische Besessenheit, die menschliche Seele musikalisch zu erfassen und darzustellen. LUDWIG VAN BEETHOVEN (16.12.1770) blieb nicht beim Klavierspiel, obwohl er dort virtuos war, sondern setzte seine musikalische Phantasien in eigene Kompositionen um. Er schuf eine andere, eine neue Musik, die vielen seiner Zeitgenossen nicht so recht ins Gehör gehen wollte, mächtig im Ausdruck, doch voller Klang, Harmonie und unendlicher menschlicher Tiefe. HECTOR BERLIOZ (11.12.1803) war ein ebenso besessener wie sprühender Musikergeist, der anders, aber ebenso kraftvoll wie Beethoven seinen eigenen Stil durchzusetzen versuchte. Auch er komponierte inhaltsschwere, mächtige und klangvolle Musik. ANTON RUBINSTEIN (28.11.1830) schuf Werke, die thematisch wie auch in Ausdruck und Klang einen Anspruch auf Ernsthaftigkeit erheben. Sie sind nicht gefällig, dramatisieren ethische Werke, die nachdenklich machen.

Carl Maria von Weber (18.12.1786) wollte aufrütteln und die Menschen seiner Zeit mit kraftvollen Tönen in gefälliger Klangfülle Mut machen. Auch Gaetano Donizetti (29.11.1797) bestach nicht nur durch Charme, sondern pflegte als fleißiger Komponist seinen eigenen Stil.

Trotz des »unsterblichen« Beethoven sind Schützen eher Menschen des Wortes, wie das die Astrologie in der Zuweisung des neunten Hauses deutlich unterstreicht; unsere Untersuchungsergebnisse bestätigen diesen Befund. Wir entdeckten zwei Richtungen der schreibenden Zunft, unabhängig vom Geschlecht, »Sanfte« und »Zornige«; ihr zentrales Thema bleibt, wie schon bei den Musikern, der Humanismus. Anna Luise Karsch (1.12.1722), die »Karschin«, hat sich mit Begabung und Fleiß zur angesehenen Dichterin empor geschrieben; feinsinnige und ironische Gesellschaftsszenen und Menschenschilderungen verdanken wir der englischen Romanschriftstellerin Jane Austen (16.12.1775); stark ist die Auseinandersetzung der Lyrikerin Emily Dickinson (10.12.1830) mit der Natur; die Bühnenautorin Rachel Crothers (12.12.1878) ermahnte die Menschen zur Nächstenliebe; Ellen Key (11.12.1849) hat als Frauenrechtlerin mit leidenschaftlichem Engagement und deutlicher Sprache für die Freiheit der Person und Verständigung der Völker gestritten. Allen Schützen ist diese direkte, entwaffende Sprache eigen, so auch Jenny Hirsch (25.11.1829), die zunächst als Magd diente und dann Journalistin und Schriftstellerin wurde; bewundernswert ist auch Willa Cather (7.12.1876) oder die gelähmte Zenta Maurina (15.12.1897). Dorothee von Velsen (29.11.1883) hat Menschlichkeit gepredigt, und die Schweizer Lyrikerin Regina Ullmann (14.12.1883) drückte die Empfindungen der menschlichen Seele in weichen, sanften und doch einprägsamen Worten aus.

Horaz (8.12.65 v. Chr.) hat in herrlichen Oden an die Vergänglichkeit des Lebens erinnert und den »Tag zu nutzen« *(»carpe diem«)* empfohlen. Er setzte sich mit den Reichen auseinander und beklagte den Verfall der guten Sitten. Der Dramatiker LOPE DE VEGA (25.11.1562) versuchte ebenso, die Menschen wachzurütteln; er hat viel geschrieben; am Ende seines Lebens wurde er Priester. JONATHAN SWIFT (30.11.1667), der »Gulliver's Travels« schuf, war schreibender Geistlicher. Beeindruckend ist auch JEAN-BAPTISTE RACINE (21.12.1639), der als Dramatiker nachdenklich machte. Für einen Geistlichen fast zu kämpferisch war der Schriftsteller STEPHAN LUDWIG ROTH (24.11.1796); überzeugend auch der Soldatendichter MAX VON SCHENKENDORF (11.12.1783), kraftvoll die Sprache des Sozialpolitikers und Historikers THOMAS CARYLE (4.12.1795), mitreißend BJÖRNSTJERNE BJÖRNSON (8.12.1832) als Redner gleichermaßen wie als Schreiber; sein großes Anliegen war der Frieden in der Welt. Unterschiedlich sind – trotz vieler Gemeinsamkeiten – die Lyriker und Dichter HEINRICH HEINE (13.12.1797) und WILHELM HAUFF (29.11.1802), Romantiker, die sich auch kritisch mit ihrer Zeit auseinandergesetzt haben. Wer kennt nicht den originellen amerikanischen Erzähler MARK TWAIN (30.11.1835), und wer ist nicht gefangen von der Lyrik RAINER MARIA RILKES (4.12.1875), der mit sphärischer Sprache das unendlich Ewige ins Diesseits geholt und unsere Welt philosophisch ins Metaphysische projiziert hat?

Schützen bestechen oft durch Originalität. Sie haben keine Angst, sich in Widerspruch zu setzen. Sie fürchten weder Häme, noch haben sie Angst, sich zu blamieren. Nur so ist es vielen von ihnen gelungen, gänzlich Neues zu bringen, zu erfinden oder zu schaffen. NIKOLAUS KOPERNIKUS (19.12.1473) hat erkannt, daß sich die Erde um die Sonne dreht und nicht umgekehrt, wie es vor ihm die herrschende Lehrmeinung war. Er hat sich gegen eine etabliertes Weltbild gestellt und ein neues geschaffen. TYCHO BRAHE (14.12.1546) hat genaue Messungen der Planeten vorgenommen, die sich Johannes Kepler später zu eigen machen konnte. BARUCH DE SPINOZA (24.11.1632) hat als Philosoph den Rationalismus begründet

und eine Wende im Denken eingeleitet, eine Bewegung, die bis in unsere Zeit hineinreicht. Davor schon postulierte der große englische Dichter JOHN MILTON (9.12.1608) die Freiheit als ein »geborenes« Recht; es ist heute noch ein Genuß, den Gedanken LEOPOLD VON RANKES (21.12.1795) zu folgen. Der Feldherr GEBHARD LEBERECHT VON BLÜCHER (16.12.1742) hatte einen scharfen Intellekt, eine großartige Beobachtungsgabe und war ein konsequenter Realist – kein Diplomat. BENJAMIN DISRAELI war ein ebenso geistreicher, tüchtiger Politiker wie der Schwedenkönig GUSTAV ADOLF (19.12.1594), der die Großmacht Schweden schuf, die seine Tochter CHRISTINA (8.12.1626), der Kunst und Wissenschaft zugetan, nicht halten konnte. Obwohl ihr eine Reihe von Männern halfen, konnte MARIA STUART (8. 12.1542) ihrem Schicksal nicht entgehen; Elisabeth I. von England ließ sie enthaupten. FRANÇOISE D'AUBIGNÉ MAINTENON (27.11.1635) hatte mehr politisches Geschick; es gelang ihr, von Ludwig XIV. zur zweiten Ehefrau genommen zu werden. Großen Einfluß nahm auch JEANNE FRANÇOISE JULIE RÉCAMIER (4.12.1777), in deren literarischen Salon viele bedeutenden Männer ihrer Zeit verkehrten.
HEINRICH IV. VON NAVARRA (13.12. 1553) erließ das Toleranzedikt, »Paris war ihm eine Messe wert«, und er wollte, »daß jedermann ein Huhn im Topf hat« – so einfach und wirkungsvoll können Schützen Politik machen, und das sicher nicht zum Schaden der Menschen. Papst JULIUS II. (5.12.1443) ließ den Petersdom bauen und etablierte die Kirche als weltliche Macht.

Der Chemiker FRITZ HABER (9.12.1868) entdeckte die Ammoniaksynthese und begründete die BASF; WERNER VON SIEMENS (13.12.1816), ebenfalls ein Erfinder und Unternehmer, tat sich mit Halske zusammen und begründete eine Weltfirma. GOTTFRIED SEMPER (29.11.1803) war Schriftsteller, Politiker und Baumeister und schuf die berühmte Oper in Dresden.

Schützen waren auch als Maler besonders eigenständig und schöpferisch: angefangen bei TOMMASO MASACCIO (21.12.1402), dem Begründer der Malerei der Toskana, über ADOLF VON MENZEL (8.12.1815), FRANZ LENBACH (13.12.1836), EDUARD MUNCH (12.12.1863), HENRI DE TOULOUSE-LEUTREC (24.11.1864), WASSILIJ KANDINSKIJ (4.12.1866) bis zu PAUL KLEE (18.12.1879) – mit mehr als neuntausend Arbeiten ein besonders produktiver Künstler. Originell ist zweifellos auch das Wachsfigurenkabinett der MARIE TUSSAUD (1.12.1760) in London.

Unter den Naturwissenschaftlern ist HUMPHRY DAVY (17.12.1778) zu nennen; er entdeckte chemische Elemente wie Chlor, Fluor, Strontium, Barium und Kalzium. HENRI BECQUEREL (15.12.1852) hat für seine Forschung radioaktiver Strahlen den Nobelpreis erhalten, und WERNER HEISENBERG (5.12.1901) begründete die moderne Quantenmechanik der Atomforschung.

ROBERT JULIUS MAYER (25.11.1814) hatte es schwer, als Arzt sein »physikalisches Gesetz von der Erhaltung der Energie« durchzusetzen und damit annerkannt zu werden; ROBERT KOCH (11.12.1843) entdeckte die Erreger der Tuberkulose. ERNST VON BERGMANN (16.12.1836) und sein Schüler und Nachfolger AUGUST BIER (24.11.1861) waren zwei berühmte Chirurgen.

Schauspielerinnen, deren Namen in der Geschichte Bestand haben, sind WILHELMINE KORN (17.12.1786), CHRISTIANE BECKER-NAUMANN (14.12.1778), AMALIE WOLFF (11.12.1780), WILHELMINE SCHRÖDER-DEVRIENT (6.12.1804), GERTRUD EYSOLDT (30.11.1870).

10
Steinböcke: Schaffer und Bewirker
22. Dezember – 20. Januar

Steinböcke sind unermüdlich, strebsam, fleißig, zielgerichtet und pflichtbewußt, dabei zäh und hart gegen sich und andere. Sie ringen und kämpfen, sie setzen nach und lassen keine Chance ungenutzt. Schwierigkeiten schrecken sie nicht ab. Sie scheinen sie vielmehr zu ermutigen und zu motivieren. Steinböcke lassen sich nicht abschütteln, nicht abhängen. Bei ihnen vollzieht sich alles mit ruhiger Konstanz und Gleichmäßigkeit. Blitzkarrieren eines Steinbocks sind so selten wie Schnee in Afrika. Erfolge im Beruf, in welchem auch immer, sind so gewiß wie ein neuer Tag. Sie haben die Geduld, selbst lange auf diese Erfolge zu warten. Durch stetiges, ruheloses Schaffen, begleitet von einer wahren »Marathon-Ausdauer« und in tiefem Vertrauen auf ihre Leistungskraft, motivieren sich die Steinböcke selbst zu permanenter Arbeitsleistung und überdurchschnittlicher Effizienz. Bei gegebenen Veranlagungen und Talenten erreichen sie schon aus diesem Grunde immer mehr als Gleichbegabte.

Geplagt von Zweifeln und geschüttelt von der Ungewißheit, Geschaffenes zu behalten und zu erhalten, sind sie ständig am Aufbauen und Absichern. Dabei wird alles sehr solide angelegt. Ihre Werke gründen auf starken Fundamenten. Deshalb sind Steinböcke auch um so erfolgreicher, je länger sie leben, was nicht von allen Tierkreiszeichen behauptet werden kann. Die Steinböcke entfalten meist erst in hohem Alter ihre ganze Leistungskraft. Sie verstehen es, ihr Können zu akkumulieren, zu bündeln und umzusetzen. Sie haben eine bewundernswerte Arbeitsdisziplin. Sie streben immer beste

Nutzensverwertung an, spartanisch, einfach, ohne Firlefanz und schmückendes Beiwerk. Auch sie handeln gemäß dem ökonomischen Gesetz, wonach mit den gegebenen Mitteln der höchste Nutzen zu erzielen ist, mit den geringsten Mitteln ein bestimmter Nutzen. Darunter verstehen sie natürlich im Endergebnis Geld. Beständiges, Festes, Greifbares, Hartes, Sichtbares, Wertbeständiges, Eindeutiges, Klares, alles, was unmißverständlich und ganz konkret ist, mögen die Steinböcke; sie brauchen Tatsachen und lieben Fakten. Sie hassen das Flüchtige und jede Art von verbaler Akrobatik.

Saturn, der von manchen Astrologen zu Unrecht, wie wir meinen, als »Missetäter« hingestellt wird, verleiht den Steinböcken die Eigenschaften, die sie gleichsam auf Erfolg programmieren. Sicher kann ein solch intensives Geldstreben manchem Zeitgenossen auf die Nerven gehen, doch unredlich oder bösartig ist es sicher nicht. Saturn hält die Menschen zu Zucht, Ordnung, Fleiß, zum Schaffen überhaupt an. Er ist Zuchtmeister und hütender Wächter aller lebensnotwendigen menschlichen Aktivitäten; er verkörpert das Bibelwort: »Macht euch die Erde untertan.« Er zwingt die Menschen zur Beherrschung der Materie. Er ist der große Mahner der Menschheit und schreckt nicht vor Bestrafung durch Naturgewalten und gelenkte menschliche Satanskraft zurück, wenn es notwendig ist, die überheblichen, machtbesessenen Menschen in ihre Schranken zu weisen. Er bringt einzelne, ganze Völker und Generationen wieder zur Vernunft. Ohne Saturn läuft nichts auf dieser Welt. Er steht für Pflicht. Und da es kein physisches Leben ohne Nahrung gibt, diese nur durch Arbeit und Fleiß zu erreichen ist, und dazu ein Beruf unabdingbar ist, herrscht Saturn auch folgerichtig über das zehnte Haus, dem Haus des Erfolgs dieses menschlichen Tätigseins. Für Steinböcke und solche, die Steinbock-Aszendenten haben, ist arbeiten gleich leben. Auf kein anderes Tierkreiszeichen trifft das Adjektiv tüchtig besser zu als auf Steinböcke.

Steinböcke sind gute *Bankiers* und haben ihre größten Erfolgschancen, wenn sie beteiligt sind oder ihnen die Bank selbst gehört. Als *Privatbankiers* sind sie in Person die Bank und stehen für Solvenz und Güte der Geldgeschäfte. Eine stärkere Motivation, Leistung zu erbringen, ist für Steinböcke nicht denkbar. Das Geld gleichsam vor Augen, die Mehrungschancen in eigener, direkter Verantwortung, werden sie zielgerichtet und ausdauernd fleißig Groschen zu Groschen fügen. Sie tun für ihre Kunden alles, um sie zu behalten. Vertrauen zu schaffen und dann Geschäfte zu machen, ist ihre Devise. Sie handeln nach dem Prinzip, daß zufriedene Kunden immer zahlende Kunden sind. Diskret und emsig werden sie sichere Geldanlagen suchen. Sie mehren die Kapitalmengen optimal und achten bei Kreditvergaben auf Sicherheiten. Das Bankgeheimnis muß ihnen nicht erst beigebracht werden; das haben sie in sich. Spekulationen sind ihnen suspekt und zu gefährlich. Ihre Ziele und Versprechungen liegen immer hinter ihren eigenen Erwartungen, die sie in der Regel schließlich dann übertreffen. Geschäfte werden auf sicherer Grundlage, nur bei guten Chancen gemacht. Risiko ist für Steinböcke schon soviel wie Verlust; sie werden alles tun, um es zu vermeiden. Sie gehen um »heißes« Geld herum, wie die berühmte Katze um ihren heißen Brei. Grundstücke, Immobilien, festverzinsliche Papiere, Aktien von solventen Unternehmen mit viel Substanz und Edelmetalle schätzen sie mehr als Tagesgelder, Währungen und Rohstoffe; es sei denn, es wäre ihr Spezialgebiet. Depotbetreuung, möglichst mit Beteiligung am Zugewinn, wird ihren Einsatz erheblich beleben.

Steinböcke eignen sich in hohem Maße zu *»geistlichen« Berufen.* Sie überzeugen durch tiefe Frömmigkeit, durch ein asketisches Leben, das von Strenge und Entbehrung gegen sich selbst gekennzeichnet ist. Sie werden immer Hüter und Wahrer der »reinen« Lehre sein. Tradition, offenbarte und gewachsene Wahrheiten ihrer Religion, gleich welcher Art sie auch sein mag, lehren und leben sie mit Hingabe. Ihre Glaubwürdigkeit hat darin ihre Ursache. Sie haben in der Regel ein profundes Wissen, besitzen eine unerschütterliche Glaubensüberzeugung, die sie durch merkbare Bescheidenheit überzeugend vermitteln. Sie gewinnen, führen, leiten und helfen ihren Mitmenschen durch ihre für jeden sichtbare Übereinstimmung von reden, handeln und leben. Sie finden ihre Erfüllung als *Ordensfrauen* in Klöstern, in der Unterweisung gleichermaßen wie im Garten. Sie nehmen sich selbst in Zucht und Verantwortung und werden auch als Priorin oder Oberin eines Klosters den Regeln gemäß leben und leben lassen.

Bei *Patres* ist es nicht anders. Ihr Realitätssinn wird dafür sorgen, daß unabhängig vom Umfeld ihr »Weizen blüht«. Wo sie Verantwortung tragen, wird es weder an körperlicher noch an geistiger Nahrung mangeln. Steinböcke sind nicht nur Garanten gesunder, blühender Gemeinschaften; sie sind auch gute *Kirchenväter* und *Dogmatiker.* Ihre nüchterne, illusionsfreie, auf Substanz zielende Denkweise, ihre unablässige Orientierung an den existierenden Grundwerten erheben sie zu unbestechlichen Sachwaltern ewiger, zeitloser Güter, machen sie gleichsam zu Bindegliedern unendlicher Generationsketten.

Steinböcke sind gute Erzieher, wenn man davon ausgeht, daß es darum geht, lebenstüchtige Menschen heranzubilden. Sicherlich ließe sich trefflich streiten, was darunter zu verstehen ist; ob es nicht besser sei, jungen Menschen ihre Freiheit zu geben und sie ohne große Vorbereitung in die Arbeitswelt einsteigen zu lassen. Herrschende Meinung ist sicher immer noch, daß es ohne Erziehung nicht geht. Steinböcke als *Erzieher* trainieren immer den Ernstfall, so daß keine bösen Überraschungen kommen können; wird es besser für den einzelnen, so motiviert es ihn zu einem glücklicheren Leben. So werden das scheinbar Böse und Unangenehme, das Anstrengen und Entbehren, das Kämpfen und sich Versagen, was die saturnbestrahlten Steinböcke fordern, zum Segen und Glück für alle, die frühzeitig unter einem solchen Einfluß standen. Bestechend und beeindruckend zugleich sind Haltung, Sprache und Handlungen der Steinböcke bei der Wahrnehmung ihrer Pflichten.

Steinböcke haben gute Berufschancen als *Steuerberater, Wirtschaftsprüfer* oder *Vermögensverwalter*. Ihre gründliche Arbeitsweise, ihr ständiges Prüfen, Werten und Überdenken gegebener Sachverhalte, ihre Geduld und Ausdauer lassen sie oft bessere Lösungen finden als andere. Bei ihnen sind nicht Schläue und Gerissenheit, Intuition oder gar Glück, sondern penibles Abgreifen der Materie, ein diszipliniertes Vorgehen bei Problemlösungen und Arbeitsabläufen maßgebend für ihre Erfolge. Wie bei jeder Tätigkeit wird die vorhandene, natürliche Arbeitsfreude von Steinböcken dadurch gesteigert, daß sie am Erfolg angemessen beteiligt sind. Solcherlei Absprachen sind nicht nur für sie gut, sondern bringen auch den Geld- oder Auftraggebern mehr ein. Vermögen zu bilden und zu mehren, ist für Steinböcke immer eher Hobby als »richtige« Arbeit. Es ist weniger der Umgang mit Zahlen, weniger das Rechnerische oder Mathematische, sondern die Mittel und die Möglichkeit, Zahlen zu steuern und zu lenken, sie letztlich so legal zu manipulieren, daß alle Chancen genutzt sind, was Steinböcke für diese Berufe qualifiziert. Bei Sachprüfungen, sei es zur Kontrolle oder als Grundlage für Beratung, ist die rechnerische Prüfung zwar notwendig, aber letztlich nur formaler Natur; wesentlich ist der materielle Inhalt und dessen Stimmigkeit mit den gesetzgeberischen Bedingungen. In der Kontrolle geht es darum, Lücken zu schließen, in der Beratung, solche zu finden. Beides erfordert genaue Kenntnis der Gesetze und Rechtsprechung, die, im Gedächtnis gespeichert, es ermöglichen, Vorgänge und Verordnungen miteinander in Einklang zu bringen. Diese Tätigkeit gleicht oftmals einem Puzzle mit nicht markierten Teilen, die deshalb schwer ineinanderzufügen sind. Dazu bedarf es der Logik, der visuellen Kombinationsgabe und einer besonderen Kreativität für Einpassungsvorgänge. Dies alles ist kein buntes Kaleidoskop, sondern sind Begriffe und Zahlen, sozusagen »trockene Materie«. Aus dem Sachverhalt heraus erklärt sich leicht, daß nur die Erfolg haben können, die hinter abstrakten Bezeichnungen und Zahlen mehr sehen als eine Niederschrift von Soll und Haben. Manches, was fix erscheint, wird variabel; das Ganze erhält eine Eigendynamik, eingebunden in den Ökonomiebereich, für den es geschaffen ist.

Unsere Umfrage ergab, daß der Beruf des *Maurers* von vielen Steinböcken als Eignungsberuf ausgewählt wurde. Ausgehend von ihren schon beschriebenen Fähigkeiten überzeugt diese Entscheidung. Schon das zu bearbeitende Material, Stein, Eisen, Sand, Kalk, Wasser, Beton, entspricht ihrem Wesen; es ist reell, fest, stark, echt, dauerhaft, haltbar und wertbeständig. Im Umgang mit den Materialien, die wir bearbeiten, überträgt sich durch unsere unmittelbare Berührung ein Gefühl für diese Stoffe. Steine fassen sich anders an als Holz oder Eisen, dies wieder anders als Wolle, Weizen, Früchte oder Pflanzen und Tiere. Diese Vorgänge spielen sich unbewußt ab; sie werden von uns nur wahrgenommen, wenn sie uns schmerzen und krank machen. Dann wissen wir, daß wir solchen Stoffen gegenüber allergisch sind. Steinböcke greifen Steine und Erde und gehen damit um, als hätten diese Stoffe Leben. Der Beruf des Maurers erfordert Zähigkeit, Ausdauer und Kraft. Es ist nicht jedermanns Sache, bei Wind und Wetter auf dem Bau zu stehen und harte körperliche Arbeit zu verrichten; auch wenn heute durch mancherlei hilfreiche Maschinen die Muskelkraft unterstützt wird, bleibt diese Tätigkeit immer noch anstrengend und ermüdend. Diese Art des körperlichen Ausarbeitens kann gleichwohl ein glückhaftes Gefühl auslösen und einen durch die Ausübung seines Berufes entspannten und zufriedenen Menschen schaffen.

Der Beruf der *Sängerin* beziehungsweise des *Sängers* ist sehr erfolgversprechend für Steinböcke. Gute Stimmen gibt es wohl in jedem Tierkreiszeichen. Entscheidend ist gerade bei einer solchen Veranlagung, daß die Stimme ausgebildet wird. Dazu bedarf es großen Fleißes. Üben, üben und nochmals üben ist Voraussetzung für Erfolg und Karriere. Steinböcke haben die Kraft, die dazu notwendig ist. Da Singen eine körperliche Tätigkeit ist, muß nicht nur das entsprechende Organ, die Stimmbänder, geschützt und geschont werden, sondern auch der ganze Körper fit gehalten werden. Auftritte bei Liederabenden, in Operetten oder Opern, die Stunden dauern, sind äußerst anstrengend. Nur gesunde Körper stehen derartige Anstrengungen durch. Wer diesen Beruf ausübt, muß vielem entsagen, was zu den schönen Dingen des Lebens zählt, beispielsweise fein und gut essen und trinken, rauchen und sich auf die faule Haut legen. Kontrolliertes Genießen ist für Steinböcke keine Mühe; sie leben immer so, und es fällt ihnen eigentlich nicht sonderlich schwer, »vernünftig« zu leben. Auch andere »reizvolle Laster«, die sich bieten, bringen sie kaum in Versuchung; schon gar nicht, wenn die Faszination Karriere möglich erscheint. Ihr Bemühen, ihren Körper schlank, drahtig, aktiv und gesund zu erhalten, ist für sie nahezu normal. Sie machen sich schlichtweg nichts aus vielem, bei dem andere verklärte Augen bekommen. Ihre eiserne Disziplin, das Einhalten von Anordnungen, das Befolgen guter Ratschläge bis hin zur Nutzung jeder Art von Mitteln und Chancen zur Verbesserung ihrer Leistung und ihres Aufstiegs, zwingen den Erfolg herbei. Sie dulden und erdulden selbst die unmöglichsten Menschen, wenn sie ihrer Karriere dienlich sind. Niemand erträgt soviel ohne Murren, niemand bringt so viele Opfer für ein Ziel, das er sich gesteckt hat; wenn es sein muß, setzen Steinböcke Leib und Leben dafür ein, nach oben zu kommen, in der Gewißheit, reich zu werden und zu bleiben. Der schönste Beifall für sie sind große Scheine und klingende Münzen. Die Gage muß stimmen. Für alles andere sorgen sie schon. Prinzipiell durchaus korrekt, denn wer so entbehrt und trainiert und sich voll ausgibt, dem steht ein solches Entgelt auch zu.

Steinböcke sind gute *Verwaltungsbeamte*. Schon der Status eines Beamten mit den automatisch eingebauten Aufstiegsmöglichkeiten, der laufenden Versorgung, mit Pension und Arbeit auf Lebenszeit, ohne Risiko, entlassen und arbeitslos zu werden, kommt den Steinböcken sehr entgegen. Nicht arbeiten zu können und zu dürfen, ist für sie fast schlimmer als krank zu sein; denn das geht in der Regel schnell vorbei und kommt bei ihrer Lebensweise auch seltener vor. Der gesamte Behördenkram, alles, was Bürokratie genannt wird, Formulare, gefüllte Registraturen und die notwendigerweise damit verbundene Kleinarbeit geben den Steinböcken die Gewißheit, daß genug Arbeit für sie da ist. Für sie gibt es nicht das Problem von zuviel, sondern von zuwenig Arbeit. Es wäre ein Irrtum zu glauben, daß sie nur Beschäftigung an sich brauchen. Ihnen geht es auch um den Verdienst. Wer nicht beschäftigt ist, wird über kurz oder lang auch nichts verdienen.

Steinböcken ist nichts zuviel, und sie schrecken auch vor geisttötenden Tätigkeiten nicht zurück, die in jeder Art von Beruf anfallen. Arbeiten in der Verwaltung erfordern Genauigkeit, Gewissenhaftigkeit und Korrektheit. Das sind Tugenden, die Steinböcke in hohem Maße haben, die sich in den Ergebnissen ihrer Tätigkeit deutlich zeigen. Es geht dort nicht nur darum, daß Arbeiten getan und Aufgaben erledigt werden, sondern vor allem, wie sie durchgeführt werden. Wenn alles gut läuft, alles in Ordnung ist, sind Schwächen in der Regel nicht sichtbar, und »Alleskennertypen« mokieren sich gerne über scheinbar unbedeutende Verrichtungen. Erst wenn Vorgänge aus dem Ruder laufen, wenn statt Ordnung Chaos herrscht, wenn der Informationsfluß unterbrochen oder fehlgeleitet ist, wenn es an Abstimmung mangelt, eine Panne der anderen folgt und es immer die Kleinigkeiten sind, die sie verursachen, wird jedem sichtbar, wie wichtig gewissenhaftes, gründliches und verantwortliches Arbeiten sein kann. Flüchtigkeitsfehler schleichen sich bekanntlich dann gerne ein, wenn Tätigkeiten uninteressant zu sein scheinen und dadurch bei den Akteuren Desinteresse und Lustlosigkeit auslösen. Wer so veranlagt ist, wie Steinböcke, dem kann dergleichen nicht passieren, weil sie seiner Natur gemäß korrekt sein müssen. Verwaltungen gibt es, besonders in unserer Zeit mit der Tendenz zu großen Gebilden, in Kirche, Staat und Wirtschaft sowie in der Freizeitbranche. Steinböcke haben damit ein weites Feld der Betätigung.

Zu den Eignungsberufen der Steinböcke zählt der des *Schauspielers*. Ganz anders als die Schützen, die in eine Rolle hineinspringen, als zweite Haut die zu spielende Figur übernehmen und verkörpern, erarbeiten sich die Steinböcke ihre Kunst der Darstellung langsam. Sie versuchen nicht, die Seele, das Animalische in der Rolle darzustellen, sondern wirklichkeitsgetreue, körperhafte, physische Lebendigkeit zu vermitteln. So diesseitig menschlich wie diese Personen, die sie verkörpern, wirklich lebten, wollen sie sie auch darstellen. So üben sie Haltung, Geste, Sprache und Handlung so lange, bis sie wesensgleich sind. Mit äußerster Disziplin folgen sie den Regieanweisungen. Sie sind pflichtbewußt, und auch Steinbock-Frauen kennen weder Launen noch Starallüren. Ihr distanziertes Verhalten schützt sie vor Kumpanei und vor unnötiger Ablenkung von den Pflichten ihres Berufes. Sie nehmen jede Rolle ernst und bereiten sich selbst beim hundertsten Auftritt gründlich vor. Damit begegnen sie der Gefahr, in Routine zu verfallen und mittelmäßig zu werden. Sie erscheinen immer unnahbar, sind es auch für alle, die ihnen nicht direkt oder indirekt nützen. Sie orientieren sich an den Erfolgreichen und haben wenig Verständnis für Kollegen, die aus eigener Nachlässigkeit versagen. Schauspiel ist für Steinböcke mehr Können als Kunst, mehr Beruf als Berufung. Aus dieser Geisteshaltung heraus sind die Erfolge der Steinböcke in diesem Metier zu verstehen. Obwohl sie in der Tradition wurzeln, werden sie sich wandelnd Zeitgeist und Publikum anpassen. Entscheidend für sie ist, was gefällt und Geld einbringt. Diese wirtschaftliche Orientierung macht sie zu echten Profis. Das zeigt sich in Situationen, wo Rollen zu spielen sind, die sie persönlich nicht mögen, oder wenn sie mit Kollegen arbeiten müssen, die ihnen zuwider sind; vor allem aber in Serien, die nur noch unterhalten und Geld bringen, aber jedem Akteur langweilig sind. Das sind Situationen, um mit guten Chancen, zum »großen Geld« zu kommen; da sind Steinböcke immer dabei und geben sich alle Mühe, daß solche Erfolgsstücke möglichst lange laufen.

Zuschneiden und Nähen sind zwei unterschiedliche Tätigkeiten, obwohl sie beispielsweise im Schneider- und Schusterhandwerk ergänzend nacheinander ausgeführt werden. In Manufakturen und Fabriken sind sie getrennt und werden selten von den gleichen Personen erledigt. Es sind nicht nur andere Aufgaben, sondern auch andere Fertigkeiten sind zur Ausführung dieser Arbeiten notwendig. Zehn Prozent aller Frauen haben bei unserer Befragung den Beruf der *Näherin* als ihren Eignungsberuf, den sie am liebsten ausüben möchten, ausgesucht; bei den *Zuschneiderinnen* waren es nur drei Prozent. Bei beiden Berufen finden wir die Steinbock-Frauen an erster Stelle, gefolgt von Skorpion- und Löwe-Frauen beim Nähen, Stier- und Löwe-Frauen beim Zuschneiden. Beide Tätigkeiten erfordern viel Geduld, gute Nerven, ruhige Hände, sicheren Blick und viel Ausdauer. Auch wenn nach Schablonen gearbeitet wird, darf das Messer nicht abrutschen, darf die Naht sich nicht verschieben. Diese Arbeiten, die so spielend leicht aussehen, sind deshalb so anstrengend, weil sie höchste Konzentration erfordern. Nicht der Automat, nicht die Maschine bestimmen Rhythmus und Leistung, sondern einzig und allein der Mensch selbst.

Je teurer das Material, um so wichtiger ist es, so wenig Verschnitt wie möglich zu haben; Fehler bei der Verarbeitung darf es natürlich auch nicht geben. Materialkenntnis und viel Erfahrung sind notwendig zur Ausübung dieses Berufes. Wenn diese Tätigkeiten handwerklich betrieben werden, müssen die fertigen Kleidungsstücke, Schuhe, Handschuhe oder Hemden natürlich perfekt gearbeitet sein. Wer sich Pfusch erlaubt, ist sehr bald aus dem Geschäft.

Als *Kellner* beziehungsweise *Kellnerin* wollen nicht viele der Befragten arbeiten. Die, die dennoch Spaß daran hätten, sind Steinböcke bei den Frauen und Krebse bei den Männern. Nun gibt es gerade bei diesem Beruf eine enorme Spannweite des Servierens und Bedienens mit den dazu entsprechenden Anforderungen, die vom einfachen Bierausschank bis zu den teuersten Festbanketten reichen. In einem Fall genügen, vereinfacht und nicht abwertend gesagt, flinke Beine und schnelles Rechnen; im anderen Fall ist es die hohe Schule des Benehmens, der Gastlichkeit, das Beherrschen von Küche, Keller und Fremdsprachen, also ein Job, der an Körper und Geist höchste Anforderungen stellt. Es kommt hinzu, daß dieser Beruf abwechslungsreich und in seiner Vielseitigkeit und im Umgang mit Menschen sehr interessant ist.

Manche Steinbock-Frauen wollen, ebenso wie die Löwe-Frauen, hoch hinaus; möchten aber das Flugzeug als *Pilotin* selbst steuern. Auch wenn dies einer der Traumberufe der Männer ist, hat dieser Beruf bei den Damen schon den Stellenwert der Werbefachfrau oder Soziologin erreicht. Mut und die notwendige Intelligenz, eine Maschine zu steuern, sind zweifellos vorhanden. Ehrgeiz haben sie auch, und ihre Sorgfalt hilft ihnen, Fehler zu vermeiden.

Steinböcke sind nicht nur selbst solid, sie mögen auch solide Geschäfte. Und als ein solches sehen sie den Beruf des *Maklers* an, die Frauen mehr als die Männer. Sie halten sich, anders als die Löwen, sehr an den Substanzwert und folgen mit ihm dem Marktwert. Als reelle Makler versuchen sie dennoch, den höchstmöglichen Ertrag für sich herauszuholen. Sie werden weder Liebhaber-, noch Gefälligkeits- oder Risikogeschäfte machen. Sie streben eher danach, bei guten Kunden das Optimum herauszuholen.

Steinbock-Männer haben großes Interesse an *Informatik.* Sie wählten von allen, die diesen Beruf gerne ausüben möchten, ihn am häufigsten; es folgen Fische und Krebse. Da dieser Beruf relativ neu ist, entschieden sich praktisch nur junge Leute für ihn. Schon der natürlich in ihnen vorhandene Wissensdrang und das damit verbundene Interesse an Informationen, drängen sie in diese Berufsrichtung. Mit Information gekoppelt ist die Kommunikation. Auch sie kann zum Beruf gemacht werden, wenn man sie mitgestalten will. Steinbock-Männer sind auch am Beruf des *Journalisten* sehr interessiert und, aufgrund ihrer Veranlagung, dafür besonders geeignet. Beide Berufe erfordern nicht nur sprachliches Verständnis und Begabung, sondern vor allem Fleiß, Zähigkeit und ein »Dranbleiben«. Wer nicht gut recherchiert, kann keine anspruchsvollen Artikel schreiben. Kommunikation ist die Nahrung der Seele. Wenn sie nicht gut ist, wird die Seele krank. Und dies ist schlimmer als körperliche oder geistige Krankheit. Die Verantwortung für diese Berufe ist enorm und all denen, die diese Berufe ausüben, keineswegs immer voll bewußt. Mit der Redlichkeit der Löwe- und Steinbock-Männer, der diplomatischen Begabung der Waage-Frauen, ist Hoffnung gegeben, daß das kommende Medienzeitalter mit objektiver Berichterstattung aufwartet.

Steinbock-Männer besitzen eine gute Berufseignung für *Leistungssport.* Mit dem »Antreiber« Saturn entwickeln sie in hartem Training ihre speziellen sportlichen Veranlagungen. Ihre Disziplin und Härte gegen sich selbst, die ihnen eigene Strebsamkeit zur Spitze hin, stellen ihre Erfolge sicher. Mit der Grundeinstellung, nie aufzugeben und sich durch Rückschläge nicht entmutigen zu lassen, ist die Garantie für ihre Leistungskraft und ihre Erfolge gegeben. In Sportarten, wo es Pflicht und Kür gibt, läßt sich der Steinbock schon dadurch erkennen, daß er immer stärker in der Pflicht als in der Kür sein wird. Es sollte uns nicht wundern – wir haben dies nicht untersucht –, wenn er sich Sportarten zuwendet, die ihm ein hohes Einkommen sichern. Es muß bei dieser Darstellung der Eindruck entstehen, daß Steinböcke, gleichgültig welchen Beruf sie ausüben, bestrebt sind, soviel als möglich zu verdienen. Dieser Eindruck stimmt auch. Wir müssen jedoch ausdrücklich darauf hinweisen, daß Steinböcke auf ganz legalem Weg, durch Sparsamkeit und harte Arbeit, offen und für jedermann sichtbar, zu ihrem Vermögen kommen. Sie erlangen alles durch persönliche Leistung. Gelegentlich kämpfen sie auch um das, was ihnen zusteht; mehr wollen sie nicht. Manchen gefällt diese Art nicht; sie sehen die Steinböcke als geldgierig an. Steinböcke wollen letztlich nur leistungsgerecht bezahlt werden.

Steinböcke sehen sich durchaus in der Rolle des Dienenden, wo es zum Beruf gehört, wie als Staatsdiener oder Politiker. Nur vier Prozent der Männer, nur ein Prozent der Frauen unserer Befragung haben den Beruf des *Politikers* als ihren Eignungsberuf überhaupt gewählt. An der Spitze stehen bei den Männern die Steinböcke, gefolgt von den Skorpionen und Zwillingen, gleichauf mit Schützen; bei den Frauen sind an erster Stelle die Schützen, an zweiter die Steinbock-Frauen, dann die Zwillinge. Wenn Beruf Berufung ist, wenn sich Menschen bestimmter Sternzeichen häufiger als andere zu einem solchen Beruf hingezogen fühlen, dann müssen auch entsprechende Veranlagungen für bestimmte Berufe mit den Sternzeichen harmonieren. Natürlich wird es auch Politiker aus anderen Sternzeichen geben, die Frage ist nur, ob sie so häufig anzutreffen und für das politische Geschäft so gut geeignet sind. Jedenfalls sollte dies für die hier genannten zutreffen. Bei den Schützen ist es das Charisma, bei den Zwillingen besticht die Rhetorik, bei den Steinböcken die Standhaftigkeit. Durch ihre Sachlichkeit, ihren Fleiß und ihre Redlichkeit wirken sie und sind sie sehr überzeugend. Sie vertreten ihre Auffassung und Meinung mit unmißverständlicher Klarheit und fühlen sich denen verbunden, die sie mit einem bestimmten Programm gewählt haben. Mit diesem Bekenntnis zu Programm und Wählern, damit zu sich selbst, identifizieren sie sich automatisch mit dem Staat, den sie vertreten, ob in Regierung oder Opposition. Das macht sie zu Staatsmännern.

Die Beziehung zur Materie, zum Stofflich-Greifbaren, gibt den Steinböcken Berufseignung zur Naturwissenschaft, vornehmlich in *Chemie* und *Physik*, deren experimenteller Charakter sie anzieht. Sie sehen und erstreben die Nutzbarmachung der Kräfte der Natur durch Prozesse und Verfahren. Damit gelingt es, menschliche Leistungskraft und Effizienz ins Unermeßlich-Gigantische zu steigern und ungeheure Potentiale zu erschließen. Es ist weniger die abstrakte Wissenschaft in ihrer totalen Vernetzung, als vielmehr die menschheitsdienende Umsetzung aller Erkenntnisse in Güter, die Steinböcke interessiert. Kreativ begabt, verfolgen sie mit verbissenem Fleiß und selbstkritischer Disziplin Reaktionen und Ablaufprozesse von stofflichen Verbindungen, um sie in neue Technologien umzusetzen. Sie arbeiten mit System und überlassen nichts dem Zufall oder einem gütigen Geschick. Mit dieser Methode gelingen ihnen spektakuläre, praxisbezogene Erfindungen oder Verbesserungen, die sie häufig selbst vermarkten. Sie leben nicht von Geistesblitzen, sondern von langwierigen Versuchen und immer wiederkehrenden Experimenten in eng begrenzten Feldern. Vor jeder quantitativen Mehrung steht qualitatives Schaffen. Nur was evolutionär entsteht, ist naturgemäß. Begriffe wie Raum und Zeit sind der Natur fremd. Wer nicht langsam in kleinen Schritten entwickelt, geht am Wesen dieser Natur vorbei und bringt Unordnung in gegebene Harmonie, zerstört, im einfältigem Glauben, fortschrittlich zu sein. Wer an der Spitze, mit universellem Geist begabt, forscht und entwickelt, hat Einsicht, die ihn zur Ehrfurcht zwingt und abhält, seinem Schöpfer ins Handwerk zu pfuschen. Verantwortung tragen kann nur, wer sein Jetztsein und sein jetziges Handeln in den Zusammenhang von Vergangenheit und Zukunft stellt und weiß, daß alles, was ist, geworden ist und weiter wird. Nur was tief wurzelt, hat Bestand und kann sich weit hinaus bewegen in ein scheinbares Nichts. Steinböcke haben die besten Voraussetzungen, sorgfältig mit Materie umzugehen. Viele berühmte Persönlichkeiten dieses Tierkreiszeichens beweisen dieses Verständnis und das sorgfältige Umgehen mit der Natur.

ISAAC NEWTON (4.1.1643) wird nicht ohne Grund als einer der größten Naturforscher bezeichnet. Er hat durch Beobachtungen der Welt um sich Tendenzen und Gesetze abgeleitet, die Grundlagen der Naturwissenschaft wurden. LOUIS PASTEUR (27.12.1822) war zwar nur ein »einfacher« Chemiker, hat aber der Menschheit durch seine Entdeckung, wie Bakterien abgetötet und Nahrungsmittel vor Fäulnis bewahrt werden können, große Dienste geleistet. JAMES WATT (19.1.1736) beeinflußte mit der Erfindung der Dampfmaschine die Technik der Neuzeit entscheidend. Etwa um die gleiche Zeit wurde RICHARD ARKWRIGHT (23.12.1732) geboren, ein Erfinder, der es verstand, seine Baumwollspinnmaschinen nicht nur zu bauen, sondern auch in eigenen Fabriken arbeiten zu lassen. Er war ein reiner Praktiker, der erst mit fünfzig Jahren schreiben und lesen lernte, das Musterbeispiel eines Steinbocks.

Es gibt zahllose Steinböcke, die sich regelrecht hochgearbeitet haben: Der Kammerdiener JEAN-BAPTISTE POQUELIN, den wir aber nur unter dem Namen MOLIÈRE (15.1.1622) kennen; CHRISTIAN DANIEL RAUCH (2.1.1777), der ebenfalls als Kammerdiener begann und mit viel Fleiß Bildhauer wurde. Ein leuchtendes Beispiel ist auch LOUIS BRAILLE (4.1.1809); selbst blind, hat er sich nicht einfach dem Schicksal ergeben, sondern eine Schrift für Blinde erfunden, die unter seinem Namen weltbekannt wurde: Brailleschrift.

Gleichgültig, welche berühmt gewordene Steinbock-Persönlichkeit man herausgreift, sie haben immer praktische und nützliche Dinge erfunden oder geschaffen. PHILIPP REIS (7.1.1834), der sich das Telephon ausdachte, JOHANNES KEPLER (27.12.1571), der ein ganzes Weltbild veränderte; BENJAMIN FRANKLIN (17.1.1706), der den Blitzableiter erfand. JEAN

FRANÇOIS CHAMPOLLION (23.12.1790) entdeckte als archäologischer Außenseiter den Schlüssel zur Entzifferung der Hieroglypheninschriften. JAKOB GRIMM (4.1.1785) stellte mit seinem Bruder ein mehrbändiges Lexikon der deutschen Sprache zusammen. CHARLES MONTESQUIEU (18.1.1689) machte den Staatsmännern die Gewaltenteilung deutlich; ALEXANDER HAMILTON (11.1.1757) begründete die Staatsbank in den USA.

Es sind weniger die Steinbock-Männer als die Steinbock-Frauen, die mit ihrer Schauspielkunst weltberühmt geworden sind: HEDWIG BLEIBTREU (23.12.1867) wird als die »Urmutter der Schauspieler« angesehen; ihr Repertoire war praktisch unbegrenzt. THEA VON HARBOU (27.12.1888) interpretierte ausdrucksstark feinste Nuancen menschlicher Regungen. POLA NEGRI (3.1.1898) überzeugte durch ihren Realismus körperlicher Leidensfähigkeit, der den Geschehensvollzug einer Handlung in die Gegenwart stellte und für alle Beschauer zum unmittelbaren Erlebnis machte. HENNY PORTEN (7.1.1890) hat immer Menschen verkörpert, die mitten im Leben standen. MARLENE DIETRICH (27.12.1904) spielte in den verschiedensten Rollen eigentlich nur sich selbst: die Steinbock-Frau, aufreizend und doch distanziert. Ähnliches gilt auch für HILDEGARD KNEF (5.1.1926), die Schauspielerin, Sängerin und Autorin wurde.

Neben dem Beruf der Schauspielerinnen und Sängerinnen sind es schreibende und dichtende Frauen wie THEA JENSEN (19.1.1876), CARMEN SYLVA (29.12.1843), SIMONE de BEAUVOIR (9.1.1908) und ANNETTE von DROSTE-HÜLSHOFF (10.1.1797), die mit ihrem Gottesbekenntnis auch in die Reihe bekannter intelligenter Klosterfrauen gehört. Weiter JEANNE FRANÇOISE DE CHANTAL (18.1.1572), GERTRUD DIE GROSSE (6.1.1556) oder MARGARET MCLACHLAN (11.1.1866), mit der George Bernard Shaw zeitlebens verbunden blieb. Bestechend bei allen Lebensgeschichten herausragender Steinböcke ist ihre Bescheidenheit, ihr Talent, aus dem, was sie materiell und geistig mitbekommen haben, das Bestmögliche zu machen. Zu einer Zeit, wo es nur wenige Frauen an den Universitäten gab, waren Steinbock-Frauen dabei; und Promotionen mit der höchsten Bewertung, »summa cum laude«, sind nicht selten. Auch die immer wieder herausgestellte Beherrschung fremder Sprachen dürfte in hohem Maße ihrer Strebsamkeit zuzuschreiben sein.

PIERRE DE COUBERTIN (1.1.1863) brachte der Jugend der Welt wieder Olympische Spiele, weil er davon überzeugt war, daß das menschliche Leben nur im Wettkampf zu meistern sei. Sie reden nicht, diese Steinböcke, sondern handeln, wie ALBERT SCHWEITZER (14.1.1875) in Lambarene in Äquatorial-Afrika, wo Leprakranke bei ihm Trost und Heilung fanden. Aus diesem Geist der Einfachheit, Sparsamkeit und Nüchternheit ist auch ein Gottesmann wie ULRICH ZWINGLI (1.1.1484) besser zu verstehen. Ihn mußten Pomp und Ausgelassenheit, Prunk und Macht des Klerus bei lebensbedrohender Armut der Gläubigen zum reformatorischen Handeln antreiben.

Steinböcke sind herausragende *Politiker*. Drei seien stellvertretend für viele hier angeführt: LORENZO DI MEDICI (1.1.1449) brachte Florenz zur Blüte, schuf mit dem Florentiner Gulden die stärkste Währung der Welt seiner Zeit. THOMAS WOODROW WILSON (28.12.1856), Präsident der USA, der Vater des Völkerbundes, und schließlich KONRAD ADENAUER (5.1.1876), der erste Kanzler der Bundesrepublik Deutschland, der nach der Niederlage im Zweiten Weltkrieg und der totalen Zerstörung dieses Land aus den Trümmern in ein wohlhabendes Land mit einer funktionierenden Demokratie zurückgeführt hat. Sicher sollte hier auch HELMUT SCHMIDT (23.12.1918) als herausragender Staatsmann genannt werden.

Wer die Lebensgeschichte eines FRANZ GRILLPARZER (15.1.1791) oder eines HENRI MATISSE (31.12.1869), eines HEINRICH SCHLIEMANN (4.1.1822) liest, dem wird, wie bei allen genannten Persönlichkeiten, die unter dem Zeichen Steinbock geboren sind, klar, daß sie mit ungeheurem Fleiß jede in ihnen vorhandene Begabung nutzen und immer ihr Ziel erreichen.

11
Wassermänner: Beweger und Erfinder
21. Januar – 19. Februar

Wassermänner sind durch und durch liberal. Ihr Denken und Handeln sind zukunftsgerichtet und immer an der Sache orientiert. Sie wirken objektiv und sind es auch. Kühl, distanziert und rational, nutzen sie die Fähigkeiten anderer, um eigene Ziele zu erreichen. Niemand kann andere Menschen so bereitwillig für sich arbeiten lassen wie Wassermänner. Sie haben Talent, die richtigen Leute an die richtige Stelle zur richtigen Arbeit zu bringen. Ihr Erfolgsgeheimnis scheint zu sein, daß sie Mitarbeitern Freiräume zur Entfaltung geben. Damit kommen sie dem Bedürfnis der Tüchtigen entgegen, die nicht auf Befehle und Anweisungen warten, sondern aus eigenem Antrieb denken und gestalten wollen. Die Orientierung der Wassermänner am Morgen, am Kommenden, läßt ihrer wachen Phantasie freien Raum. Sie produzieren Ideen und lieben das Experiment. Wassermänner sind in allem, was sie tun, große Veränderer, was nicht gleichzusetzen ist mit Wechsel; letzteren mögen sie nicht. Sie wollen die Weiterentwicklung und verlieren selten den Faden der Ariadne; damit wurzeln sie fest und tief, und das Neue hat, im Traditionellen ruhend, Kraft, sich zu entwickeln und durchzusetzen: Evolution statt Revolution.

Wassermänner sind eher geistesbestimmt, was nicht falsch verstanden werden darf in Richtung einer überdurchschnittlichen Intelligenz. Begabung ist nicht abhängig von bestimmten Sternzeichen. Mit dieser Feststellung soll ausgesagt werden, daß Wassermänner in besonderem Maße abstrakt denken können. Obwohl sie äußerst gesellig sind, bleiben Wassermänner beim Gedankenaustausch außerhalb der Intimsphäre. Ihre zwischenmenschlichen Beziehungen sind verstandesmäßig und emotionsfrei, da sie Herz und Seele nicht, oder nur sehr bedingt, einbeziehen. Deshalb können Wassermänner bei größter Ausgelassenheit sehr reserviert und distanziert wirken. Mit einer so vermittelten Unnahbarkeit bleiben sie sich selbst treu; anderen erscheinen sie fremd und nicht berechenbar. Dadurch kann Vertrauensbildung mehr oder weniger nur verstandesmäßig geschaffen werden. Einerseits mangelt solchen Bindungen der Tiefgang subjektiven Gleichklangs, andererseits besteht eine feste Basis objektiver Überzeugung; Mißtrauen kann schwerer Platz greifen: Fürs Berufsleben sicher eine gute Basis der Zusammenarbeit. Nach der Astrologie regiert der Wassermann das elfte Haus. Zeitgemäß ausgedrückt, ist es das Haus der Kommunikation, das die Vernetzung der Individuen zur Gesellschaft sicherstellt und in dem alles menschliche Denken und Tun auf Sendung und Empfang gestellt ist, damit der Konsens erfolgen kann. Ohne eine solche Übereinstimmung, die normativ durch ein Gemeinwesen geregelt ist, kann keine Ordnung existieren. Wassermänner schaffen die Ordnung nicht, sie kontrollieren sie nicht und halten sie auch nicht aufrecht. Sie sind die, die sie umsetzen und mit Leben erfüllen; sie bringen sie gleichsam zum Laufen. Sie sind so etwas wie der Zeitgeist. Um diese Funktion zu erfüllen, darf man selbst nicht festgelegt sein. Genau das macht die Wassermänner aus und befähigt sie zum kreativen Wandel, der permanente Fortentwicklung bedeutet. Ungebunden, losgelöst, unabhängig und geistig frei, emotionslos am abstrakten Denken ausgerichtet, spielen sie ihre Rolle in der Gesellschaft. Berufe, die schwerpunktmäßig aufklärend, abstrakt, experimentell, analytisch und zukunftsorientiert sind, bringen Wassermänner zur vollen Entfaltung. Die Griechen haben Poseidon, den Gott der Meere, diesem Sternzeichen zugeordnet. Ihr Herrscher ist der Planet Uranus.

So sind Wassermänner die geborenen *Erfinder.* Es sind nicht nur technische, patentierfähige Neuerungen, die das große Geld bringen, sondern auch neue Ideen, Konzepte und Modelle, geeignet für das Zusammenleben der Menschen in einer freiheitlichen Ordnung von Gleichwertigen. Ihr geisteswissenschaftliches wie ihr experimentelles Schaffen macht sie gleichermaßen zu Vordenkern wie Vormachern, in dem Sinne, daß jeder Erfindung eine Idee zugrunde liegt, bevor sie konkretisiert wird. Oberflächlich betrachtet, verbinden sich Kreativität und Erfindung mit einem spontanen Einfall; in Wirklichkeit können nur solche Menschen kreativ sein, die in Verfolgung eines Ziels hartnäckig sind und intensiv denken können.

Wassermänner bringen alle Voraussetzungen für diesen Beruf des Erfinders mit. Kein anderes Sternzeichen hat, wie die Aufzählung bekannter Wassermann-Persönlichkeiten der Weltgeschichte zeigen wird, so viele große Erfinder wie das der Wassermänner. Viele kreative Leistungen unseres täglichen Lebens werden nicht als Erfindungen angesehen, weil ihnen das Spektakuläre fehlt; da es aber in allen Bereichen menschlichen Tätigseins Möglichkeiten für Neues gibt, haben Wassermänner ein breites Betätigungsfeld mit hoher Auslastung. Für sie gibt es noch eine Reihe weiterer Eignungsberufe, die hohe Kreativität erfordern. So bringen sie eine ausgezeichnete Begabung für den Beruf des *Dolmetschers* mit. Die Fähigkeit, sich mühelos im Abstrakten zu bewegen, Gedankenzusammenhänge schnell zu erkennen und zu verarbeiten, vor allem aber das Vermögen, in fremden Sprachen zu denken, machen es ihnen leicht, diesen Beruf erfolgreich auszuüben. Gute Dolmetscher halten sich nicht an den Buchstaben, an Worte und Grammatik, sondern an den Inhalt und Sinn des gesprochenen oder geschriebenen Textes. Wer diesen Beruf ausübt und zur Spitze kommen möchte, muß eine besondere Sensibilität für das Geistige, für die Botschaft und deren Wirkung haben. Sie klar, einfach und verständlich wiederzugeben, ohne zu verfälschen, ist mehr als nur Ausdruck der Beherrschung der Sprache, sondern spiegelt Denkvermögen wider. Es ist das positive Verständlichmachen mit Öffentlichkeitswirkung. So wird dolmetschen zur Kommunikation auf höherem Niveau. Die medienwirksame Begabung der Wassermänner, ihr schnelles Auffassungsvermögen sowie ihre Fähigkeit raschen Durchdenkens von Zusammenhängen, schließlich ihre disziplinierte Konzentrationskraft, ausgerichtet auf das Wesentliche, erlauben ihnen spielend jede Art von geistigem Kommunikationstransfer. Nur wer die Materie, den Stoff, das Thema beherrscht, was bei dem hohen Wissensstand und der Differenziertheit der Kommunikationsinhalte nicht einfach ist, kann sich vom Text lösen, seine Gedanken dem Sinn widmen und diesen fließend übermitteln. Diese Art geistiger Interpretation von Sachinhalten erfordert höchste Abstraktionsfähigkeit. Vielleicht war der große Völkerapostel PAULUS unter diesem Sternbild geboren. Von PHILIPP MELANCHTHON (16.2.1497) wissen wir, daß er der »große Dolmetscher« der Reformation war, der mit scharfem Intellekt und klarem, ordnendem, abstrahierendem Geist den Sinngehalt reformatorischer Gedanken ausdrückte, dabei den Worten seines Freundes Luther eine klärende Ausdeutung gab.

Von solch großen Akrobaten des Geistes auf einen anderen Eignungsberuf der Wassermänner zu gehen, erscheint fast blasphemisch. Und doch hat der Beruf des *Artisten* verwandte Merkmale mit dem eines Dolmetschers. Artisten müssen ihren Körper beherrschen, wollen sie Leistungen vollbringen, die eigentlich nicht möglich sind, die immer an der Grenze ihrer physischen Fähigkeiten liegen. Das Umsetzen dieser selbstgestellten Aufgaben und Programme erfordert, neben selbstverständlich vorhandener Fitness, Flexibilität und tausendfach geübter Bewegungen, als wichtigste Voraussetzung die Fähigkeit zur Konzentration. Dieses geistige Versammeln ermöglicht die Unterordnung des Körpers unter den Geist, den Gehorsam der Reflexe. Nur dann gelingt es, Millimeterarbeit seinem Körper abzuverlangen. Artisten sind Menschen, die starke Nerven haben und cool sein müssen; sie müssen ihre Gefühle unter Kontrolle haben. Das alles können Wassermänner, weil es ihrer Grundveranlagung entspricht. Eine dieser Eigenschaften, die wir als wesentliches Erfolgskriterium für erfolgreiche Entdecker und Forscher genannt haben, ist, eine Art von Besessenheit für eine bestimmte Sache zu entwickeln. Es ist nicht in erster Linie der Fleiß eines Artisten, der ihn vorwärtstreibt und üben läßt, sondern sein Interesse, eine Leistung zu vollbringen, die kein anderer kann oder die nur ganz wenige andere zustandebringen. Wassermänner sind dabei weniger von den Menschen als von der Sache herausgefordert. Applaus ist sekundär, ihre Genugtuung ist die Tat an sich. Da sie nicht demonstrativ die Mühe zeigen, merken Außenstehende oft nicht, wie hart sie wirklich arbeiten. Artisten besitzen einen uneingeschränkten Freiheitsraum. Niemand kann ihnen letztlich Vorschriften machen. Mit Protektion ist in diesem Beruf auch nicht viel zu machen; denn niemand kann es sich leisten, Versager auftreten zu lassen. Alle diese Umstände kommen den Wassermännern entgegen und reizen sie, einen solchen Beruf auszuüben.

Wir waren zunächst überrascht, daß sowohl Männer als auch Frauen des Sternzeichens Wassermann bei Nennung des Berufes *Tierpfleger* an der Spitze liegen. Bei der Analyse der geforderten Fähigkeiten und erzielbaren Resultaten ist diese Neigung der Wassermänner rasch erkennbar. Tierhalter oder Tierzüchter sind ganz andere Typen als Tierpfleger. Im einen Falle spielt das Gefühl eine dominante Rolle, im anderen die Wirtschaftlichkeit. Bei der Tierpflege geht es um die Tiere selbst. Sie fühlen sich am wohlsten, wenn sie ihrer Art nach richtig behandelt werden. Das Wichtigste ist, die Spezies, die sich nur »tierisch« mitteilen kann, zu beobachten, zu verstehen und mit ihr zu sprechen. Tiere wollen ihrer Natur gemäß frei und unbehindert sein. Nur so fühlen sie sich wohl und sind zufrieden. Verständnis für Freiheit macht nachdenklich für Lösungen, auf die bestimmte Menschen nicht kommen, weil Tiere nun einmal Tiere sind und das »zu machen haben«, was die Menschen wollen. Wer mit Tieren umgeht, weiß, daß sie eine »Seele« haben, daß sie unterschiedliche Charaktere besitzen, die eine individuelle Behandlung erfordert. Schließlich bringen Wassermänner auch die Geduld und Nervenstärke mit, die bei pfleglichem Umgang mit Tieren unabdingbar sind.

Obwohl Wassermänner offenbar gut mit Menschen und Tieren umgehen, sie auch motivieren und nutzen können, ohne ihnen körperlich wie seelisch besonders nahezukommen, gibt es viele unter ihnen, die lieber objektbezogen arbeiten. Aufgaben, die eine besondere geistige Herausforderung darstellen und Entdeckungspotential haben, reizen sie besonders. Sie lieben Neuland und Abenteuer, auch wenn es beim Erschließen Gefahren und Entbehrungen zu bewältigen gibt. Bei solchen Tätigkeiten können sie ihre ganze Kreativität und Fähigkeit des verknüpfenden Denkens einsetzen. In den Naturwissenschaften sehen wir sie weniger als Mathematiker oder Chemiker, schon eher als *Ingenieure*, besonders häufig aber als *Physiker*. In diesem Beruf sind Wassermänner erfolgreich, weil sie die Natur als Lehrmeisterin haben, aus ihr Gesetze und Tendenzen ableiten können, die den Mitmenschen unmittelbar bei ihrer Daseinsbewältigung praktisch nützen. Es geht um Kraft, Bewegung, um Energie und Zeit, letztlich immer darum, Arbeit von Menschen zu erleichtern oder zu verbessern. Natur ist permanente Evolution; Wassermänner sind veranlagungsmäßig bemüht, Wandel zu entdecken und zu fördern, um die Daseinsbewältigung der Menschen zu erleichtern. Physiker ermöglichen mit ihrer Arbeit, die Transformation von natürlichen Kräften aus existierenden Energiequellen. Es bedarf schon eines besonderen Interesses, einer besonderen Begabung, Naturabläufe ins Abstrakte zu heben und in allgemeingültigen Formeln auszudrücken.

Diese Umsetzung aus der Praxis in die Theorie ermöglicht erst die technische Anwendung und objektbezogene Nutzung. Das Zusammenwirken von Uranus und Saturn gibt den Wassermännern die Ausdauer im Suchen und den dialektischen Geist zur Transformation. Auch als Physiker bleiben sie Erfinder und werden nur in den seltensten Fällen Vermarkter von Neuerungen. Was neu geschaffen wurde, ist bereits das Heute und wird mit jeder Minute zum Gestern, damit uninteressant für Wassermänner. Es treibt sie zu neuen Entdeckungen. Und da Menschen immer nur eine Tätigkeit in einer Zeitperiode erledigen können, setzen sie ihre Arbeitskraft lieber für die Erforschung des Unbekannten ein. Zum Glück für sie gibt es Patente, die ihr Urheberrecht schützen und bei Vermarktung automatisch auch Geld für ihre Entdeckungen einbringen.

Während die Männer dieses Sternbildes die Physiker sind, ist der Eignungsberuf der Wassermann-Frauen, die technisch interessiert sind, der der *Geologin*. Damit sind sie noch näher an der Natur, der sie sehr verbunden sind. Das Anorganische ist nur für den Laien tote Materie; in Wirklichkeit ist unsere Erde in stetigem Wandel. Diese Metamorphose vollzieht sich in unterschiedlich lang andauernden Prozessen. So entstehen die Schätze der Natur. Für einen forschenden Geist tausend Möglichkeiten, Entdeckungen zu machen, die für die Menschen und ihr Leben nützlich sind. Das Gefühl der Unabhängigkeit, ihre Liebe zur Freiheit, ihre Nähe zur Natur, ihr forschender Geist, das Entdecken und Erleben immerwährender Metamorphosen erzeugen wohl das Interesse der Frauen, die im Sternbild des Wassermannes geboren sind, an einer intensiven Beschäftigung des Innenlebens unserer Erde.

Es erscheint deshalb auch kein Zufall, wenn von allen Befragten, die die gleichen Wahlmöglichkeiten hatten, die weiblichen Wassermänner mit Abstand am häufigsten den Beruf der *Gärtnerin* nannten. Gartenbau ist mehr als nur umgraben, sähen, jäten und ernten, obwohl allein dieser Prozeß des

Werdens und Vergehens in seiner Unterschiedlichkeit eine Offenbarung für sich ist und für interessierte Menschen wie sie Motivation zum Arbeiten sein kann. Gartenbau setzt viele Kenntnisse der Bodenbeschaffenheit, der Pflanzen, der Bodenbearbeitung, der Düngung, der Pflege, des Wetters, der Zeitläufe voraus; hinzu kommen Sinn für Formen und Farben, Gefühl für Harmonie. Praktisch kann nichts erzwungen werden. Die Gärtnerin lenkt, leitet, bereitet vor und läßt gleichsam wachsen, so wie die Natur es will. Erfolge erwachsen auch hier aus dem Verstehen der Materie und dem Bemühen, viel Wissen in Erfahrung umzusetzen. Die Überschaubarkeit des Geschehensvollzugs in der Natur scheint die Faszination dieses Berufes auszumachen. In gewisser Weise ist es wohl auch Stille und Idylle.

Ihre Freude an Blumen, das Stecken, Binden und Winden dokumentiert sich in der Tatsache, daß die weiblichen Wassermänner auch bei dem Traumberuf der Frauen, dem der *Floristin*, die zweitstärkste Gruppe stellen. Es ist ihr kreativer Geist, der sie in diesem Beruf erfolgreich arbeiten läßt. Erfolge bringen Geld und gutes Auskommen; ausschlaggebend ist jedoch ihr Interesse. Geld ist für Wassermänner eher ein durchlaufender Posten; es ist da, es wird auch als normal angesehen, daß Leistung gerecht bezahlt wird, aber der Grund für eine Berufswahl ist es für sie nicht.

Eine Ursache für ihre Erfolge ist neben all dem, was bereits erwähnt wurde, vor allem ihre Fähigkeit zu komponieren, was Abstraktionsvermögen und reiche Phantasie erfordert. Diese Veranlagung ist Männern und Frauen dieses Sternbildes gleichermaßen eigen, es wird nur in verschiedenen Tätigkeitsbereichen umgesetzt. Wer könnte keine Verwandtschaft herstellen zwischen Floristin und *Goldschmied?* Letzteren Beruf haben die Männer des Zeichens Wassermann von allen Befragten, die diesen Beruf nannten, mit Abstand als Wunschberuf angegeben. Ohne Phantasie, ästhetisches Empfinden, Vorstellungsvermögen und Umsetzungsfähigkeit können in diesem Beruf keine originellen Kunstwerke geschaffen werden. Wassermänner können kreativ zaubern, und jedes Schmuckstück, das sie schaffen, besitzt Charme und Leichtigkeit. Sie schaffen Kunst, unbeschwert, um nicht zu sagen, durchgeistigt; es sind oft abstrakte Formen, die sich tragen, als seien sie überhaupt nicht vorhanden. Die Männer dieses Sternbildes treiben ihre immer neuen Einfälle zu ungeahnten Schöpfungen. Hier können sie voll ihren Einfallsreichtum umsetzen; Duplikate sind nicht gefragt. Neues ist verlangt. Hier sind sie Trendsetter mancher Modelle. Wie schön, wenn Individualisten reinsten Wassers Individuelles gestalten können und über Unikate kommunikative Brücken bauen, die längeren Bestand haben, als das flüchtige Wort, das nur festgeschriebenen Geist konserviert! Zu diesem Beruf bedarf es einer sicheren Hand, Ruhe und Gelassenheit im Innern; kurzum, gute Nerven sind notwendig. Schließlich ist einmal mehr Ausdauer erforderlich, wenn vergleichsweise kleine Objekte zu bearbeiten sind.

Nicht jedermann fühlt sich zu den *Geistlichen* berufen. Doch unter ihnen sind viele Wassermänner. Es handelt sich bei ihnen um Vordenker, Schreibende und Lehrende des Glaubens. Für sie ist Religion nicht nur eine Herzens-, sondern auch eine Verstandessache. Wohl wissend, daß ein höheres Wesen wie Gott nicht zu beweisen ist, weil niemand es fassen und erklären kann, versuchen sie dennoch, mit scharfer Logik die Existenz eines solchen Wesens zu postulieren. Das Sein an sich, die Schöpfung und alles, was sich in wundervoller Weise in ihr vollzieht, drängt zu einer logischen Erklärung, abseits von überlieferten Wissens- und Glaubenswahrheiten. Selbst Worte Gottes oder der Propheten müssen interpretiert und vermittelt werden. Alles Bemühen ist darauf ausgerichtet, den Glauben zu vertiefen, weniger, ihn irgendwelchen Zweiflern zu beweisen. Wassermännern kommt es zu, Sinn und Inhalt der Religion sichtbar zu machen und für die unverfälschte Anpassung an die wandelnden Zeitströmungen und neueren wissenschaftlichen Erkenntnissen zu sorgen. Nur evolutionär denkende und agierende *Theologen* sind fähig, ohne Aufgabe wesentlicher Inhalte des Glaubens, adaptiv zu wirken. Die mediale Kraft der Wassermänner ermöglicht diesen Geistlichen die direkte Hinorientierung zu Gott, ohne einen menschlichen Vertreter als Mittler zu benötigen. Nicht des Geistlichen wegen, sondern aus christlicher oder religiöser Überzeugung, sollen die Menschen an Gott glauben und zur Kirche gehen. Religion ist weder materielle Karitas noch geistvernebelndes Opium fürs Volk, sondern eigenverantwortliche, individuelle Entscheidungssache jedes Menschen, die er in Freiheit selbst zu treffen hat. Wassermänner als Geistliche geben dazu Hilfestellung.

Wassermänner stehen an der Spitze der Gruppe aller jener Sternbilder, die für den Beruf des *Schriftstellers* votiert haben. Eignung in besonderer Weise ist insofern für dieses Sternbild gegeben, weil Wassermänner wie keiner ihrer Artgenossen, rational betont sind. Geist zu haben und ihn theoretisch-abstrakt anzuwenden, sind sehr unterschiedliche Eigenschaften. Zum Schreiben gehört zunächst einmal eine fast übernatürliche Beobachtungsgabe, ferner die Umsetzung der gemachten Beobachtungen in Gedanken und Themen, was ein verknüpfendes Denken erfordert. Schließlich gehört zum Schreiben ein kompositorisches Talent, das die geordneten Gedanken so ausdrückt, daß sie Sinn geben und verstanden werden. Leser sind um so mehr zu gewinnen, je interessanter und spannender geschrieben wird. Das aber ist dann der Fall, wenn der Stoff letztlich dem Leben entnommen ist, wenn die Menschen ihn unterhaltsam und anwendbar nachvollziehen können. Deshalb ist es auch so wichtig, daß selbst kompliziertester Stoff einfach und verständlich dargeboten wird. Alle Berufe, die den kommunikativen Bereich betreffen, so auch der des Schriftstellers, sind stärker als andere idealtypisch zu bestimmen, da die Bewertung ihrer Leistung nicht nur vom Sender, sondern in beachtlichem Maße auch vom Empfänger abhängt. Ein simples Beispiel verdeutlicht diese Tatsache: Ein Mensch, der Wert darauf legt, detailliert und gründlich zu informieren, wird gleiches von anderen erwarten; wer kurz und bündig ist, aber ebenso. So bleibt es Kunst des Schriftstellers, Extreme zu vermeiden und doch umfassend zu sein. Der gemeinsame Nenner der Konsensfähigkeit liegt weit ab; er muß jedoch für jeden als noch erreichbar empfunden werden. Jeder Mensch hat die Fähigkeit zu schreiben; Wassermänner sind offenbar ein wenig mehr begabt dazu.

Es waren nicht viele der Befragten, die von den fünf Stimmen, die sie zur Verfügung hatten, eine dem »Präsidenten« einer Gesellschaft, eines Staates, eines Vereins etc. gaben. Das spricht für den Realismus und die Ernsthaftigkeit der Befragten. Doch wenn wir wieder die Gruppe derjenigen nehmen, die als möglichen Beruf für sich den des *Präsidenten* wählten, dann stehen die Wassermänner an erster Stelle; gefolgt von Schützen und Steinböcken. Obwohl diese Sternbilder unterschiedliche Veranlagungen haben, gibt es Gemeinsamkeiten, die sie für den Beruf des Präsidenten stärker geeignet erscheinen lassen als andere Sternbilder. Nach unseren Ermittlungen haben sie ein überdurchschnittliches Selbstbewußtsein, besondere kreative Begabung, Zukunftsorientierung und Hartnäckigkeit in der Verfolgung von bestimmten Zielen. Sie sind offen, direkt, reden nicht am Thema vorbei. Jedermann weiß, woran er ist, daß er seiner Leistung entsprechend behandelt wird. Mit der Sachorientierung ist Gerechtigkeit verbunden, sie garantiert Festigkeit und Sicherheit der Führung.

Bei der Analyse weltberühmter Persönlichkeiten im Sternbild des Wassermannes fällt auf, daß alle zu ihrer Zeit einen kritischen, aufklärerischen Geist hatten, daß sie jede Form von staatlicher und kirchlicher oder sonstiger Begrenzung und Einengung nicht mochten und für jede Art von Freiheit eintraten. Für sie war nichts endgültig und abgeschlossen, alles im Fluß. Schließlich zeigen alle eine starke Zukunftsorientierung, sind Menschen des Geistes. Sie schreiben gerne, forschen und musizieren. Viele wurden Schrittmacher für Neues. Unter ihnen sind so berühmte Schriftsteller, Dichter und Dichterinnen wie die Briefschreiberin MARQUISE de SIRIGNÊ, (5.2.1626); die gescheite KAROLINE VON WOLZOGEN (3.2.1763), KAROLINE VON GÜNDERODE (11.2.1780), CAMILLA COLETT (23.1.1813), die für die Rechte der Frauen eintrat. Die geistreiche LOU ANDREAS SALOMÉ (12.2.1861), nicht zu vergessen HEDWIG COURTHS-MAHLER (18.2.1867), für deren Beliebtheit ihre Millionenauflagen sprechen.

Autorinnen wie die Deutsche GABRIELE REUTER (8.2.1859) oder aber auch die Inderin SARANIGI NAIDU (13.2.1879) benutzten ihre dichterische und schriftstellerische Begabung dazu, mehr Rechte für die Frauen ihrer Zeit zu fordern. Zu erwähnen ist auch ANNA VON KRANE (26.1.1853), die religiöse Themen abhandelte, und die bedeutende Philosophin und Mystikerin SIMONE WEIL (3.2.1909). Die feinsinnige Kunstkritikerin und Schriftstellerin GERTRUDE STEIN (3.2.1874) darf ebenso wenig fehlen wie die Lyrikerin des Expressionismus, ELSE LASKER-SCHÜLER (11.2.1869), oder die italienische Dichterin ADA NEGRI (3.2.1870).

Von dem Dramatiker CHRISTOPHER MARLOWE (6.2.1564) wird berichtet, daß er sich frei und offen zum Atheismus bekannte, in einer Zeit, da die Kirche uneingeschränkt herrschte. CHARLES DICKENS (7.2.1812) kannte das Elend der Hinterhöfe und Gossen und schrieb sein Leben lang gegen die Ungerechtigkeiten, die ihm begegneten, mit Geist und Leidenschaft. E. T. A. HOFFMANN (24.1.1776) verfaßte für die Bühne Gruselgeschichten. CARON DE BEAUMARCHAIS (24.1.1732) hat mit seinen Schriften die französische Revolution vorbereitet; STENDHAL, eigentlich HENRI BEYLE, (23.1.1783) suchte das Außergewöhnliche in sublimierter Form darzustellen, sein Rechtsempfinden war außerordentlich. Zu nennen ist der Romantiker ACHIM VON ARNIM (26.1.1781), der durch schöpferisches Denkvermögen beeindruckt, ebenso wie CARL MICHAEL BELLMAN (4.2.1740), dessen Lieder wegen ihrer lustigen, offen, freien Art gefallen. ADELBERT VON CHAMISSO (30.1.1781) hat mit »Peter Schlemihl« und dessen verlorenem Schatten zeitlose Dichtung geschrieben. LORD BYRON (22.1.1788), HUGO VON HOFMANNSTHAL (1.2.1874) und SVEN HEDIN (19.2.1865) haben, trotz unterschiedlicher Stoffbearbeitung und Darstellungsart, eine große Liebe zur Natur und den Drang, sie zu begreifen, gemeinsam.

JOSEF VICTOR SCHEFFEL (16.2.1826) beeindruckte nicht nur durch seine Trink- und Liebeslieder. JOHN RUSKIN (8.2.1819) schlug die Jugend seiner Zeit durch seine lautere Art und schöngeistige Dichtung des Naturgegebenen in Bann. AUGUST STRINDBERG (21.1.1849) war ein Meister der Abstraktion und hat in seinen zahlreichen Werken reale Abläufe ins Allgemeingültige transferiert. GOTTHOLD EPHRAIM LESSING (22.1.1729) besticht nicht nur durch seinen scharfen Intellekt, sondern auch durch die Wahl seines Stoffes. Der große revolutionäre Geist des ANTON PAWLOWITSCH TSCHECHOW (29.1.1860) bricht in allen seinen Romanen durch.

Sicher ist auch JULES VERNE (8.2.1828) zu den bekannten Dichtern zu zählen, obwohl er in seinen Romanen schon eher als Zukunftsgestalter auftritt. ALFRED EDMUND BREHM (2.2.1829) war Zoologe und Tierforscher; der Naturforscher CHARLES DARWIN (12.2.1809) stellte die Wissenschaft vom Leben in ganz neuer Weise dar.

Nur Menschen, die geistig unabhängig sind, vermögen es, sich über Konventionen und herrschende Meinungen hinwegzusetzen und Tore aufzustoßen. Das gilt nicht nur für das Geistige. Bevor wir zu den Erfindern kommen, seien noch zwei Philosophen erwähnt: FRIEDRICH WILHELM SCHELLING (27.1.1775), der sich mit Transzendenz, Kunst und Mythologie befaßte, und NICOLAI HARTMANN (20.2.1882), der, genau entgegengesetzt, den Realismus vertrat und den Menschen in seinem Dasein als Produkt der Freiheit sah.

Der Alchimist Johann Friedrich Böttger (4.2.1682) sollte für August den Starken Gold produzieren und entdeckte dabei bekanntlich die Herstellung des Porzellans. Galileo Galilei (15.2.1564) setzte sich mit der herrschenden Meinung und der Obrigkeit auseinander; diesem seinem unabhängigen Geist ist es zu verdanken, daß die Wissenschaft zu vollkommen neuen Erkenntnissen kam. André Marie Ampère (22.1.1775) hat es ebenso wie Ernst Abbé (23.1.1840) oder Svante Arrhenius (19.2.1859) als Universalgenie verstanden, Beobachtungen in allgemeingültigen Gesetzen zu formulieren und in mathematischen Formeln oder Thesen auszudrücken: Abbé für die Herstellung optischer Geräte, Ampère für die Elektrodynamik und Arrhenius für den Kosmos. Gleiches gilt für den wohl größten Erfinder Amerikas, Thomas Alva Edison (11.2.1847), der vom Telegraphenapparat über die elektrische Beleuchtung bis hin zum Betonguß unzählige Erfindungen machte. Auch Alessandro Volta (18.2.1745) hatte als Physiker mit Elektrizität zu tun; ihm gelang die erste elektrische Stromerzeugung.

Wassermänner sind nicht nur Pioniere des Geistes und des technischen Fortschritts, sondern auch der schönen Künste, insbesondere der Musik und Malerei. Der bedeutendste ist sicher Wolfgang Amadeus Mozart (27.1.1756), dessen Musik in unnachahmlicher Weise erheitert und fröhlich stimmt. Ganz anders und doch in der Wirkung ähnlich ist die Musik von Daniel Auber (29.1.1782), die ebenso locker und leichtbeschwingt wirkt. Carl Czerny (20.2.1791), ein vergessener Musiklehrer und glänzender Pianist, begeisterte nicht nur durch virtuoses freies Spiel, sondern auch durch wegweisende Interpretationen. Felix Mendelssohn-Bartholdy (3.2.1809) folgte seiner Berufung, nicht dem Wunsch seiner Eltern, und komponierte. Nicht zu vergessen Franz Schubert (31.1.1797), der trotz drückender Geldsorgen heitere Stücke komponierte. Schließlich ist noch Arthur Rubinstein (28.1.1887) zu nennen.

Wenn GOETHE seine Mutter KATHARINA ELISABETH (19.2.1731) als »Frohnatur« bezeichnete, dann hat er die Seele dieses Tierkreiszeichens treffend charakterisiert. Ob hinter Klostermauern, wie die Begründerin der »Englischen Fräulein«, MARIA WARD (23.1.1558), ob SALESIA STRICKLER (16.2.1834), die als Schweizer Lehrschwester und als Lehrerin Bildung vermittelte, ob als Ärztin, wie FRANZISKA TIBURTIUS (24.1.1843), die eine Klinik für weibliche Ärzte eröffnete, alle waren sie »Wandler ihrer Zeit« und haben zur Freiheit und Gleichberechtigung der Menschen untereinander beigetragen.

Von den Malern sind MORITZ VON SCHWIND (21.1.1804), CARL SPITZWEG (4.2.1808), der eigentlich Apotheker war, oder EDOUARD MANET (23.1.1832), der mit Farben und Licht Atmosphäre wiedergibt, zu erwähnen, weiter der Expressionist FRANZ MARC (8.2.1880) und die Malerin GABRIELE MÜNTER (19.2.1877).

Wassermänner zeigen auch als Regenten, daß sie nicht nur selbst frei denken, musisch veranlagt und zukunftsorientiert sind, sondern auch diese Ideale und Ziele aktiv anstreben. Der römische Kaiser HADRIAN (24.1.76) wird gerühmt wegen seiner Gerechtigkeit und seines Bemühens um Ausgleich und Frieden sowie der Förderung der schönen Künste.

ABRAHAM LINCOLN (12.2.1809) hat nicht nur die Sklaverei abgeschafft, sondern die Fundamente für ein freiheitliches Amerika gelegt. Vom Schwedenkönig KARL XIV. (26.1.1763) wird berichtet, daß er klug, gerecht und äußerst friedliebend gewesen sei. FRIEDRICH DER GROSSE (24.1.1712) war nicht nur Philosoph, Schöngeist und Kriegsführer; er reformierte auch und er verkündete – seiner Zeit weit voraus – Meinungs- und Pressefreiheit. Vor ihm hat schon der Große Kurfürst FRIEDRICH WILHELM (16.2.1620) seine Liberalität bewiesen, als er die flüchtigen Hugenotten in seinem Land aufnahm und ihnen mehr als nur Asyl gewährte. Der erste Reichspräsident Deutschlands, FRIEDRICH EBERT (4.2.1871), war ein Mann des Ausgleichs, des Fortschritts, die Personifizierung eines Demokraten.

Als weibliche Wassermänner seien MARIA VON BURGUND (13.2.1457), die Stammutter der Habsburger, ebenso wie CHRISTINA VON FRANKREICH (10.2.1606) genannt. Die erste Ministerin Kanadas war ELLE FAIRCLOUGH (28.1.1905), die sich besonders der Einwanderer und Indianer annahm.

Zwei Politiker, die die deutsche Nachkriegsgeschichte entscheidend mitgestaltet haben, seien noch genannt: THEODOR HEUSS (31.1.1884) und LUDWIG ERHARD (4.2.1897).

12
Fische: Heiler und Helfer
20. Februar – 20. März

Fische sind gefühlsbetont, vorsichtig, tiefschürfend, exakt und gründlich. Sie haben ein starkes Informationsbedürfnis und ein betontes Sicherheitsstreben. Sie brauchen Menschen um sich herum, sind daher sehr stark gemeinschaftsorientiert und das Gegenstück zu den Solisten, den Einzelgängern und Einzelkämpfern. Fische arbeiten gerne und erfolgreich mit anderen zusammen. Fische engagieren sich mit Einsatz und Engagement für Menschen. Sie sind sehr sozial eingestellt und sehen in humanitären Berufen nicht nur den Job, sondern in der Regel eine Lebensaufgabe, die sie zu erfüllen haben. Auch wenn sie keinen ausgesprochen sozialen Beruf ergreifen, werden sie immer sozial tätig sein und Mitmenschen helfen, wenn es nötig erscheint. Überall dort, wo Berufe eine starke soziale Komponente haben, werden Fische mit Erfolg und natürlich auch mit großer Zufriedenheit wirken. Humanitäres Schaffen wird für sie immer ein Teil ihres Tätigseins ausmachen. Fische haben einen siebten Sinn; sie hören alles, sehen alles und fühlen alles. Ihnen entgeht nichts. Sie können ausgezeichnet mit Zahlen umgehen und sind musisch veranlagt. Vielleicht ist letzteres der Grund dafür, daß sie heitere, fröhliche Menschen sind und die Geselligkeit pflegen. Fische sind kreative Menschen, denen ständig Neues einfällt. Im Gegensatz zu anderen Sternbildern kommen ihre Ideen scheinbar weniger durch intensives Nachdenken oder gründliches Studieren einer Materie zustande, sondern aus dem »Bauch«, dem Unterbewußten, aus der Seele. Ihre spontanen Einfälle wirken zwar überraschend; in Wirklichkeit haben sie sich jedoch lange in ihrem Innersten mit jener Thematik auseinandergesetzt, zu der sie sich dann eruptiv äußern. Es ist bisher unerforscht geblieben, ob und in welchem Umfang und Ausmaß einzelne Menschen unterschiedliche Mengen von Eindrücken, Informationen von Erlebtem und Erlerntem speichern. Vergleicht man indessen, was von einzelnen Menschen ins Bewußtsein gehoben und geäußert wird, so ist zu folgern, daß es Unterschiede geben muß. Fische sind für uns der Beweis dafür.

Nach überwiegender Meinung der Astrologen werden Fische von Neptun und Jupiter beherrscht. Ihrem Wesen nach ist Neptun, den man als potenzierte Venus zu verstehen hat, wohl der dominierende Planet für die Fische, bringt er doch die Stärke des Gefühls zum Ausdruck. Das Sternbild der Fische und Neptun bestimmen das zwölfte Haus, das Introversion sowie ein Abschließen nach außen dokumentiert. Die christliche Religion hat die Fische als ihr Zeichen und Symbol gewählt. Es mag Zufall sein, daß mit dem Erscheinen Christi das Widderzeitalter durch das Fischezeitalter abgelöst wurde, das bis Anfang des 21. Jahrhunderts laufen und dann in das Wassermannzeitalter übergehen wird. Es ist aber davon auszugehen, daß Astrologie und Religion in dieser Zeit der Religionsgründung eng miteinander verknüpft waren. In der Glaubenslehre werden Christus und die Getauften als Gefäße Gottes interpretiert. Gefäße sammeln, bewahren und schützen Kostbares, das Menschen zum Leben brauchen wie Wasser und Wein. Gefäß ist Mysterium und umschließt das Geheimnis, was wir Seele nennen.

Die Griechen haben die Göttin Hera, die Gemahlin des Göttervaters Zeus, dem Sternbild der Fische zugeordnet. Diese Unsterbliche war Göttin des ewigen Lebens, das sich als Inbegriff der Seele darstellt. Damit ist auch Hera göttliches Gefäß, aus dem alles Leben kommt. Die Gralshüterin symbolisiert gleiches. Nicht Materie und Geist sind unsterblich, sondern einzig und allein die im Urgefäß lebendige Seele; Lebensborn ist hierfür nur ein anderer Ausdruck. In nahezu allen Religionen finden sich Bezüge zu einem solchen Ursprung.

Selbst das Entstehen des materiellen Lebens wird auf das den Fischen zugehörende Element Wasser zurückgeführt. Dennoch bleibt die Seele das Zentrale. Der astrale Christus ist der Triumphator, nicht der körperlich Leidende und Gekreuzigte oder der geistig Lehrende, mit seiner vollkommenen Menschlichkeit, seinem Eintreten für Arme, Kranke und Schwache. Dieses kompromißlose Liebesbemühen für den Nächsten ist Wesenskern des Tätigseins der Fische. Sie sind einerseits die großen Bewahrer, indem sie speichern und vermitteln; sie schreiben Geschichte und dürfen sich als Generationenbewahrer ansehen. Sie werden andererseits immer sozial sein, helfen und das humane Gewissen darstellen. Obwohl sie empfindlich, zart und sensibel erscheinen und es auch sind, haben Fische eine extreme Nehmerfähigkeit; sie biegen sich, brechen aber selten. Durch Ausdauer, Fleiß und Gründlichkeit erreichen sie, was sie wollen.

Daß Fische-Geborene dennoch in der realen Welt leben und sich bewegen, zeigt, daß an der Spitze der Eignungsberufe der *Computerfachmann* genannt wurde. Schon einfaches Rechnen macht Fischen Spaß. Sie vermögen dies »im Kopf« schneller zu erledigen als andere mit dem Taschenrechner. Zahlen faszinieren sie, vielleicht, weil Ziffern Werte ausdrükken, die Allgemeingültigkeit haben und absolut sicher sind. Es geht beim Einsatz von Computern um zählen, wägen und gewichten. Diese angewandte Mengenlehre ermöglicht, Daten in globaler und differenzierter Art darzustellen. Komplizierte Berechnungen wissenschaftlicher wie wirtschaftlicher Beschaffenheit lassen sich programmieren und mittels Maschinen auswerten. Das Mechanische ist erlernbar; worauf es ankommt, ist das System. Denn der Computer bringt nur das, was ihm eingegeben und abverlangt wird. Es geht um das Vernetzen von Gedankenketten mittels Zahlen, wobei immer neu aufkommende Ableitungen verfolgt und im System gehalten werden müssen. Die Zahlenkombinationen bestimmen die Qualität der verfügbaren Daten. Fische sind Meister solcher Rechenwerke. Sie verstehen es, mit äußerster Akribie in kleinen Schritten, abgesichert nach allen Richtungen, vorzugehen, wohl wissend, daß Fehler viel Zeit und Geld kosten. Wer in Zahlen denkt, kann diese in der Regel auch gut verständlich machen. Zuverlässigkeit spielt in diesem Beruf neben der Genauigkeit, um nicht zu sagen Pingeligkeit, die entscheidende Rolle; ohne solche Eigenschaften ist Chaos vorprogrammiert. Auch wenn diese Genauigkeitsfanatiker manchem auf die Nerven gehen, ist doch genau diese Eigenschaft hier der Schlüssel zum Erfolg.

Fische können nicht nur mit Computern gut umgehen, sie können sie auch sinnvoll einsetzen, beispielsweise als *Controller* oder *Finanzverantwortliche.* Bei diesen Tätigkeiten stehen die richtigen Systeme und Modelle im Vordergrund. Mit einfacher Überprüfung vorhandener und anfallender Daten ist es nicht getan. Sie gehört zwar zu einem solchen Job dazu, ist sinnvoll und notwendig zur Schadensbegrenzung, aber eher Routine für jedermann. Das Controlling hat vielmehr Basismaterial so darzustellen, daß es Hinweise liefert zur Verbesserung von Leistungen jeder Art. Kostenmanagement kann beispielsweise ohne ein intelligent angelegtes Datenprogramm und Kontrollsystem nicht oder nur unzulänglich betrieben werden. Gleiches gilt für die Vermarktungsmöglichkeiten von Gütern oder Dienstleistungen. Fische schaffen mit Methode die richtigen Instrumentarien, damit nichts übersehen wird, nichts durchs Kontrollnetz fällt. Bekanntlich hilft das beste Zahlenwerk nichts, wenn es nicht vernünftig genutzt wird; dazu gehören Konsequenz, viel Fleiß, Nachdenken, Anpassen und, der Fülle der Daten wegen, vor allem Instinkt für das, was gesucht und verwertet werden soll. Da Menschen dem Computer die Daten eingeben, wird es immer wieder zu Fehlern kommen, sei es, wegen Versagens, aus Vorteilsstreben oder Boshaftigkeit. Das Controlling soll negative und positive Leistungen aufzeigen. Oft sind die Zahlen vorhanden und werden dennoch nicht richtig gelesen und interpretiert. Fische haben ein Gespür, gleichsam den Riecher dafür, wo die Lunte brennt, wo sich eine Chance bietet. Deshalb sind sie wohl auch die Profis in diesem Berufsfeld der Kontroll- und Finanzmanager.

Der Begriff »Schnüffler« ist negativ aufgeladen, weil es seit Friedrich dem Großen und seinen Kaffeeschnüfflern so nach Polizeilichem anmutet; dennoch sind bestimmte Berufe ohne »Spürnase« nicht erfolgreich auszufüllen. Fische haben jedenfalls diese Nase und stecken sie in alle Angelegenheiten. Von den Befragten, die den Beruf des *Forschers* als einen für sie besonders geeigneten Tätigkeitsbereich angegeben haben, stehen die Fische an erster Stelle. Allein ihre angeborene Neugierde wäre bereits beste Voraussetzung und Motivation, in der Forschung erfolgreich zu sein. Zur Spürnase müssen jedoch noch andere Fähigkeiten hinzukommen, die diese Sternzeichen so ausgeprägt besitzen: Geduld und Ausdauer, Sinn für Details und Genauigkeit, nicht zuletzt auch die Fähigkeit des Hinterfragens. Während Zwillinge und Wassermänner eher objektbezogen forschen und im Bereich der Materie im weitesten Sinne ihre Entdeckungen machen, gehen die Fische eher subjektbezogenen Fällen nach. Es handelt sich um Projekte, die Lebewesen und Menschen in besonderer Weise betreffen. Neben den bereits genannten Grundeigenschaften ist es die schöpferische Kraft, die Neues schafft. Fische besitzen ein hohes Maß an Kreativität, die es ihnen ermöglicht, fernab von ausgetretenen Pfaden nach dem zu forschen, was Menschen hilft, besser zu leben. Wer fündig werden will, darf vor allem nicht aufgeben und sich von Rückschlägen nicht entmutigen lassen; Duldungsschwellen müssen über das Normale hinaus gelegt werden. Fische haben große Ausdauer; sie besitzen bekanntlich Gefühl und daher auch etwas mehr Gespür für humanitäre Notwendigkeiten, als eine Gesellschaft sie pflegt und anwendet. Für manche Menschen mag die Erfindung des Schlafwagens gar keine Erfindung sein, obwohl sie den Menschen in besonderen Situationen des Unterwegsseins zum Wichtigsten verhilft, das er braucht – Ruhe durch Schlaf. Für Fische kommt es nämlich darauf an, wie gut die körperliche, geistige und seelische Beschaffenheit der Menschen ist; jede Entdeckung, die hier hilfreich ist, werden sie mit großem Engagement betreiben. Gleichgültig, ob sie in unerforschte Erdteile, Länder und Gebiete aufbrechen, ob sie um sich herum Ausschau halten – das ist ihr Ziel und wird es auch immer bleiben: Entdeckungen zu machen, die den Menschen und ihren Lebensbedingungen zugute kommen.

Als besonderer Eignungsberuf für Fische-Männer ist der des *Detektivs* zu nennen. Fische zählen schon im normalen Leben zu den bestinformierten Personen; wen wundert es da, daß sie berufsmäßig besondere Begabung für einen solchen Job mitbringen? Es muß für sie ein Gefühl der Lust sein, geistig zu kombinieren, zu beobachten, nachzuspionieren, zu fragen, zu deuten, abzuwägen und herauszufinden, was sich tut, warum das alles so ist. Selbst wenn ihnen nur aufgetragen ist, Fakten zu liefern, werden sie, ob Auftrag oder nicht, den Gründen für solch menschliches Verhalten nachgehen. Sie wollen wissen, was in den Menschen vorgeht, was zu bestimmten Handlungen geführt hat. Obwohl die Tätigkeit des Detektivs mühevoll und nicht ungefährlich ist, werden Fische sie gerne und oft wie ein Hobby betreiben. Jede neue Erkenntnis über das Wesen Mensch motiviert sie. Sie entwikkeln deshalb auch immer neue Methoden, den Menschen auf die Schliche zu kommen, sie zu enttarnen. Ihre sagenhafte Gründlichkeit, ihre für andere mitunter nervenaufreizende Kleinarbeit, ihr bohrendes Verweilen an einem Punkt, ihr ständiges Nachfassen und ihr verbissenes Festhalten an den Fällen, garantieren ihnen mehr Erfolge als anderen.

Kindergärtnerin ist einer der beliebtesten Frauenberufe.

Von allen, die diesen Beruf ausgewählt haben, nehmen die Fische die erste Stelle ein. Obwohl keiner Frau abzusprechen ist, mit Kindern umgehen zu können, scheinen uns die Fische-Frauen besonders für diesen Beruf geeignet. Denn sehen wir einmal vom Essen, Trinken, Schlafen und Spielen ab, so dürfte das Wichtigste für kleine Kinder sein, daß sie Antworten auf ihre Fragen bekommen, daß man ihnen zuhört, mit ihnen redet, ihnen immer wieder die einfachsten Dinge erzählt. Kinder wollen alles genau wissen; sie lassen sich nicht mit halben Antworten abspeisen, und sie sind tief unglücklich, wenn sie Antworten bekommen, wie: »Das verstehst du noch nicht!« oder: »Dazu habe ich jetzt keine Zeit!« Kinder sind neugierig und wissensdurstig. Da alles für sie neu und unbekannt ist, wollen und müssen sie wiederholt fragen und lernen, die Antwort zu begreifen. Nirgendwo ist Gründlichkeit so nötig, ist geduldiges Erklären so zwingend, wie beim Unterhalten und Reden mit Kindern. Kinder lernen ja nicht nur mit dem Verstand, sondern mit ihrem Herzen, ihrem Empfinden, ihrer Seele. Deshalb gehört es dazu, kleinen Kindern in besonderem Maße das Gefühl zu geben, daß sie ernst genommen werden. Sie merken es, ob Erwachsene mit ihren Gedanken, mit ihrem Verhalten, oft auch mit ihren Worten weit weg sind von dem, was sie gefragt haben und gerne erfahren wollen. Das Beschäftigen mit Kleinkindern ist richtige Arbeit und kein Vergnügen; es ist auch kein Beobachten, schon gar kein Kontrollieren oder Hüten. Fische lieben es, zuzuhören und anzuhören, zu erzählen und zu informieren; sie reagieren und lassen sich unterbrechen, sie gehen auf das andere Du ein, und es wird ihnen nie zuviel, zu reden, auch nicht, zu wiederholen. In der Lernphase der Kinder, wo noch der persönliche Kontakt dominiert, wie in der Kindergartenzeit, helfen Fische in besonders guter Art und Weise, den Kleinkindern Lebenswissen zu vermitteln, füllen sie freie Speicher mit Wissen und Informationen. In dieser Zeit lernen die Kinder mehr als in jeder anderen Phase ihres Lebens. Ein

Glück, wenn sie Menschen begegnen, die ihnen zuhören, mit ihnen reden, sich mit ihnen befassen! Es gibt kaum einen Beruf, wo die Fische-Eigenschaften so positiv genutzt werden können.

Ähnlich ist es auch mit der Pflege Kranker und Alter. Sie haben ein sehr verwandtes, wenn auch in seiner Substanz ganz anders gelagertes, inhaltlich anders bestimmtes Bedürfnis. Sie wollen, wie auch die Kleinkinder, reden; niemand hört sie an und hat Zeit für sie. Sie wollen sich mitteilen, wollen dabeisein; niemand hat Zeit für sie. Sie wollen Zuspruch und Hoffnung, die ihnen niemand gibt. Auch sie werden versorgt und betreut, und materiell fehlt ihnen in der Regel wenig. Man versucht, in Krankheitsfällen ihr physisches Leben so lange wie möglich zu erhalten. Was ihnen fehlt, sind weder medizinische Versorgung, noch materielle Betreuung, sondern menschliche Nähe, Zuhören, Gespräch und Verstehen. Gut, daß es auch hier Menschen gibt, die Eigenschaften haben, die für genau diese Bedürfnisse geeignet sind! Und wieder haben von allen befragten Frauen Fische den Beruf der Krankenschwester am häufigsten gewählt; er wurde übrigens an fünfter Stelle aller weiblichen Berufe genannt. Fische haben die notwendige Nähe zum Nächsten in einer besonders ausgeprägten Form. Obwohl zwischen *Krankenpflegerin* und Krankenschwester unterschieden wird, sind Fische in beiden Berufen gleichermaßen stark engagiert. Damit keine falschen Vorstellungen aufkommen, sei vermerkt, daß Fische es in diesem Beruf mit der physischen Versorgung der Patienten gleichermaßen ernst nehmen. Auch hier kommen ihnen ihre Eigenschaften wie Sorgfalt, Genauigkeit und Gründlichkeit zustatten.

Fische haben offenbar auch optisch einen Sinn für Details. Sie nehmen, männlicherseits die erste, weiblicherseits die zweite Stelle bei der Berufswahl des *Photographen* ein. Sicher liegt diese Kunst zunächst einmal darin, realitätsbezogene, lebensnahe, scharf kontrastierende Aufnahmen zu machen.

Dazu gehören nun einmal ein sicherer Blick für das Besondere, was oft im Nebensächlichen liegt, sowie die Fähigkeit, auf den richtigen Moment zu warten, um den Auslöser zu betätigen. Photographieren ist mehr als eine Technik. Sicher ist es notwendig und wichtig, die Technik zu verstehen, die notwendigen Einstellungen und Handgriffe zu beachten; sicher spielt die Qualität der Kamera eine Rolle; entscheidend für das Bildmaterial ist indessen derjenige, der die Aufnahmen macht. Alles ist ständig in Bewegung und verändert das Aussehen. Selbst Festgefügtes ist nicht gleichbleibend, weil unterschiedliches Licht Objekte im Bild unterschiedlich erscheinen läßt. Die Einstellung der Kamera auf Menschen, Landschaften oder Gegenstände ergibt gänzlich unterschiedliche Aufnahmen, die in ihrer Ausdruckskraft weit auseinanderliegen können. Gute Photos können, schließen wir einmal den Zufall aus, immer nur dann entstehen, wenn der Photograph zu seinem Modell, zu dem, was er aufnehmen möchte, eine persönliche Beziehung herstellen kann. Er muß sich in die Stimmung einer Landschaft, in eine Materie oder ein Objekt ebenso wie in ein Lebewesen versetzen. Wenn die Atmosphäre stimmt, sind die Voraussetzungen gut, daß die Bilder realistisch werden und glaubhaft wiedergeben, was abzulichten und festzuhalten war. Berufsphotographen arbeiten oft im Auftrag. Wer Aufträge erteilt, bezweckt damit immer etwas, sei es, daß er sich selbst oder andere in ein gutes Licht setzen möchte; sei es, daß er damit etwas erreichen möchte. Meister und Könner sind die, welche auszudrücken vermögen, was sie durch Photos vermitteln sollen. Hinter Spitzenleistungen stehen oft wochen-, monate- oder gar jahrelange Beobachtungen und Studien. Wie bei jeder handwerklichen Tätigkeit sind Reife und Klasse auch hier begründet durch harte Arbeit und lehrreiche Erfahrungen. Zu alldem bedarf es menschlicher Eigenschaften, wie gründlicher Vorbereitung, Eingehen und Verstehen der Szene und der beteiligten Menschen. Dazu gehören der Blick für die richtige Einstellung zu den Objekten und Geduld sowie Ausdauer für den entscheidenden Moment der Aufnahme. Fische haben viele dieser notwendigen Fähigkeiten, damit auch das richtige Gespür zum Photographieren.

Rollenspiele zu inszenieren, mit Menschen im Zusammenspiel Wirkung zu erzielen, kurzum, als *Regisseure* zu arbeiten, ist für manche der Fische-Geborenen ein Traumziel. Mehr als andere Sternzeichen haben Männer dieses Zeichens diesen Beruf für sich ausgewählt. Bevor ein Stück in Szene gesetzt wird und werden kann, müssen die einzelnen Rollen thematisch aufgearbeitet und interpretiert werden, um dann den Schauspielern oder Sängern gegeben zu werden, die sie gemäß der Aussage des Stückes umsetzen. Der Rollenverteilung kommt dabei eine wichtige Bedeutung zu; mit der richtigen Besetzung ist die Grundlage für ein Gelingen geschaffen, nicht jedoch schon der Erfolg programmiert. Den bestätigen dann die Zuschauer und Kritiker. Sie sind zufrieden, wenn sie den Eindruck haben, als müsse alles so sein, wie es ist, vom Thema und Ablauf eine geschlossene Einheit.

Regisseure werden dann erfolgreich sein, wenn sie den Stoff nachempfinden und ihn sinngemäß so umsetzen lassen, daß eine Transformation des vom Autor gewollten Ergebnisses erzielt wird. Zweifellos bedarf es zu solcher Umsetzung eines starken Einfühlungsvermögens, einer besonderen schöpferischen Kraft. Fügen wir Disziplin und Exaktheit hinzu und vergessen wir auch die Ausdauer nicht, so sind wir einmal mehr bei den bekannten Grundeigenschaften der Fische-Geborenen.

Wir können zwei weitere Eignungsberufe der Fische nahtlos hier anführen, die wenig mit dem eben genannten Beruf zu tun haben und doch die gleichen Grundeigenschaften beanspruchen. Von allen, die angaben, sich *Uhrmacher* oder *Graveur* als Beruf zu wünschen, stehen die Fische-Männer an erster Stelle. Das Kleine, ein wenig Komplizierte, die Möglichkeit zu tüfteln, das ungestörte Verweilen bei einer Sache, kommt dem Wesen der Fische sehr entgegen. Ineinandergreifendes, verzahntes, stetig im Rhythmus Laufendes, das Prinzip des Uhrwerks an sich als Zeitmesser, fasziniert sie; in Gang zu halten könnte als Lebensphilosophie, als Grundsatz und Prinzip ihres Seins angesehen werden. Ihm fühlen sie sich verbunden, das interessiert sie und motiviert sie zu Leistung. Die Uhr als Schmuckstück wird von ihnen gewiß nicht übersehen. Für Kunst haben Fische Sinn. Ihr Geschmack ist ausgezeichnet, was an der Art, wie sie sich kleiden und schmücken, für jedermann erkennbar ist. Das Feine, eher Dezente, wird bevorzugt und auch auf ihre Arbeit übertragen. Besonders anschaulich demonstrieren sie diese Art des Schaffens als *Graveure*. Ihr Kunstsinn, ihr Einfallsreichtum, ihre einfühlende Hand und ihr präzises Arbeiten lassen sie auch in diesem Beruf Überdurchschnittliches leisten. Ziselieren scheint eher eine weibliche Begabung und bedarf doch der Kraft. Fische haben beides und tolle Einfälle dazu, die sie kunstvoll umsetzen. Ihre Geschicklichkeit fasziniert. Sie schaffen Gebilde, denen sie gleichsam Seele einhauchen, deren »tote Materie« sie beleben, indem sie ihr Struktur und Ausstrahlung verleihen. Die Gravur bewirkt Sinnbildliches, erweckt Vorstellungen und regt zur kommunikativen Auseinandersetzung an. Indem sie aussagt, fordert sie heraus und wird lebendig. Inhalt und Ausdrucksform konkurrieren miteinander in der Bewertung. Die Interpretation entscheidet die Qualität des Werks.

Fische eignen sich aber auch gut als *Maschinisten* und *Feinmechaniker*. Bei beiden Berufen kommt es darauf an, in Gang zu halten oder zu setzen. Fische besitzen, wie wir bereits ausführten, einen siebten Sinn für das Aufspüren von Fehlern. Das hat wenig mit Glück oder Zufall zu tun, sondern steht damit in Zusammenhang, daß Fische mit ihrem Sinn fürs Detail gründliche Kenntnisse der Maschinen und Geräte haben, mit denen sie umgehen, deshalb Fehler auch schneller als andere lokalisieren und beseitigen können. Ihr stark ausgeprägtes Sicherheitsbedürfnis kommt ihnen in diesen Berufen sehr entgegen. Damit sie ja nichts vergessen, arbeiten sie korrekt nach Plan; damit dies auch andere tun, erstellen sie Checklisten, die abzuhaken sind. Es dauert gelegentlich etwas länger; dafür hat man aber die Gewißheit, daß nach menschlichem Ermessen alles getan wurde, um Maschinen und oder Geräte und Aggregate am Laufen zu halten. Hier haben sie viel mit den Jungfrau-Geborenen gemeinsam.

Töpfer ist eigentlich mehr ein Frauenberuf, dennoch trauen sich Fische-Männer zu, diese Arbeit gut zu verrichten. Wenn wir ihre bereits geschilderten Fähigkeiten bedenken, wird diese Neigung erklärbar. Sie besitzen eine starke Vorstellungskraft und vermögen diese wohl auch gestaltend umzusetzen.

Fische verfügen offenbar in stärkerem Maße als andere Sternzeichen über musikalische Talente. In unserer Befragung haben sie überdurchschnittlich für Berufe wie *Sänger, Musiker* und *Komponist* votiert. Das Musische läßt sich astrologisch als besondere Anlage erklären; das Vermögen zu singen ist eindeutig eine physische und, nach unserem Verständnis, eine angeborene Veranlagung, die mit Sternzeichen nicht in Zusammenhang steht. Hat ein Fisch eine gute Stimme, so werden ihm seine musischen Begabungen gut zustatten kommen. Anders scheint es uns mit dem Spielen von Instrumenten und dem Komponieren zu sein. Hier kann das musikalische Talent der Fische umgesetzt werden, wie die Geschichte eindrucksvoll bewiesen hat. Denn unter keinem Sternzeichen sind so viele berühmte Meister versammelt wie unter den Fischen: GEORG FRIEDRICH HÄNDEL (23.2.1685) schrieb geistreiche, sinnenfrohe plastische Musik; CARL PHILIPP EMANUEL BACH (8.3.1714) war ein gefeierter Musiker seiner Zeit, der am Hof FRIEDRICHS II. lebte und mit ihm musizierte. Das Gesangsgenie ENRICO CARUSO (25.2.1873) wurde weltberühmt durch seinen Tenor. FRÉDÉRIC FRANÇOIS CHOPIN (1.3.1810), der Virtuose am Klavier, liebte das Zarte und Gefühlvolle. Der ideenreiche GIOACCHINO ROSSINI (29.2.1792) verzauberte mit seinen herrlichen Arien die Menschen. Wer den Namen FRIEDRICH SMETANA (2.3.1824) hört, denkt unwillkürlich an sein Werk »Die Moldau«. FEDOR IWANOWITSCH SCHALJAPIN (27.2.1873), einer der überragenden Sänger seiner Zeit, hat die bekannten Baßarien zu Liedern des Volkes gemacht. HUGO WOLF (13.3.1860) vertonte Gedichte und komponierte Lyrik so bekannter Dichter wie Mörike, Goethe oder Eichendorff. MAX REGERS (19.3.1873) Kompositionen sind reich an Gefühl.MAURICE RAVEL (7.3.1875) hat Träume komponiert, voller Innerlichkeit und starker Ausdruckskraft.

Von den Fische-Frauen seien erwähnt: GERTRUD ELISABETH MARIA SCHMELING (23.2.1749), eine bekannte Sängerin; KAROLINE HERSCHEL (16.3.1750) widmete sich, trotz Gesangsausbildung, der Astronomie; MARIE CÄCILIE RIVELERS (17.3.1778) sang zwar nur Volkslieder, diese aber wie eine Nachtigall. JOSEPHINE GALLMEYER (27.2.1838) trat als Sängerin in Europa und Amerika auf; unvergeßlich HERMINE SPIES (25.2.1857), die alle Talente einer Sängerin besaß; in ihrem berühmten Alt voller Kraft und Wohlklang begeisterte sie mit Interpretationen großer Komponisten wie Brahms, Schubert und Beethoven. Schließlich sei noch die Musikpädagogin MARIA HINDEMITH-LANDES (13.3.1901) genannt.

Das große Einfühlungsvermögen der Fische kommt nicht nur in der Musik zum Tragen, sondern auch in der Dichtung, wie viele Schriftsteller beweisen: von TORQUATO TASSO (11.3.1544) über ALESSANDRO MANZONI (7.3.1785), für den Verdi ein Requiem komponierte; VICTOR HUGO (26.2.1802), der Dramatiker HENRIK IBSEN (20.3.1828), der weltweit bekannte Lyriker HENRY WADSWORTH LONGFELLOW (27.2.1807), bis hin zu FRIEDRICH HÖLDERLIN (20.3.1770) und FRIEDRICH AUGUST HEBBEL (18.3.1813), JOSEPH VON EICHENDORFF (10.3.1788) und dem Märchensammler WILHELM GRIMM (24.2.1786).

Die Fische-Frauen sind nicht so bekannt wie ihre männlichen Kollegen, zeigen aber viel Seele in ihren Werken: ELIZABETH BARRETT-BROWNING (6.3.1806), ISABEL BURTON (20.3. 1831), MINNA CANTH (19.3.1844), VICTORIA BENEDICTSSON (6.3.1850), HELENE BÖHLAU (22.2.1859), die lettische Dichterin ASPAZIJA (16.3.1868), AGNES MIEGEL (9.3.1879), KARIN MICHAELIS (20.3.1872), MECHTHILDE LICHNOWSKY (8.3.1879) und die bekannteste von ihnen, ELISABETH LANGÄSSER (23.2.1899).

Alle Fische besitzen ein überdurchschnittlich ausgeprägtes soziales Empfinden, was viele berühmte Persönlichkeiten in der Ausübung eines Berufes dieser Art verdeutlichen. Der neben Erasmus bedeutendste Humanist JOHANNES REUCHLIN (22.2.1455), der Jesuit FRIEDRICH VON SPEE (25.2.1591), ein Wohltäter vieler Menschen; der reiche Kaufmann JAKOB FUGGER (6.3.1459), mit seinem bis in unsere Zeit reichenden sozialen Hilfswerk der Fuggerei; der Missionar DAVID LIVINGSTONE (19.3.1813); FRIEDRICH VON BODELSCHWINGH (6.3.1831), der Begründer von Bethel. Praktische Nächstenliebe wollte auch ROBERT BADEN-POWELL (22.2.1857) verwirklichen, als er die Pfadfinderbewegung ins Leben rief. BERTHA PAPPENHEIM (27.2.1859) begründete Pflegestätten für gefährdete Mädchen. ROSA LUXEMBURG (5.3.1871) kämpfte für die Schwachen, ebenso wie NADESHDA KONSTANTINOVA KRURPSKAJA (27.2.1869), die Frau Lenins.

Zu den Berühmtheiten unter den Fische-Geborenen zählen auch Regierende, wie Kaiser KARL V. (24.2.1500), der über Glaubenseinheit ewigen Frieden schaffen wollte; als er dies nicht erreichte, ging er ins Kloster. GEORGE WASHINGTON (22.2.1732) begründete Amerikas Unabhängigkeit. Papst LEO XIII. (2.3.1810), ebenso wie PIUS XII. (2.3.1876), hat die soziale Verantwortung der Kirche in besonderem Maße betont; KAROLINE VON ENGLAND (1.3.1683), die Gemahlin von George II., regierte mit Geist und Herz; Königin LUISE von Preußen (10.3.1776) war nicht nur anmutig; sie sorgte sich auch intensiv um die Armen.

Von Ärzten erwartet man, daß sie human sind; Fische tun Zusätzliches. JOHANN PETER FRANK (19.3.1745) begründete das öffentliche Gesundheitswesen; KARL VON GRAEFE (8.3.1787) organisierte die Militärmedizin; PAUL EHRLICH (14.3.1854) entdeckte nach unzähligen Versuchen das Salvarsan; EMIL VON BEHRING (14.3.1854) entwickelte ein Serum gegen Diphtherie. Der Anthropologe KARL ERNST VON BAER (29.2.1792) begründete die moderne Embryologie. Der Philosoph ARTHUR SCHOPENHAUER (22.2.1788) postulierte menschliche Vorbestimmtheit; EDUARD VON HARTMANN (23.2.1842) erforschte das Unbewußte, der Philosoph KARL JASPERS (23.2.1883) lehrte, daß es »Nichts« nicht geben kann.

Eine Reihe berühmter Physiker sind Fische. SIMON OHM (6.3.1789) definierte die Stromstärke; HEINRICH HERTZ (22.2.1857) stellte den Zusammenhang zwischen Elektrizität, Licht und Frequenz her; OTTO HAHN (8.3.1879) war Kernforscher und setzte sich leidenschaftlich für die friedliche Nutzung der Atomenergie ein, ebenso wie ALBERT EINSTEIN (14.3.1879), der Begründer der Relativitätstheorie. Zu nennen ist auch noch GUSTAV KIRCHHOFF (12.3.1824) mit seiner Entdeckung der Spektralanalyse.

Zwei Fische haben Autogeschichte geschrieben: GOTTLIEB DAIMLER (17.3.1834) und RUDOLF DIESEL (18.3.1858). Fische sind vorsichtig, aber deshalb keineswegs weniger mutig. HANNA REITSCH (12.3.1912) testete Flugzeuge, ELEONORE PROSCHKA (11.3.1785) ging als »Soldat Reiz« in die Geschichte ein. AMERIGO VESPUCCI (9.3.1451) segelte entlang der Küste Amerikas und gab dem Land den Namen. Ohne den Kartographen GERHARD MERCATOR (5.3.1512) wäre das Reisen damals noch beschwerlicher gewesen; er führte die Längen- und Breitengrade ein. HEINRICH der SEEFAHRER (4.3.1394) war Physiker, Mathematiker und Astronom in einer Person.

Im Kunstbereich finden wir einen der berühmtesten Fische der Weltgeschichte überhaupt: MICHELANGELO BUONARROTI (6.3.1475). Zu erwähnen sind ferner KARL FRIEDRICH SCHINkel (13.3.1781), die Bildhauerin Renée Sintenis (20.3.1888); ferner Giovanni Battista Tiepolo (5.3.1696) sowie die Maler Pierre Auguste Renoir (25.2.1841) und Oskar Kokoschka (1.3.1886).

Unter den Fische-Frauen gibt es berühmte Schauspielerinnen, die durch Anmut und Ausdruckskraft berühmt wurden: Sophie Schröder (23.2.1781), Charlotte Wolter (1.3.1834), Louise Dumont (22.2.1862), Mademoiselle Georges (23.2.1787) und Liz Taylor (27.2.1932). Einer der bekanntesten unter ihren männlichen Kollegen ist der große Mime Heinz Rühmann (7.3.1902).

Bemerkungen zur Methode der Befragung

Bevor wir auf das Verfahren der Untersuchung zu diesem Buch eingehen, sei darauf hingewiesen, daß schon eine Reihe von Wissenschaftlern in letzten Jahren versuchte, mit Hilfe statistischer Methoden Erkenntnisse der Astrologie zu beweisen. Das Ehepaar FRANÇOISE und MICHEL GAUQUELIN, ebenso wie Professor HANS J. EYSENCK, unternahm es, in einer großangelegten Untersuchung diesen Beweis zu führen. Die Ergebnisse, die sie erzielten, waren durchaus beachtlich, konnten jedoch die Öffentlichkeit nicht voll überzeugen. Dafür gibt es eine Reihe von Gründen:

- Diese Untersuchungen gingen von falschen Voraussetzungen aus. Sie stützen sich beispielsweise auf die Hypothese, daß aus dem Zusammenwirken der Planeten die einzelnen Menschen gleichsam zu einem bestimmten Beruf »gezwungen« werden. Es ist verständlich, daß hier keine schlüssigen Ergebnisse zustande kommen konnten, denn der einzelne Mensch kann nicht auf einen ganz bestimmten Beruf festgelegt werden, da er vielmehr, als ein universelles Wesen, die Eignung für eine ganze Reihe von Berufen besitzt, bei denen es auf bestimmte Fähigkeiten und Eigenschaften ankommt.

- Die Auswahl der zu befragenden Personen erfolgte nicht nach strengen statistischen Regeln einer Stichprobenauswahl. Masse ersetzt nicht System. Anders ausgedrückt – wenn die Untersuchungen nur an *Soldaten* oder *Studenten* oder welcher Gruppe auch immer vorgenommen werden, so ist diese Gruppe nicht repräsentativ für eine Gesamtbevölkerung; die Ergebnisse können so keine Allgemeingültigkeit besitzen.

- Bei den Befragungen wurden die Berufe zu global festgelegt, wie zum Beispiel am Beruf des *Arztes* leicht zu demonstrieren ist. Die Berufsbezeichnung »*Arzt*« ist ganz allgemein Gattungsbezeichnung für *Mediziner*. Dies aber können sein: *Chirurgen, Gynäkologen, Psychotherapeuten, Kinderärzte, Anästhesisten, Röntgenärzte, Nervenärzte, Zahnärzte, Internisten, Tierärzte* und so fort. Ferner können diese *Ärzte* praktizieren oder dozieren. Es ist leicht nachvollziehbar, daß jeder dieser Ärzteberufe sicher gemeinsame Veranlagungen und Fähigkeiten, aber auch sehr differenzierte Begabungen voraussetzt. Wenn also medizinische Berufe in ihrer Differenziertheit erforscht und zu den Sternbildern in Beziehung gesetzt werden sollen, dann müssen sie sinnvoll hinsichtlich ihres Anforderungsprofils erst einmal festgelegt werden. Erst dann kann festgestellt werden, welche Sternbilder den einzelnen Arztberufen zugeordnet werden können.

- Die Methode des »Nasenzählens« muß deshalb ins Leere gehen, weil ein großer Teil der Befragten nicht einen ihrer Eignungsberufe, sondern einen Pflichtberuf ausübt. Selbst eine repräsentative Stichprobe kann in diesem Falle dieses Manko nicht ausgleichen. Die Fehlsteuerung muß nach unseren Ermittlungen über 50 Prozent liegen, wenn gefragt wird, welcher Beruf ausgeübt wird, und dieser dann mit dem Geburtsdatum (damit mit dem Sternbild) in Beziehung gesetzt wird. Wie wir schon erwähnt haben, geht über die Hälfte der Menschen aus den verschiedensten Gründen nicht ihrem Eignungsberuf nach.

- Entscheidend für die Aussagekraft ist immer die Tatsache,

ob die Stichprobe wirklich das Ganze repräsentiert. Das trifft auch nicht zu bei den Untersuchungen, bei denen Kosmogramme von Persönlichkeiten ausgewertet wurden. Diese Kosmogramme betrafen wiederum eine bestimmte Gruppe von Persönlichkeiten, nicht den Querschnitt einer Gesamtbevölkerung.

Diese Kritik gilt auch für die im Jahr 1985 von der *University of California* in Berkeley durchgeführte Untersuchung, die sich zur Aufgabe gestellt hatte, zu beweisen, daß die Astrologie über die Persönlichkeitsstruktur eines Menschen schlüssige Aussagen machen könne. Den Veröffentlichungen zufolge wurden 168 Studenten der Universität, die weder besonders für noch gegen Astrologie eingestellt waren, in den Test einbezogen. Die Untersuchung lief so ab, daß Astrologen aufgrund genauer Geburtstage, belegt durch Geburtsurkunden, von den Studenten Kosmogramme erstellten und über diese Aussagen zur Persönlichkeit der Probanden machten.

Psychologen taten gleiches mit einem standardisierten, seit 1958 in Amerika angewendeten Testverfahren, das sich CPI (*California Personality Inventory*) nennt. Mit über achtzehn Wesensmerkmalen wie Toleranz, Verantwortungsgefühl und dergleichen wurde die Persönlichkeitsstruktur der Studenten ermittelt. Weder die Astrologen, noch die Psychologen hatten mit den Kandidaten während der Untersuchung direkten Kontakt. Das Experiment selbst wurde von unabhängigen Wissenschaftlern überwacht. Nach Fertigstellung dieser Persönlichkeitstests nach CPI und der astrologischen Methode wurden den einzelnen Kandidaten jeweils drei nach CPI und Astrologie verfaßte Persönlichkeitsbeschreibungen – das heißt, insgesamt sechs – zur Auswahl vorgelegt, wobei nur zwei ihrem Persönlichkeitsprofil hätten entsprechen dürfen, nämlich ein Test nach CPI und ein Test nach astrologischen Gesichtspunkten. Man legte also den Studenten, um die Wahl zu erschweren, neben ihrem eigenen Profil noch zwei fremde Profile der beiden Testmethoden zur Auswahl vor. Das Ergebnis war, daß sowohl bei CPI- als bei den Astrologievorlagen nur ein Drittel der Probanden ihre Persönlichkeitsbeschreibung erkannte und herausfand. Der Physiker Professor SHAWN CARLSON interpretierte dieses Ergebnis als eine Niederlage für die Astrologie mit der Begründung, daß nur ein Drittel der Studenten das nach der Methode der Astrologie erstellte Persönlichkeitsprofil erkannt hätten.

Dieser Schluß entbehrt jeder Logik, denn bei der CPI-Methode erkannten die Studenten auch nur zu einem Drittel ihr eigenes Persönlichkeitsbild; demnach müßte auch die Methode CPI zur Bestimmung der Persönlichkeit eines Menschen falsch sein. CPI gilt aber in Amerika als geprüftes und anerkanntes Verfahren zur Bestimmung der Persönlichkeit von Menschen.

Neben dieser falschen Schlußfolgerung sind die Ergebnisse der *University of California* in Berkeley auch deshalb in Frage zu stellen, weil wieder nur eine bestimmte Gruppe, nämlich Studenten, befragt wurde, und zudem die Hälfte der Probanden während des Tests ausstieg und die Untersuchung nicht bis zum Ende mitmachte. Damit ist auch dieser Versuch aus methodischen Mängeln nicht schlüssig.

Nun zu der diesem Buch zugrunde liegenden Untersuchungsmethode. Sie erfolgte in drei Stufen:

- Mittels einer psychologischen Untersuchung durch Einzelbefragungen und Gruppentests, die unstrukturiert und wertfrei erfolgten und deren Ergebnisse dazu dienten, die quantitativen Befragungen durchzuführen, wurden erste Daten erfaßt.

- Diese wurden in einer quantitativen Befragung einer repräsentativen Auswahl von Menschen in der Bundesrepublik Deutschland im Alter zwischen 16 und 70 Jahren, die in ihrer Zusammensetzung der Grundgesamtheit der Bevölkerung entsprach (hinsichtlich aller demoskopischen

Daten), vorgelegt. Ziel der Untersuchung war es, Charaktereigenschaften und Fähigkeiten einzelner Menschen herauszufinden. Dies erfolgte mittels einer verdeckten Befragung auf die Weise, daß die Menschen nicht über sich selbst, sondern über andere, die sie gut kennen, aussagten. Den Befragten war dabei nicht bekannt, daß es sich um eine Untersuchung über Sternbilder handelte. Das Geburtsdatum derjenigen Personen, über die sie Auskunft geben sollten, wurde mit der Begründung von ihnen erbeten, daß man feststellen wolle, ob sie diese Personen so gut kennen würden, daß sie über ihr Geburtsdatum Auskunft geben könnten.

○ Weiterhin wurden 1500 Personen im Alter von 16 bis über 70 Jahren in eine Stichprobe genommen, die wiederum der Gesamtheit der erwachsenen Bevölkerung der Bundesrepublik entsprach. Dieser Auswahl von Frauen und Männern wurden 100 Karten mit Berufen vorgelegt, aus denen sie 5 auswählen durften, von denen sie selbst überzeugt waren, daß sie für sie geeignet wären und daß sie sie gerne ausüben würden. Die Befragten hatten die Möglichkeit, über die vorgegebenen Berufe hinaus weitere Berufe zu nennen, die sie gerne ausüben wollten. Von allen Befragten wurde das Geburtsdatum erfaßt, so daß eine genaue Zuordnung der von den Personen genannten Berufe zu den Sternbildern möglich war. Die breite Streuung der abgegebenen Nennungen beweist die Ernsthaftigkeit der Untersuchung.

Auch wir sind bei den einzelnen Berufen nicht in die Untergliederung gegangen, etwa bei *Ingenieuren, Ärzten, Mechanikern* oder *Maurern*. Das hätte den Rahmen dieser Untersuchung gesprengt. Es bleibt somit die Möglichkeit, nur über einzelne Berufe weitere Forschungen anzustellen und darüber zu schreiben: etwa wie sich ein Bruchstein- von einem Blendsteinmaurer, ein Glasmaurer von einem Kunstmaurer unterscheidet. Alle Berufsnennungen der Sternbilder wurden in Beziehung zueinander gesetzt, ausgewertet und interpretiert. Diese Feststellung ist deshalb so wesentlich, weil es immer wieder die Ansicht gibt, daß der einzelne Mensch nur wenige Berufe ausüben könne. Das trifft absolut nicht zu. Jeder Mensch kann theoretisch alle Berufe ausüben. Die Nachkriegszeit in Deutschland hat dafür Beweise zur Genüge bereit. Frauen haben härteste Männerarbeit gemacht, Kopfarbeiter wurden zu Handarbeitern – und vieles andere mehr.

Uns interessierte das »Normale«, die Frage nach den vergleichsweise besten Berufen für einzelne. Die Korrelation von Berufen und Sternbildern haben ergeben, daß es, relativ betrachtet, Eignungsberufe für die einzelnen Sternbilder gibt. Wir betonen noch einmal: relativ, aber nicht absolut. Dort, wo ein Mensch relativ besser ist als ein anderer, hat er mehr Erfolge und ist zufriedener.

DIE REIHE AKTUELLER SACHBÜCHER

CHARAKTERZÜGE NACH TIERKREISZEICHEN DER ASTROSPIEGEL FÜR »SIE« UND »IHN«

Von Dr. Rudolf Bossle

Dr. Bossle, Manager eines Großunternehmens, ging einen neuen Weg. Er hat nicht Astrologen konsultiert oder die Sterne befragt – sondern in einer repräsentativen demoskopischen Untersuchung die Charakterzüge der unter den einzelnen Tierkreiszeichen geborenen Menschen erfaßt. Schlagen Sie einfach das für Sie zutreffende Kapitel auf: Sie werden Bekanntes vorfinden und Neues erfahren – über sich selbst und andere. Wertvoll sind auch die praktischen Tips für den Umgang mit Partnern und Freunden, in der Familie und der Arbeitswelt. 208 Seiten, Best.-Nr. 1305.

ERFOLG DURCH KREATIVITÄT SO ENTWICKELN SIE SCHÖPFERISCHE IDEEN

Von Dr. Urs-Peter Oberlin

Man muß sich schon etwas einfallen lassen, um aufzufallen – und um Erfolg zu haben. Ideen sind immer gefragt: im privaten Umgang wie im Berufsleben. Daß Kreativität lernbar ist und trainiert werden kann, zeigt dieses neue Buch des Erfolgsautors Urs-Peter Oberlin. Klar und praxisbezogen bringt er Sie dazu, Ihre vielleicht verschütteten schöpferischen Talente neu zu beleben. 160 Seiten, Best.-Nr. 1389.

DIE KÖRPERSPRACHE VERRÄT MEHR ALS TAUSEND WORTE

Von Erhard Thiel

Körpersprache richtig zu verstehen ist ein unverzichtbarer Teil praktischer Menschenkenntnis im Privat- wie im Geschäftsleben. Als übersichtlicher »Sprachführer« mit vielen Beispielen und Illustrationen entschlüsselt dieses Buch den geheimen Code und die unbewußten Signale des körperlichen Ausdrucks unserer Mitmenschen – und damit ihre wahren Absichten und Empfindungen. 144 Seiten, 62 Abbildungen, Best.-Nr. 1347.

NOCH EINMAL MIT GEFÜHL WAS FRAUEN SICH VON MÄNNERN WÜNSCHEN

Von Gerti Senger

Diese charmante »Liebesschule« einer engagierten Frau für alle die Männer, denen das weibliche Gefühlsleben ein unergründetes Geheimnis ist, verrät die vielen unausgesprochenen und oft nur angedeuteten Wünsche, die ein Mann kennen und erfüllen sollte, wenn er eine Frau erobern, behalten und glücklich machen will. Wer selbst Harmonie und Erfüllung sucht, kann dieses Buch nicht ignorieren. 200 Seiten, Best.-Nr. 1379.

ARISTON VERLAG · GENF

CH-1211 GENF 6 · POSTFACH 176